法律和社会科学

LAW AND SOCIAL SCIENCES

第16卷 第1辑（2017） 苏力 主编 王启梁 陈柏峰 执行主编

法律出版社
LAW PRESS·CHINA

法律和社会科学　　第16卷第1辑（2017）

投稿信箱： lss_2006@yeah.net
本刊微信号： LSS_2014
主办单位： 北京大学比较法和法律社会学研究所

法律和社会科学　　第16卷第1辑(2017)

目　录

“执法的社会科学”专号

论文

评论

LAW AND SOCIAL SCIENCES

Volume 16 Number 1 2017

Contents

Symposium: The Social Sciences of Law Enforcement

Articles

Comments

《法律和社会科学》(2017)
第16卷第1辑,第1~17页

作为“影子”存在的执法

李　娜*

摘要:本文旨在从规制关系中的另一方,即被规制对象的主体性出发,来探讨执法意味着什么。基于对M市建筑安全执法实践的经验性研究,文章指出,对于被规制对象而言,国家执法是一种影子般的存在:一方面没有实际威慑力;另一方面形塑了潜在的威慑感。这一发现具有理论和实践的双重意义。从理论角度,这意味着威慑和威慑感、威慑与可威慑性是相互分离的不同命题。从实践角度,“影子”现象为改革执法效能提供了新的视角,即在执法资源和执法能力有限的情况下,通过多种渠道释放法律的威慑信号,提高行为主体的风险敏感度,从而形成一定强度的威慑感,能够有效地挽回有限的执法活动可能遭遇的失败,并增强执法的实际可威慑性。

*　云南大学法学院讲师、法学博士。本文是国家社会科学基金项目“基层执法的困境与对策研究”(批准号:13BFX034)的研究成果。

一、引言:规制关系中的“另一方”

在经由规制法所调整的关系中,研究往往聚焦在规制(执法)主体这一头,讨论执法的效率与实效,例如,什么样的执法风格与策略能够更有效地减少违法、促成守法、控制风险;影响执法的因素和条件是什么。这里隐藏了一个基本假设,即只要执法本身足够好,就能实现法律所预设的目标。然而,真正参与过基层执法的人知道,执法活动的实效往往取决于交互空间中规制主体与被规制对象之间的角逐。[①] 换言之,作为规制关系中的另一方,被规制对象(个体或者组织)的具体反应可能影响、塑造出执法活动的现实样态,他们的观念或者行动甚至可能重新建构出什么是“合规”“违规”的现实含义。[②]

对于被规制对象所具有的这种主体性,在一些研究中已经有所涉及。[③] 但是,这些研究也呈现出两种不同的侧重:一种是讨论执法过程中被规制对象的反应和行动,以及由此对执法造成的影响。此类研究所采取的是自上而下的视角,其根本上仍是从规制主体的立场、视角来解读被规制对象的行动。如果用人类学的说法,这是完全“客位”的视角,是一种片面的主体性研究,虽然承认其主体地位,但并没有真正研

---

① 王启梁:《执法如何影响政府信任的生成》,载《光明日报》(理论周刊·学术)2016年11月9日;陈柏峰:《城镇规划区违建执法困境及其解释——国家能力的视角》,载《法学研究》2015年第1期。

② Parker, Christine. & Nielson, Vibeke Lehmann. 2009, “The Challenge of Empirical Research on Business Compliance in Regulatory Capitalism”, *Annual Review of Law and Social Science* No. 5:45 – 70.

Gray, Garry C. & Silbey, Susan S. 2011, “The Other Side of the Compliance Relationship”, In *Explaining Compliance: Business Response to Regulation*, edited by Parker, C., and V. Nielsen. Cheltenham: Edward Elgar: 123 – 138.

③ 陈柏峰:《基层社会的弹性执法及其后果》,载《法制与社会发展》2015年第5期;贺欣:《在法律边缘——部分外地来京工商户经营执照中的“法律合谋”》,载《中国社会科学》2005年第3期;刘磊:《街头政治的形成:城管执法困境之分析》,载《法学家》2015年第4期。

究这种主体性。而另一种研究则侧重从作为主体的被规制对象视角出发,研究他们如何看待和解释执法、面对执法为何做出具体而不同的反应。后一种研究也有一个隐藏的基本假设,即行动主体的观念、情感、行动和实践才真正塑造了关于秩序的日常模样。

本文采取的正是传统执法研究的“反面”视角,即从被规制对象的角度来探讨:被规制对象如何看待执法以及执法者,如何对执法做出反应。文章的讨论立基于一项关于建筑安全法律实施的实证研究。从理论上讲,在任何一个建筑项目的建设周期内,建筑工地上存在的生产安全风险都是日常性且持续性的。建筑安全规制指向整个建设过程。鉴于此,笔者尝试尽可能地进入这一过程,近距离观察建筑工地上的日常实践,并对相关人员进行深度访谈。研究聚焦在两个维度,即被规制对象的主观认知和客观行动。田野调查在 A 省的省会城市 M 得以实施:笔者先后考察了 8 个建筑工地,每次驻地观察的时间在半月到一个月不等,并与 79 名管理层人员(包括高层以及日常管理人员)进行了单独访谈。①

经验研究的素材显示,总体来看,建筑安全执法对于被规制对象(建筑施工单位)而言是如同“影子”般存在。影子包含双重隐喻:一方面意味着现实的威胁并不存在;另一方面意味着潜在的威胁如影随形。文章接下来的内容将围绕这两个方面展开:首先,第二部分借助建筑管理人员的认识和描述,揭示了建筑安全执法在实践中没有带来现实有力的威慑。其次,第三部分重点分析建筑施工企业如何在行动上对实际或潜在的执法做出回应。研究发现“迎检”已经成为

① 案例的选取主要取决于田野调查的可及性(accessibility),因为研究旨在通过一定时间的驻地观察,获得有关认知和行动的一手经验素材。在调查的 8 个建筑工地中,有 2 个属于大型项目、4 个属于中型项目、2 个属于小型项目。建筑施工单位 4 个属于本地企业,其中知名企业 2 家、一般企业 2 家。另外 4 个是外地企业,其中 2 家属于中大型企业,另 2 家属于中小型企业。在上述 8 个建筑工地的驻地观察期间,笔者广泛接触了各个层级的管理人员,但最终与 79 名现场管理人员进行了较为深入的质性访谈,其中高级管理人员 22 名,中层管理人员 37 名,一线管理人员 20 名。此外,在 79 名受访人员中,19 人在建筑相关行业中的从业经历在 20 年以上,28 人从业经历在 10 ~ 20 年,23 人从业经历在5 ~ 10 年,剩余 9 人从业经历在 5 年以下。

一种典型的执法应对方式。第四部分作为研究的总结,笔者指出,当执法作为"影子"存在,它在理论和实践层面都具有新的寓意。从理论角度上,这意味着威慑和威慑感是相互分离的,威慑与可威慑性也是相互分离的。正是这些不易辨识的细微差异和微妙关系在一定程度上阻碍了我们对什么影响和决定执法效能的把握和认知。而在实践中,"作为影子存在"意味着行动主体所能体验的威慑感对其行动更具影响力,这就为改革执法效能提供了新的突破点。特别是在执法资源和执法能力有限的情况下,多渠道释放执法的威慑信号,增强行动主体的风险敏感度,进而形成对法律的威慑感,这将有助于扩大有限的执法在空间和时间上能够产生的可威慑性,从而提高执法的效益。当然,在实践中也有必要警惕错位的威慑感可能导致行动与法律目标的偏离。

二、没有牙齿的执法

本文所考察的8个建筑工地中,有2个开工时间在3个月以下,4个开工时间在1年以内,剩余2个项目已进入第二个建设年度。然而,截至笔者进入工地进行田野调查时,仅有1个项目(开工时间11个月)真正接受过安全执法检查。因此,笔者也特别请他们结合过往的从业经验来谈安全执法。鉴于研究旨在获得被规制对象对于执法的总体态度与认知,访谈采用了开放的"对话式"方法(dialogue talk),主要让受访者描述他们的经历、印象和体会。

1. 很少有人来检查

从交谈中发现,建筑工程管理人员形成的一种总体印象是国家监管机构到现场来检查和执法的几率很低。受访者大多表示,不清楚安全检查的大概频率,开工期间很少有人会来检查。有管理人员甚至表示自己过往有过经历"从项目开工到最后完工从来没有被安全执法机构检查过。”(访谈C04)对于这种现象,有的受访者解释说“安监站[1]要负责那么多项目,他们(指工作人员)怎么可能走遍所有的工地呢?”(访谈E06)也有人认为“除非有事故,否则谁没事跑到工地上来转悠。”(访谈B03)

其中资历较深的管理人员对这个问题的描述更为具体,以下是一个例子:

一般来说,安全执法主要来自区级或者市级。针对一个独立的建筑项目,基本要求是市级检查每半年至少一次,区级检查每季度至少一次。但实际的情况是他们采取抽查方法,想去哪个(工地)就去哪个,不存在固定的。当然,它可能自己有(检查)计划,但是对于我们具体项目而言就不好说有什么明确的时间和频率了。不过呢,根据我多年的体会,会上门来(检查执法)往往是有什么重大的文件下发,或者是过节时候。总之不常有。(访谈A09)

从这些一线管理人员的描述来看,基层安全执法检查往往是随机的,而且发生的可能性不大。有意思的是,还有受访者将建筑质量执法检查和安全执法检查进行了比较:安全和质量是建设监管执法的两个基本范畴。但是对于质量事项,建筑施工企业常常主动邀请质量监管部门到工地来进行检查;[2]而很少有企业会主动邀请安全监管部门到工地来检查。用受访者的话来说,“安监站的人都是他们自己找上门来。”(访谈G02)由此也可以看出,建筑施工企业往往不会和安全监管部门保持一种较为紧密的接触或联系。

2. 检查过程很简单

此外,当谈到安全执法检查通常是如何进行的,大部分人表示这个

---

① 受访者谈话提及的安监站是指区县或市一级的住房与城乡建设局下设的专门监管建筑施工安全的部门,而不是安全生产监督管理局下设的机构。在全国范围内,建筑业的日常施工安全监管是由住房与城乡建设系统来进行的,从上至下分为四级:国家—省—市—区(县)。市或区县一级的住房与城乡建设局主管建筑质量和安全的监督管理,而具体职能和工作的展开则是由住建局下设的建筑质量监管站(以下简称质监站)和建筑安全监管站(以下简称安监站)来负责。

② 这是因为建设过程中有很多程序要求有建筑质量监管部门的验收才能继续下一个工序,否则最后可能导致建设项目的总体验收不能顺利完成。

过程并不复杂。例如,笔者访谈的第三个建筑工地的项目经理胡先生描述了一些细节:

安监站的常规检查一般包括三个步骤:看现场施工情况、查台账资料、总结检查意见。有时现场和台账只选一个来看。他们(执法人员)会在工地上绕一圈,偶尔挑一两栋在建的楼层上去看一看。通常边走边看就边提些意见。现场看完之后就回项目部办公室,让我们把相关的台账资料拿出来。他们一般就是简单地浏览一下,看看那些常规资料例如施工许可证、从业人员资格证、建设方案、安全检查记录表、施工人员名单等在不在里面。然后和我们相关人员开个短会总结情况,提些改进意见。(访谈C01)

当笔者进一步询问现场检查最关注哪些方面,大多数管理人员表示没有固定的,就是走到哪里看到什么就说什么。5号工地的安检员老唐补充指出,"他们(执法人员)走那么多工地肯定有自己思路的,主要就是看些最基本的、强制性的要求做到没,比如三宝四口、①用电、大型器械方面检查最多。"(访谈E02)另外一个项目的安全部主任高先生补充了其他一些细节:

从理论上讲,住建部颁布的安全检查标准②里面那十张表就是建筑安全执法检查的重点。但是全部根据这个来检查是不可能的。我们自己组织的三方(甲方、建筑方、监理方)安全大检查都是一二十人,而且是分范围进行的。他(安监站)来两三个人不可能都检查完。即便是国家住建部来检查现场也不可能看个遍。所以平常来检查现场就是他们看到哪儿了就说说那里的问题。(访谈D03)

从这些描述可以看出,受访的管理人员基于自己过往的从业经验,普遍认为在现场的安全执法检查只是一种较为简单的常规活动。更为重要的一点是,访谈透露了一个重要信息,即这些建筑从业人员总体上

---

① 这是建筑施工安全防护的几个关键术语,"三宝"是指安全帽、安全带、安全网;"四口"是指预留洞口、电梯井口、通道口和楼梯口。

② 《建筑施工安全检查标准JGJ59-99》是适用于建筑施工企业及其主管部门对建筑施工安全工作的检查和评价的基本标准。

认为安全检查并不会超出他们的预期。

3. 没有大事会发生

对于现场安全检查的结果,受访者均表示没有什么特别之处,就是签发一张手写的检查意见书,把现场的情况总结归纳,然后提出改进意见。

偶尔地,执法机人员会签发另一种文书,即整改通知单。这种文书和检查意见书的区别在于最后一部分会提出整改期限、并要求回复整改情况。有资历的受访者这样解释,“在大多数情况下,现场发现的问题都不算大,所以安监站的人也主要是口头提出整改意见,不会发整改通知书。即便他们发了这个(通知书),也只是为了更正式一点地提醒我们进行整改。我们当然会改了,但是说实话,他们一般也不会真的再回来复查你整改的情况。”(访谈 F06)

值得注意的是,受访者均表示执法人员不会进行罚款处理。“真的要罚款或者其他,比如停工整改,除非是发生安全事故了,”不止一名管理者这样表示,“罚款不会出现在日常的检查中。即便在现场发现存在的问题比较多,最严重也就是发整改通知了。”(访谈 H04)还有资深人士向笔者进一步解释,“罚款必须要根据法律的规定,对执法人员来讲也不是一个简单的步骤,也很啰唆的,不是想罚就罚。”(访谈 B02)

如果综合这些访谈的情况来看,对于在建筑工地一线从事管理工作的人员而言,政府的安全检查执法总体上发生频率很低、过程简单并且后果轻微。同时,他们对这样一种执法状态接受得很自然,“政府呢也只能做这些了,就是做个抛砖引玉的作用,把你的工作全部弄了是不可能的嘛。再说,客观上没有哪个工地一点安全隐患都不存在的。要求一个项目百分百安全是不现实的,执法人员当然也知道这个现实,所以他也就只能点到为止了。”(访谈 C02)总体上,从经验材料来看,政府的日常执法可以概括为一种“没有牙齿的法律实践”,也因此,对被规制对象而言,并没有“迫近”的威胁或实际影响存在。这正是执法作为“影子”的第一个面向:执法没有如制度假设所预期那样产生应有威慑。

三、"迎检"的日常实践

然而,通过在建筑工地上的参与式观察,笔者发现了执法作为"影子"存在的另一个面向:被规制对象(建筑施工企业)在日常运作中常常有一些"以备不时之需"的行为举动,种种"迎检"举措已经成为应对潜在危险的行动策略。

1. 以防万一

在跟随项目管理人员进行内部安全检查时,笔者注意到一些有意思的现象,下面是一个例子:

谭工(D项目的项目安全员)从办公室出来走向5号楼,他今早的任务是去验收新进场的两台压缩机。他拿了个小纸片仔细记录下压缩机的型号、功率、厂家等信息,然后就带着我离开了。看他并没有插电测试机器是否能用、是否有什么安全问题,我问谭工这样检查就可以了吗。他告诉我,机器在使用过程中如果有问题,工人自己会解决或者报告给项目部,而我们的验收工作主要就是把相关数据记录一下,"安检部门如果要来检查(机器)有没有验收,我要履行手续,到时候拿得出来证明说验收过了。"(笔记D03)

在这个例子中,安全管理人员去检查验收机器本身的目的当然不主要是应付检查,但却透露出他在日常实践中潜含的某种行动逻辑,即要为可能的外部(政府)检查做准备工作。因此他更关注如何证明自己履行了工作职责,而不是机器本身(以及工人的操作)是否存在安全隐患。

关于塔吊的内部检查也很有代表性。从笔者的实地调研和媒体所曝光的建筑安全事故来看,因塔吊断裂、倒塌或者起吊过程中货物掉落等引起的伤亡占据较大的比重。因此,在市、县两级安监站下发的各类安全自检通知中,塔吊等大型机械的检查是强调的重点。笔者发现,施工企业每次接到安全自检通知,都是用电话通知塔吊的班组要注意操作安全，并没有什么特别的举动。但从现场的观察来看，塔吊存在的一个重要安全隐患其实是违章操作，比如，按照规定，一台塔吊必须配备一名有职业资格的机器操作员和一名地面指挥员，两人密切配合完成起吊和卸货任务。在这个过程中，地面指挥员充当了操作员的眼睛。但是笔者在多个工地都看到过没有地面指挥员（有时是为了节约成本，几台塔吊共用一名指挥员），而各个施工班组在争抢对话机指挥塔吊工作。对此，笔者听到最多的解释是没有指挥员的情形通常发生在地势比较开阔、起吊任务比较简单，操作员凭自己的视线可以完成工作。工人们也告诉笔者，对塔吊操作员发出指令很简单，所以在没有指挥员、又急等着开工的情况下，他们有能力自行指挥操作。当然，不管现实情况如何复杂，这些内容并不会出现在施工企业的自查报告中。因为内部自查的表格中呈现出来的内容是机械的出厂合格证、塔吊安装之日的验收记录，以及操作塔吊人员的资格证复印件。按照管理人员的说法，安监站如果到工地上来检查塔吊，要求查看的也只有这些材料而已。

在建筑工地日复一日的生产过程中，类似上述这样“以防万一”的内部自查和安全管理手段数不胜数。虽然笔者所观察的施工企业在内部管理风格和管理水平上存在明显差异，但是在日常实践中透露出来的这种“以防万一”的狡黠却有着相似之处。

2. 合规表演

除了日常实践中注意有备无患之外，当面对即将（可能）发生的安全执法检查时，施工企业还会突击进行迎检准备。这种准备工作往往在短时间内改变了施工现场的面貌，过后又迅速地恢复原状，仿佛是做了一场“变装秀”，因此被学者称为“合规表演”。① 这里列举两个例子：

---

① Gray, Garry C. 2006, “The Regulation of Corporate Violations: Punishment, Compliance, and the Blurring of Responsibility”, *British Journal of Criminology*, No. 46: 875 - 892. Gray, Garry C. & Silbey, Susan S. 2014, “Governing Inside the Organization: Interpreting Regulation and Compliance”, *American Journal of Sociology*. No. 120(1): 136.

某天,当笔者如常进入E工地时发现,各个班组的工人们在班组长的组织下聚集在一起,而办公室的三个小年轻正在挨个用手机拍照并填写个人信息。到了安全部,我被告知也去拍个照,要制作工作证。细问之下得知,市住建局安监站即将对辖区内建筑项目的安全文明施工情况进行专项检查和评比。为了显示项目管理的规范化,公司决定给每个工作人员制作工作证,并规定今后只有佩戴工作证才能进入施工现场(作出这一规定时笔者已经在该工地实习了3个星期,而项目开工也已经4个月)。同一天,很多全新制作的安全标语和安全指示牌也被送到了工地,而项目部有空闲的所有人员均被分配到工地各处安装这些标语和指示牌。一天下来,整个工地被装扮得犹如刚开工一样。第二天,项目部组织了一次大规模的动员和工作布置会,项目经理强调:各班组严格进行安全自查,有问题的机械设备暂时停工、资料不全的工种也暂时停工、杂乱堆放的材料立马进行清理、有不顺眼的地方建个围挡围起来……经理同时放出话来,本周内看到任何违规操作、不安全行为包括不佩戴安全帽,最少罚款一千元。结果在第三天项目部自行组织的安全自查中,安全员满载而归,开出了厚厚一叠罚款单和整改通知单。笔者都能看出安全员那隐隐暗含的满足感。整个工地瞬间充满了一种紧张的战斗情绪。遗憾的是,三天过后,我们被告知此次检查采取抽查方式,我们幸运地没有被抽中。几天之后,在悄然无声中,笔者发现整个工地又恢复了往日那样闹哄哄、乱糟糟的场景,仿佛几天前的密集行动从来没有发生过。而到笔者离开该项目时,也没能有机会拿到那张出入需要佩戴的工作证。

G工地的迎检行动则更加戏剧化。某天,项目经理在参加完区住建局的安全会议之后回到工地,立马组织召开内部会议来讨论应对方案。原来国家住建部计划在包括本省的三个区域进行建筑安全大抽查。因为不确定检查名单,市和区两级的安监站都极为重视,要求各个建设项目严格自查。王经理对自己的项目当然非常清楚,最大的短板就是文档资料几乎寥寥无几。他当即要求,项目部全体人员停下手中工作,全力建档,补填各类各项资料。用他的话来说,“如果资料看起来有模有样,就不会有人想要细致地查看里面的内容;但如果随便浏览都能发现有缺项,检查者就会停下来认真查看内容。那个时候就可能发现更多的问题,比如名字与资格证复印件对不上号等。”依照这一指示,在接下来的三天中,所有人员投入到一场浩浩荡荡的文档制作工作中。令笔者感到惊奇的是,有些资料需要从操作工人到班组长、到劳务公司管理人员、再到项目管理人层层签字才算完备;有的资料需要有持续性的记录……但是,三天之后,数千份“完备”的文档被分门别类放入了数十个文件盒里。很可惜,这次我们仍然没有被抽中检查,而那些被集中赶制出来的文档则静静地躺在了布满灰尘的资料室里。不过王经理还是有些自得的,他觉得资料有了,早晚能够应付可能到来的检查……

总体来看,无论是日常工作中的以防万一,还是那种突击式的合规表演,种种迎检的行为实践表明:尽管建筑安全规制对建筑企业(以他们的各级管理人员为代表的)而言可能是一种没有牙齿、没有现实威胁的常规实践,但是,规制的“阴影”还是存在的。换言之,没有建筑企业真的可以做到将政府规制完全视为“空气”、全然坚信在任何情况下政府都不会“使用牙齿”。正是因为这种潜在的威慑可能(哪怕几率很低),建筑施工企业,或多或少地,通过一些精心准备和包装展示,隐藏某些真实的面相,尝试让自己的项目运作“看起来合规”(look compliant)。

四、挽回执法失败:提升可威慑性

如果单从执法的效果来看,本文中M市建筑安全执法的实践是一个“失败执法”的例子,它反映的可能是很多领域都面临的现状:执法数量不够充分,而且单次执法造成了“执法弱”的印象并被不断加以累积。被规制对象由此变得对执法行动本身不是太在意,也不会从实质上改变管理、改变行为方式。

然而,本文的讨论并不止步于此。失败中隐藏着可能获得成功的秘密。当笔者尝试着从被规制对象的角度来解读政府的规制到底是什么、或者意味着什么,经验素材显示:行动者对于身后影子可能带来的风险与威胁保持着不同程度的敏感,正是这种主观上认知和体验到的威慑感对行动产生了明显影响。诚然,在M市的案例中,这种威慑感轻微且隐蔽,但是这一发现对于理论和实践都是有价值的:一方面,当执法作为影子存在,意味着从认识论的角度,威慑和威慑感是相互分离的,威慑和可威慑性也是相互分离的不同命题。另一方面,在法律实践中,"影子"现象为改革执法效能提供了一个空间,那就是,在已知执法资源和执法能力有限的情况下,通过扩展威慑感来放大有限的执法能够产生的威慑,以及通过扩展威慑感来刺激行为人的自我约束。当然,在实践中还需要警惕错位的威慑感可能导致行动与法律目标的偏离。

1. 威慑与威慑感

对M市建筑工地的考察显示,日常的建筑安全执法毫无威力可言,但施工企业仍会有意识地进行迎检准备。这种看似矛盾的现象提示我们:不同主体或者说不同视角下,对于威慑的认识和理解存在巨大差异。

对于执法主体而言,或者从政策制定和实施的角度,讨论的焦点是法律实践如何实现应有的威慑,从而打击、遏制违法行为,促成守法合规行为的生成。根据经典威慑理论,当法律可能带来的不利后果大于违规行为的收益时,行为人从理性计算中会得出停止该行动的判断与选择。① 那么,什么是足以产生威慑的"不利后果"? 无论学界的讨论还是实践中的导向主要聚焦在"执法的强度"以及"处罚的力度"。相对应地,当我们在衡量执法的威慑效果时,主要是从违法行为查处量,或者从一段时期中违法数量的增减趋势等客观指标来进行描述和判断。换言之,在这个语境中,我们所讨论的是法律实施的客观威慑,即通过具体的执法活动,发现具体的违法行为,给予相应的处罚,并寄望

① Becker, Gary S. 1968, "Crime and Punishment, an Economic Approach", *Journal of Political Economy*, No. 76: 169 – 217.

于由此可能带来的(被规制对象的)行动改变。同时值得注意的是,这样的威慑策略有一个在现实中难以实现的基本假设,即威慑的力量是完全的、充分的。然而,“一一对应”的客观威慑模式在实践中遭遇的困境是:当执法资源、执法能力不足以在较大范围内覆盖时,被规制对象的行为变得不可控,从而出现“执法弱”的局面。而解决弱执法的对策如果主要建立在阶段性的专项执法、集中执法,其仍旧无法摆脱“一一对应”的威慑逻辑。

上述的客观威慑在M市建筑工地的案例中影响就十分不显著:在这些工地施工期间,乃至在所访谈的大多数人以往从业经历当中,真正遭遇执法、并从执法事件中获得实质性威慑的情形(发生安全事故是例外)很少见。那么,施工企业为何仍然会有意识地做出迎检的行动?笔者认为,如果从行为人的角度来分析,这要归因于某种威慑感的存在,即主观性的威慑在发挥作用。

西方学者Thornton、Gunningham和Kagan做过的经验研究表明,主观感知的法律威慑可以更好地对行动者产生持续性影响。被规制的对象(个人或者企业)可能是基于自己曾经的经历,或者是有关执法事件的传闻等形成对行动风险的判断和认知,而这种认知会被固化,进而影响未来的行动选择。他们的研究同时还揭示了,这种威慑感往往是笼统的、对于一般性法律风险的忌惮,而非对具体的某类执法行为的担忧。①

由此来看,威慑感和我们惯常讨论的(客观性)威慑是不同的存在。在本文所分析的建筑安全执法案例中,直接的、实际的、客观的威慑并没有明显地发挥作用(甚至可以说是失败的),反而是主观上潜在的威慑感(尽管也很微弱)影响着被规制对象的行动方式。换言之,威慑感对于行为人而言更具意义。

2. 风险的敏感度与执法的可威慑性

如前所述,具体的威慑性行动(执法)一旦做出,其可能产生的实

---

① Dorothy Thornton, Neil Gunningham & Robert A. Kagan. 2005, “General Deterrence and Corporate Environmental Behavior”, *Law & Policy*. No. 27(2):262-268.

际影响并不完全由行动本身所决定。正因如此,讨论执法的效能最核心的是讨论执法的实际可威慑性。在实践中,这种可威慑性往往是客观性威慑行动(执法)与行为人主观威慑感之间交互作用形成的结果。那么,在已知执法并不充分,或者每个单次执法的效果未必理想的情况下,如何通过威慑感的运作来保障法律实施的可威慑性呢?换言之,经由拓展威慑感来放大威慑机制的原理是什么呢?

西方学者 Bruce A. Jacob 从认知科学的角度发表过一个观点,认为对威慑的传统讨论聚焦于行为人在感知层面上如何进行违法/守法的理性计算,但是他认为有一个被忽视的维度,就是行为人主观上进行这种理性计算的意愿和能力有多强。由此他提出了一个关键性的概念:风险的敏感度。行为人对外部风险的敏感度越高,越愿意、也越有能力对行动策略进行理性计算。反之,如果对风险的敏感度很低,行为人就没有动力,或者没有能力进行理论所假设的理性计算。① 这个道理其实可以借用中国的两句俗语来体现:"死猪不怕开水烫"和"民不畏死,奈何以死惧之"。前一句体现的是主观上已经不具备对威慑做出反应的能力,后一句话则体现了没有对威慑做出反应的主观意愿。

从这个意义上讲,风险的敏感度其实是讨论法律实施效益的一个重要维度,因为法律在实践中的可威慑性受到行为人主观感知的威慑影响,而多大程度上产生这种威慑感与行动主体的风险敏感度直接关联。

这里举一例:Benjamin van Rooij 对中国律师是否避税进行了经验研究,发现律师受到的直接来自税务部门的法律威慑几不可见(律师行业并不是税务执法的典型对象),但大部分受访律师表示不会偷逃税,主要原因却是害怕顾客投诉,在投诉环节提到律师没有开具发票,从而引起不必要的各种法律麻烦(例如被司法行政部门约谈,引起税务机关的重视等)。因为惧怕这样的风险,越来越多的律所和律师不

① Jacobs, Bruce A. 2010, "Deterrence and Deterrability", *Criminology*, Vol. 48(2):417 - 441.

愿意在开具发票这个环节招惹事端。① 在这个案例中,行动主体对风险保持较高的敏感度,这就使得法律所能产生的主观威慑在一定范围内弥散。这种弥散的效应来源于行动者担心执法主体“万一较真”怎么办?从本文所研究的 M 市建筑工地日常实践来看,施工管理人员“以防万一”的行动也是源自对不确定风险的敏感。而这种对“万一较真”的风险敏感性,恰恰是法律实施的希望所在。

放眼世界各国,监管和执法的缺席其实是一个常态,执法行动在任何规制领域都不可能充分展开。在这种背景之下,执法的效益不应当只从执法量或者执法强度上来加以考虑,而应注重在有限的执法行动中突出其“质”的影响。这里所说的“质”不是指向执法的规范性以及执法的结果,而是执法过程中能够释放出来的信号。这种信号所应传达出的信息是:实质性的法律风险真的存在,并且随时存在。一旦被规制对象对这种风险存在认知,并且形成一定强度的敏感性,那么即便只是数量有限的执法,即便不是直接相关领域的执法,也能够产生弥散性的作用,从而使行为人基于对法律抱有的某种威慑感,做出合理的行动选择。

有鉴于此,在具体实践中,有必要多渠道释放执法活动可能具有的主观威慑,提升行动者的风险敏感度,从而增强法律的可威慑性,促使行为主体的行动实践在更大的程度上符合法律的目标。要实现这一目标,以下几点值得重视:

首先,确保实际的执法活动释放出实际的客观威慑。在实践中就是要确保单次执法中真正地实现违规必罚,罚必相当。如果客观实践本身不具备足够合理的威慑,那么无论是当事者本人,或者业内同道经由传闻获知的信息,都只能进一步贬损实际的威慑。而一旦客观威慑受损,行动者就很难产生出对风险的敏感度,或者仅保持很低程度的敏感性。

其次,要注意到威慑感是具有时间上的累积性和空间上的延展性的。每一个业内人士带着过往的经验开展当下的工作,不同的人在不

---

① Van Rooij, Benjamin. 2015, "Weak Enforcement Strong Deterrence: Dialogues with Chinese Lawyers about Tax Evasion and Compliance", *Law & Social Inquiry*. (published early view online)

同的项目中彼此影响和塑造对威慑的看法和应对方式。因此,正向的威慑可以获得传播,错位的威慑同样会呈几何式效应传播。而一旦行动者对某种风险的感知固化,即便客观威慑发生改变,也很难在短时间内对行动者产生显著影响。因此,不能轻视"失败"的执法方式可能累积的不良影响,也不能寄望于短期性运动式执法能够有质的改变。

此外,鉴于不同的主体具有不同的风险敏感度,在有限的资源和条件下,应当有区分地采取执法策略。例如,对于有较高风险敏感度的主体,只要确保正常执法中违规必罚,罚必相当,就能产生有效的主观威慑;对于风险敏感度较低的群体,则要进一步区分,如果是自身能力的欠缺导致对风险的认知不足,从而没有产生威慑感,那么采取教育、说服等手段即可实现法律目标。但是也存在另外一种情形,即基于以往的经验,坚信法律不会有威慑,进而不愿意或者没有很强动机要保持风险敏感性。这样的群体恰恰应当成为执法的重点对象。要通过有效且有力的执法释放出实质性的威慑信号,增强其对法律风险的敏感度。否则,对于这类"法律实践的老油条",依靠重复性的执法(何况做不到)也不能产生持久性的影响力。

总而言之,多渠道释放法律威慑的信号,提高行为人对法律风险的敏感度,进而形塑一定的威慑感,这将有助于增加执法的实效,提高有限的执法活动所能产生的实际可威慑性。

3. 警惕"错位"的威慑感和威慑效应

本文中M市的案例显示:即便在日常面对面的执法实践中,法律没有产生应有的客观威慑,但是被规制对象对风险的敏感性仍然为法律威慑提供了一个空间——行为人在行动上不可能完全无所顾忌。然而,案例也提示了另一个问题:如果这种威慑感发生了错位,就可能使行为方式发生偏离。

在M市的案例中,建筑施工企业深刻地体悟到执法行动往往不具备现实的强制力,他们需要稍加注意的只是在表面上应付得过去。这种错位的威慑感首先不是让行动主体的行为动机指向一种正确的"合规"价值取向——自己应当努力在行动上符合法律的预期或要求;与此同时,错位的威慑感塑造出“迎检”的行动模式,即通过包装和“橱窗式”的展示来掩盖本来面目,而不是真正的在行为上有所改变。

那么,为什么会产生错位的威慑感呢？本文认为,当风险源(特别是单次执法的结果)释放出不适当或者不合理的信号,就容易对行动产生误导。这类例子其实很常见,例如,被规制的企业或者个人在与执法机构/执法人员打交道的过程中,或者从其他人的经历当中体悟到,如果和执法人员保持良好的关系,就能降低被规制的可能性,那么其行为的动机就会聚焦在如何发展相互间关系,而不是如何使自己的行为合规。因此,“寻租”的产生从一个方面看是追求额外的好处和便利,从另一个方面看也可能是追求风险的减低。而本文中 M 市的案例则显示:如果执法对被规制对象施加的影响仅仅停留在“影子”层面,其刺激的是功利性的投机行为。正因如此,有必要警惕错位的威慑感可能导致行动与法律目标的偏离。

鉴于此,要发挥执法的可威慑性,就要重视对可能错位的威慑感及其影响进行有效矫正。一方面,要通过规范执法的行动,约束和减少其可能释放出来的与法律目标不相符的误导信号,例如“寻租”。一旦法律实践出现这种不好的导向,应当有机制进行及时矫正。另一方面,面对错位的威慑感所引发的投机性行为,要提高客观威慑“变现”的可能性和启动机制。本文中的案例就是一个例子,被规制对象虽然内心有所惧怕,但又有另一种潜在的确认是:法律真正有威力的可能性太小。如果做一个比喻:这好比一只小兔子在森林里,它在感知层面知道森林中存在老虎,生命会受到威胁,所以需要有警惕性。可如果它觉得老虎出现的几率虽然有但是太低,它就只会保持一个较低程度的警惕。这就是老虎的实际可威慑性不高。从我国目前各领域的实践来看,对违法违规行为的打击率不高,一旦要发动真实打击,除非是运动式执法,否则,启动机制本身缓慢而无效,饱受诟病。因此,关键点在于:从一个静默的“影子”变成“扑面可以咬人的老虎”之间应当有一个有效的“启动机制”。一旦这样的启动机制失灵,执法就真的会完全丧失可威慑性。

《法律和社会科学》(2017)
第 16 卷第 1 辑,第 18 ~48 页

违法广告的规制为何失效

宋亚辉*

摘要:违法广告泛滥在中国早已是家喻户晓的社会顽疾,这在医药广告领域表现得尤其突出。梳理我国现行广告规制体系可知,立法上的广告规制工具极为严苛,但实际上却并未取得良好的规制效果,因为法律制度根本未得到有效落实。关键原因有三:一是事前审查的制度成本高昂,进而引发一系列制度规避行为;二是广告执法因遭遇媒体"权力"博弈而对当地媒体"网开一面",违法广告因此失控并大量涌现;三是执法人员的机会主义倾向加剧了这一问题。作为应对之策,未来要在加大处罚力度的同时提高查处概率,彻底改变广告主体的预期违法成本。但要改变媒体的行为逻辑,还要期待媒体收入结构的多元化,当广告费不再是其支柱性财源时,行政执法遭遇的媒体博弈困局也将迎刃而解。

---

* 南京大学法学院副教授、法学博士。本文是国家社会科学基金重大项目"民生视野下食品安全治理的法治化"(14ZDC028)和国家社会科学基金青年项目"公共风险管控的公私法合作机制研究"(15CFX020)的研究成果,并得到江苏青蓝工程项目资助。

本文所指的违法广告，包括内容虚假的违法广告和违反行政管制性规定的违法广告两种。违法广告泛滥在中国已是家喻户晓的现象。但问题是，违法广告泛滥的原因何在？未来该如何应对这一问题？从既有研究来看，学者大多认为中国广告法不够严厉，并建议立法和执法机关加大处罚力度、改革监管体制、充实执法队伍等。这些原因与对策虽然有一定道理，但大多属于泛泛而谈，未能结合具体制度和经验材料展开深入剖析。在立法层面，自 1994 年《广告法》实施至今的 20 多年间（2015 年做了重大修订），在法律制度上进行了多次改革，执法力度也在多次“集中整治行动中”被反复强调，但违法广告泛滥的客观现象却仍然存在。这一方面反映了违法广告问题之复杂，另一方面也反映出理论研究成果缺乏应有的针对性与深刻性。自然也难以引起立法及执法机关的重视，更谈不上对这些研究成果的接受和运用。实际上，违法广告泛滥既有可能是制度设计本身的问题，也可能是执法层面的问题，尤其是后者，可能涉及方方面面的原因。本文将聚焦于行政执法层面，通过以医疗广告为样本的实证研究，深入揭示违法广告的行政规制在我国为何没有实效，并在此基础上提出相应的对策。

一、违法广告的行政规制原理与工具

商业广告是市场交易的前奏，它是寻找交易对象的重要途径，真实、准确的广告能降低交易成本，辅助完成交易过程。尤其是在当今的网络交易模式中，广告与商品交易过程发生融合，人机对话、电子支付和邮递交付的技术条件没有为买受人预留检视成品的机会，当买受人看到交易对象的实物时，交易过程往往已经完成，在此之前，消费者只能依赖广告内容和个人经验展开谈判，并据此作出交易决策。在这种情况下，一旦广告内容虚假，受影响的不只是买受人的信赖利益损失，而且波及整个合同的履行利益。通过民法上的缔约过失责任显然难以解决这一问题。这不只是因为缔约过失责任的赔偿范围有限,而且,追究失信商人的缔约过失责任,往往还要面临高昂的诉讼成本,相较于因胜诉所获得的填补性损害赔偿,因诉讼所耗费的时间和金钱成本往往更高。因此,理性消费者通常对虚假广告逆来顺受。再加上现代网络交易的信息化和虚拟性特点,使得欺诈得手的失信商人很难通过市场的优胜劣汰机制得到有效"惩罚",他们可瞬间改头换面并"东山再起"。违法广告之所以不能留待市场自治,还有一个重要原因在于,违法广告带来的不只是有形的损害,"虚假广告在较多的情形下并不会立即产生直接的受害者,因为虚假广告仅仅是一种虚假信息",[①]当虚假信息没有致使消费者陷入错误并作出消费决策的情况下,自然也不会有直接受害者,因而也不可能通过民事诉讼来"惩罚"失信商人。这不仅影响消费者整体利益,而且会进一步激发经营者的机会主义倾向,违法广告将因此不断涌现。

面对这样的市场失灵现象,国家公权力的直接干预便有了坚持的基础。政府作为公共利益的维护者和代言人,保护消费者公共利益不受损害是现代民主政府不言而喻的职责所在,[②]违法广告的行政规制政策也随之登场。尤其在中国这个管制传统源远流长的国家,人们早已习惯于将任何具有公共性的社会问题划归政府来处理,相应地,人们也习惯于将社会公共领域的一切无序状态归因于政府的失职,违法广告治理便是其中一例。[③] 正是基于此种考虑,我国现行法主要依赖行政规制手段来治理各类违法广告。在制度设计上,我国《广告法》规定了一整套针对违法广告的行政规制工具体系,主要包括以下几个方面:

第一,事前审查。事前审查是行政机关在广告发布前对广告内容进行的行政审查,未申请审查或审查未通过的不得发布商业广告。广

---

① 应飞虎:《对虚假广告治理的法律分析》,载《法学》2007年第3期。

② 参见宋亚辉:《社会性规制的路径选择》,法律出版社2017年版,第40~42页。

③ 参见宋亚辉:《论公共规制中的路径选择》,载《法商研究》2012年第3期。

告发布前的内容审查在各国一直是个存有争议的制度。[①] 我国《广告法》第46条规定："发布医疗、药品、医疗器械、农药、兽药和保健食品广告，以及法律、行政法规规定应当进行审查的其他广告，应当在发布前由有关部门（以下称广告审查机关）对广告内容进行审查；未经审查，不得发布。"据此，国务院相关部委颁布了一系列旨在规范广告内容审查的部门规章。以国家工商总局和卫生部颁布的《医疗广告管理办法》为例，医疗机构发布医疗广告，必须在发布前向所在地省级卫生行政部门或中医药管理部门申请广告内容审查，在取得《医疗广告审查证明》后才能发布医疗广告，医疗广告审查证明的有效期为1年。在行政规制工具谱系中，事前审查是最严格的规制工具，它是医疗等特殊行业广告进入市场的第一道"过滤网"。

第二，过程控制。广告活动还涉及诸多中间环节，如广告代理、制作、媒介购买和广告发布等，这些中间环节能够影响并决定广告的内容和形式。为规制日益泛滥的违法广告，我国《广告法》结合广告发布的这些中间环节，规定了相应的管控措施，此即过程控制。《广告法》第34条第2款规定："广告经营者、广告发布者依据法律、行政法规查验有关证明文件，核对广告内容。对内容不符或者证明文件不全的广告，广告经营者不得提供设计、制作、代理服务，广告发布者不得发布。"否则，将面临相应的行政处罚。与事前审查制度不同，媒体对广告内容的审查义务不限于医疗、药品、保健食品等领域，而是对所有商业广告都负有核对义务。由于所有的商业广告都要通过特定媒介来发布，媒体

① 美国联邦最高法院在1967年的Virginia States Board of Pharmacy v. Virginia Citizens Consumer Council, Inc.案中确立了商业言论亦受宪法保护之原则，除涉及公共利益外不得进行事前内容审查。中国台湾地区"药事法"第66条规定的药品广告事前审查制度被指控违反"台湾地区宪制性规定"关于保护言论自由之规定，并提交"台湾地区司法机构"进行解释。1996年11月8日作出的"释字第414号大法官解释"原则性肯定了商业广告亦受言论自由保障之立场，但关于药品广告的内容审查制度，"大法官解释"认为：药物广告系为获得财产而从事之经济活动，涉及财产权之保障，并具商业上意见表达之性质，惟因与人民健康有重大关系，基于公共利益之维护，应受较严格之规范。此后的"释字第577号、释字第617号、释字第623号大法官解释"均肯定了这一立场。详情请参见"司法机构"《公报》第38卷12期。

经营者因此就成为继行政机关事前审查之后的第二道“过滤网”,如果媒体经营者认真核查广告内容是否违法,则违法广告也难以流向市场。

第三,事后监管。我国《广告法》在详细设定广告内容准则和行为规范的基础上,授权相关行政机关(主要是县级以上人民政府工商行政管理部门)负责事后的监督检查,对于已经发布出来的违法广告给予相应的行政处罚措施。《广告法》第5章详细规定了各种违法广告的行政处罚措施,其中包括但不限于责令改正、停止发布、消除影响、罚款等。在作用原理上,事后的监督检查和行政处罚措施,主要借助“责任威慑”功能来阻吓违法广告。作为行政规制的最后一道防线,事后监督检查若执行到位,也可有效治理违法广告,因为违法广告不同于其他违法行为,它并不刻意隐藏自己,而是具有“广而告之”的特性,如果行政执法资源充足,执法人员勤勉履职,则广告市场将得到更好的治理。

二、规制政策与规制效果的强烈反差

作为三道环环相扣的“过滤网”,事前审查、过程控制和事后监管在制度层面确立了极为严苛的广告规制体制,如果得到完全落实,相信能够过滤掉绝大多数违法广告。但令人遗憾的是,严苛的规制体制并未取得期待中的规制效果。通过对比政府的规制政策和具体广告检测数据可以发现,规制政策与规制效果之间存在巨大反差。鉴于医疗广告在立法层面同时适用上述三项规制工具,但在实践中却是违法广告泛滥的“重灾区”,因而下文以医疗广告为例展开研究。

笔者梳理了2003~2016年国务院相关部委颁布的政策文件,通过对这些政策性文件的梳理发现,中央政府对医疗广告的规制政策在逐年加码,具体表现在案件查办力度的加强、综合整治方案的推进、跨部门之间的分工合作等。

表1　国务院各部委逐年加码的医疗广告规制政策

时间	规制医疗广告的政策文件	规制政策原文摘录
2003	工商广字〔2003〕第7号:《关于规范医疗广告活动、加强医疗广告监管的通知》	日益严重的虚假违法医疗广告,已成为社会一大公害……涉嫌构成发布虚假广告罪的必须向公安机关移送
2004	工商广字〔2004〕第163号:《关于加强广告执法办案协调工作的指导意见》	进一步加大对虚假违法广告查处力度
2005	工商广字〔2005〕59号:《关于进一步做好虚假违法广告专项整治工作有关问题的通知》	建立整治虚假违法广告专项行动联席会议制度,对虚假违法广告进行综合治理
2006	工商广字〔2006〕30号:《关于开展医疗广告专项整治工作的通知》	严厉查处虚假违法医疗广告案件,加大惩治力度
2007	工商广字〔2007〕194号:《关于集中整治药品、保健食品、医疗广告的通知》	要加大案件查办力度……严肃查办违规医疗机构……保持整治的高压态势
2008	卫医发〔2008〕38号:《关于进一步加强医疗广告管理的通知》	继续加大对发布违法医疗广告医疗机构的查处力度,对监测到的及有关部门移送的案件做到每案必查,依法严肃处理
2009	广发〔2009〕8号:《关于进一步加强广播电视医疗和药品广告监管工作的通知》	虚假违法医疗广告又出现反弹……执法监督机关要狠抓典型,严肃处理重大违法违规问题
2010	工商广字〔2010〕24号:《2010年虚假违法广告专项整治工作实施意见》	强化广告发布前审查把关、发布中动态监督、发布后依法查处,建立健全监管执法联动机制,加大源头治理力度
2011	工商广字〔2011〕46号:《2011年虚假违法广告专项整治工作实施意见》	继续把直接关系人民群众健康安全的医疗、药品、保健食品广告……作为整治重点,进一步加大整治力度
2012	工商广字〔2012〕29号:《2012年整治虚假违法广告专项行动部际联席会议工作要点》	继续把关系人民群众健康安全和违法问题易发多发的医疗、药品、保健食品以及危害未成年人身心健康的非法涉性、低俗不良广告作为整治重点,进一步增强综合治理合力,全面提高广告市场监管效能

续表

时间	规制医疗广告的政策文件	规制政策原文摘录
2013	工商广字〔2013〕69号:《国家工商行政管理总局、中央宣传部、国务院新闻办公室等关于开展整治虚假违法医药广告专项行动的通知》	与其他类别广告相比,虚假违法医药广告仍屡禁不止……各地各有关部门要进一步落实属地监管责任,确保监管到位,坚决杜绝有案不查以及行政处罚畸轻、执法不到位等问题,对疏于监管、失职渎职等行为,追究相关责任人的责任
2015	食药监稽〔2015〕145号:《国家食品药品监管总局关于进一步加强药品医疗器械保健食品广告审查监管工作的通知》	各省级食品药品监督管理部门要严格执行新修订广告法和食品安全法及商标法的有关规定,从严审批广告
2016	新广电发〔2016〕156号:《国家新闻出版广电总局关于进一步加强医疗养生类节目和医药广告播出管理的通知》	切实加强监听监看体系建设,建立健全长效监管机制。要积极主动与当地卫生、医药、工商、公安等部门沟通协作,共同形成有效治理的合力

通过表1中的政策文件梳理可以发现,针对医疗广告,国务院各相关部委几乎每年都要重申其高压政策,反复强调要加大对违法医疗广告的查处力度,这几乎成为政府相关部门每年度的例行任务。笔者还极少看到有哪个领域的问题会像违法广告这样,让中央政府机关引起如此重视,甚至不惜每年度发布多个政策文件来重申这一问题。然而,令人吃惊的是,如此严厉的规制政策并未取得期待中的规制效果,当前各类媒体上的违法医疗广告仍俯拾皆是。这不只是笔者的经验判断,而且得到工商行政管理部门定期发布的广告监测数据的支持。国家工商总局2001年建立了违法广告监测制度,①定期监测各大媒体上的违法广告并公布监测数据。但在国家工商总局历年公布的违法广告监测结果中,有些年份的监测没有对医疗广告进行专门统计。另外,国家工商总局2005年之后公布的医疗广告监测结果不再公布违法率,取而代之的是公布典型违法案件,为考察2005年之后的医疗广告违法率,笔者以山东省卫生

① 参见《国家工商行政管理总局关于定期统一发布广告监测信息的通知》,工商广字〔2001〕第112号。

厅公布的数据为依据进行统计，但山东省 2007 年、2008 年、2014 年、2015 年和 2016 年未公布监测数据。

表 2　国家工商总局和山东省卫生厅公布的医疗广告监测结果①

来源	监测时间	监测结果
工商总局监测数据	2002 年 4 月	对全国 128 种省级发行量较大的期刊进行监测，共检测到医疗广告 207 条，其中违法广告 200 条，违法率高达 96.62%
	2003 年第一季度	对全国 35 种发行量较大的省级报纸进行监测，共检测到医疗广告 1589 条，其中违法广告 1120 条，违法率达 70.48%
	2004 年第一季度	对全国医疗广告发布量较大的 63 份报纸进行监测，共检测到医疗广告 4881 条，其中违法广告 3236 条，违法率为 66.3%
	2005 年第三季度	对山东省 8 家报纸在 9 月 7～16 日发布的医疗广告进行监测，共发现医疗广告 848 条次，其中违法 732 条次，违法率高达 86.32%
山东省卫生厅监测数据	2006 年第三季度	对山东省 144 家媒体发布的医疗广告进行监测，共发现医疗广告 13,016 条，其中违法 11,700 条次，违法率高达 89.9%
	2009 年第四季度	全省共监测医疗广告 819 条，其中违法广告 786 条，违法率高达 95.9%
	2010 年第四季度	全省共监测医疗广告 775 条次，违法医疗广告 770 条次，违法率高达 99.4%
	2011 年第三季度	全省共监测医疗广告 907 条次，其中违法医疗广告 900 条次，违法率高达 99.2%
	2011 年第四季度	全省共监测医疗广告 1027 条次，其中违法医疗广告 969 条次，违法率高达 94.3%
	2012 年第一季度	全省共监测医疗广告 549 条次，其中违法医疗广告 469 条次，违法率高达 85.4%
	2013 年第一季度	全省共监测违法医疗广告 669 条次，涉及医疗机构 257 家（此次未公布违法率）

① 本表中的数据分别来自国家工商总局官方网站（http://www.saic.gov.cn/jgzf/zzwfgg/）和山东省卫生监督所网站（http://sdwsjd.gov.cn/），2016 年 9 月 9 日访问。

上述医疗广告违法率数据是一面最好的镜子,它集中反映了我国医疗广告市场的乱象。尤其是山东省自 2005 年至 2012 年公布的医疗广告违法率均在 85% 以上,甚至 2009 ~ 2011 年的医疗广告违法率均高达 94% 以上。这与国务院各部委逐年加码的高压政策极不相称。若将表 1 和表 2 的信息逐年对应起来可以发现,医疗广告违法率在不断加码的高压政策下,不降反升。通过这一现象可以看出,现行法上的广告规制工具在实践中并未取得良好的实施效果。

三、行政规制工具的落实情况调查

究竟是何原因导致了规制政策与规制效果之间的强烈反差?背后具有深刻的致病机理。首先需要申明的是,违法广告与其他违法行为存在显著差异,违法广告永远不会藏在隐蔽的角落,它总是出现在公共场所或大众媒体上,因而从理论上讲,违法广告被人们发现的概率极高。依据现行法的规定,工商行政管理机关和其他相关部门都有监测违法医疗广告的职责,其监测方法为定期对报刊、电视等媒体进行跟踪记录,将其发布的所有广告一一审核,只要执法资源充足,则所有违法广告都将"无一漏网"。但卫生部公布的数据却显示,"2008 年各级卫生行政部门对发布虚假违法医疗广告的医疗机构予以行政处罚的案件共计 1759 件,其中撤销《医疗广告审查证明》175 件,吊销相关诊疗科目 38 家,责令停业整顿 72 家,吊销《医疗机构执业许可证》1 家。"[①]相较于全国各地数量庞大的违法医疗广告,实际被查处的案件明显偏少。[②] 为何会出现此种现象?

---

① 参见《卫生部办公厅关于 2008 年全国打击虚假违法医疗广告工作情况的通报》,卫办医管发〔2009〕73 号。

② 由于发布广告的媒体众多,要测算全国每年的医疗广告发布量是十分困难的,这里只能以局部数据进行大概测算。山东省 2006 年针对 144 家媒体进行监测,共发现违法虚假医疗广告 1.17 万条,广西卫生厅 2004 年共监测到医疗广告 1.29 万条,以此类推,全国每年的违法医疗广告应该在 20 万条以上。

从执法资源的角度来看,商业广告的事后监管机关不同于广告发布前的审查机关,审查机关只有31个省级卫生行政部门,而事后监管则由全国各级工商行政管理部门负责,2007年的统计数据显示:全国省级工商局共31个、市级工商局419个、县级工商局2362个、工商所26,809个、工商行政执法人员23.68万人,虽然负责广告执法的人员只是这20多万人中的一小部分,但工商行政管理部门的执法资源,远没有广告事前审查部门那样紧缺。具体负责广告执法的行政机关,上到国家工商总局,下到基层工商所,同时还有其他部门的配合。为什么不甚紧缺的执法资源仍无法有效治理违法广告泛滥的现实?

对于这一问题,笔者的初步判断是:绝大多数违法医疗广告都没有得到有效的惩处。为验证这一假设,笔者结合表1的数据,以山东省发行量最大的报纸《齐鲁晚报》为样本,①深入解析执法者对违法医疗广告的惩处情况。自2008~2014年,山东省卫生厅定期向社会公布全省的医疗广告监测结果和违法广告处罚情况,本文选取了2009年1月到6月山东省卫生厅对《齐鲁晚报》进行的监测及处罚情况作为分析样本,详细分析违法医疗广告是否都受到相应的行政处罚。这里的处罚既包括对广告主的处罚,又包括对广告发布媒体的处罚。

表3 行政机关对《齐鲁晚报》上的违法医疗广告处罚情况②

时间	医疗机构	违法广告条数	无审查证明		篡改审查证明	行政处罚结果		移交工商局处罚数
			条数	比率		广告主	报社	
2009.1	25	83	82	98.8%	1	责令改正1件	无	无
2009.2	20	81	80	98.8%	1	责令改正4件	无	无
2009.3	23	74	59	79.7%	15	责令改正10件	无	无

① 本文选取的《齐鲁晚报》是山东省大众报业集团主办的省级报纸,在2009年世界日报发行量排行榜中列第22位,日发行量在135万份以上,广告收入达4亿元,本文以该报纸为分析样本具有一定的代表性。

② 本表数据由笔者根据山东省卫生厅公布的医疗广告检测结果整理而成,详细内容参见:山东省卫生监督网http://sdwsjd.gov.cn/,2016年2月16日访问。

续表

时间	医疗机构	违法广告条数	无审查证明		篡改审查证明	行政处罚结果		移交工商局处罚数
			条数	比率		广告主	报社	
2009.4	37	113	94	83.2%	19	责令改正20件	无	无
2009.5	26	82	74	90.2%	8	责令改正6件	无	无
2009.6	24	112	108	96.4%	4	责令改正11件	无	14件

由于工商部门和卫生部门都有权对违法医疗广告进行处罚,以下分别论述:

第一,卫生部门未对违法医疗广告作出有效处罚。表3数据表明,在2009年上半年,《齐鲁晚报》发布了大量的违法医疗广告,违法率从79.7%~98.8%不等,但从山东省卫生厅公布的处理结果来看,作为广告发布者的《齐鲁晚报》未受到任何处罚(后文再做分析)。至于广告主,表3中的数据显示,只有少数违法医疗机构受到了卫生局的"责令改正"之处罚(性质上是否属于行政处罚有争议)。其中,处罚率最低的是2009年1月,本月共有25家医疗机构在《齐鲁晚报》发布了83条违法广告,但山东省卫生厅的官方数据显示,只有1家医疗机构受到"责令改正"的行政处罚,处罚率仅为4%。处罚率最高的月份为2009年4月,共有37家医疗机构在《齐鲁晚报》发布了113条违法医疗广告,但仅有20家医疗机构受到"责令改正"的行政处罚,处罚率只有54%。

然而,依据当时的法律规定,广告主只要发布虚假或违法广告就应当承担相应的法律责任,而且,法律规定的责任类型包括但不限于警告、责令改正、没收广告费用、罚款、责令停业整顿、吊销营业执照等,其中没收广告费用和吊销营业执照对广告主和媒体而言,是十分严重的处罚措施。但为何大多数广告主都没有受到此类处罚呢?即便受罚也只是"责令改正"或"警告"。笔者在对《齐鲁晚报》6个月的跟踪调查中发现,被处以"责令改正"或"警告"的医疗机构仍然继续在该报纸上发布违法医疗广告。其原因在于,这两种最轻微的处罚方式难以将违法行为的社会成本内部化,因而在实践中几乎没有威慑作用。

第二,工商行政管理部门也未对违法医疗机构作出严厉处罚。根据

表3中的数据,卫生局查处的大量违法广告案件都没有移送工商局,只有2009年6月卫生局将其监测到的违法广告案向工商局移送了14件,由于工商局没有公布相关处理结果,本文只能通过一些间接资料判断工商局对医疗机构的处罚情况。

其中,国家工商总局2007年上半年的监测数据显示:全国共查处违法医疗广告2451件,罚没金额1248万元。[①] 根据当时的国家新闻出版总署的数据,2007年全国共出版报纸1938种,其中,全国性和省级报纸1037种。[②] 暂且不计其他媒体,如果将2007年上半年查处的所有医疗广告案分摊到全国的报纸上,则每家报纸仅被查处1件而已。然而,仅《齐鲁晚报》在半年内就有155家医疗机构发布了违法医疗广告(以月为统计单位),如果再加上电视、广播、互联网等大众媒体,则可初步判断,大量的违法医疗广告案件也没有受到当地工商行政管理部门的处罚。综上研究可以看出,我国《广告法》上规定的行政规制工具在医疗广告领域并未得到有效落实,这也许正是我国违法医疗广告泛滥的直接原因。

四、事前审查的制度成本与对策行为

按照立法者的理想预期,基于个案实施的广告发布前内容审查制度是医药类广告进入市场的第一道"过滤网",如果得到有效实施,则绝大多数违法广告都难以流向市场。但前文的研究表明,包括事前审查制度在内的广告规制工具体系并未取得良好的效果,各类违法广告仍然普遍存在,尤其是存在事前审查制度的医疗和药品广告领域更是如此。表3数据显示,医疗机构在《齐鲁晚报》发布的医疗广告大多都没有向卫生行政部门申请内容审查(未获得《医疗广告审查证明》),自2009年1月

① 国家工商总局:《2007年上半年全国广告监督管理基本情况》,www. saic. gov. cn,2011年3月28日访问。

② 国家新闻出版总署:《2008年全国新闻出版业基本情况》,详细内容参见国家新闻出版总署网站:http://www. gapp. gov. cn/cms/html/21/464/200907/465083. html,2013年4月3日访问。

至 6 月的“无审查证明”的违法医疗广告比例依次为 98.8%、98.8%、79.7%、83.2%、90.2%和 96.4%。如此高比例的无证违法广告现象与立法者的预期存在强烈反差,背后的原因何在?

作为理性经济人,在追求经济利益最大化的激励之下,广告主的行为选择取决于不同备选方案在实际运行中的成本,这里的成本既包括依法发布广告的直接成本,又包括该行为可能给自己带来的潜在损失。就广告内容审查制度而言,首要的制度实施成本即广告主提出申请的成本。对此,《医疗广告管理办法》第 8 条规定的审查机关为“省级卫生行政部门”。这一审查机关的设置在实践中会产生什么影响呢?根据卫生部的统计数据,截至 2009 年 11 月底,全国卫生机构达 28.9 万个。[①] 但是,享有审查权的省级卫生行政部门只有 31 个。[②] 当然,实践中并非每个医疗机构都会做广告,但医疗广告遍布网络、电视、报刊、电台、户外等媒体却是不争的事实,现有的 31 个审查机关及其审查员的配置能否胜任这一工作量?这将是个值得研究的问题。如果不能胜任,必然会造成案件积压。从法定审查期限来看,《医疗广告管理办法》第 9 条规定的期限为 20 日,需要请有关专家进行审查的,可延长至 30 日。这里较长的法定审查期限和案件积压的可能性,无疑会提高广告主申请审查的成本。再加上我国幅员辽阔,医疗机构遍布城乡各地,相应的监测结果也表明,“医疗机构利用地方的小报纸、小广播、地方电视台、网络等媒体发布医疗广告的现象比较普遍。”[③]但依据《医疗广告管理办法》的规定,即便在偏远的农村或小城镇地区发布医疗广告,也要到省一级的卫生行政部门申请审查,尤其是在没有开通网络电子申请的地区,势必增加广告主的交通、联络费和信息搜集成本。而且,依据《医疗广告管理办法》第 13 条规定:“《医疗广告审查

① 我国卫生部的统计显示:2009 年 11 月底,全国卫生机构(不含村卫生室)达 28.9 万个,其中,医院 19,822 个、乡镇卫生院 3.9 万个、社区卫生服务中心 2.6 万个、疾病预防控制中心 3543 个、卫生监督所 2706 个。参见《2009 年我国卫生事业发展情况简报》http://www.moh.gov.cn/,2011 年 3 月 22 日访问。

② 我国共有 34 个省级行政机关,除港、澳、台外,作为审查机关的省级卫生行政部门只有 31 个,即便中医医疗广告与其他医疗广告的审查主体完全分开,也只有 62 个审查机关。

③ 参见《卫生部办公厅关于 2008 年全国打击虚假违法医疗广告工作情况的通报》,卫办医管发〔2009〕73 号。

证明》的有效期为1年。到期后仍需继续发布医疗广告的,应重新提出审查申请。"以上这些制度因素大大提高了广告主提出审查申请的成本,高昂的申请成本势必影响广告主申请审查的积极性和行为选择。

若结合法定审查标准来看,广告主申请审查的成本更是高昂。根据《医疗广告管理办法》第7条的规定,医疗广告不得含有以下情形:"涉及医疗技术、诊疗方法、疾病名称、药物的;保证治愈或者隐含保证治愈的;宣传治愈率、有效率等诊疗效果的;利用患者、卫生技术人员、医学教育科研机构及人员以及其他社会社团、组织的名义、形象作证明的。"然而,商业广告的核心价值在于诱使消费者对广告内容产生信赖,[①]而能够获得信赖的广告,主要表现为体验者的陈述、允诺、专家意见等,这在医疗广告中主要表现为宣传治疗技术、治愈率,或者用权威机构、医师和患者名义进行推广,但这些能够获得消费者信赖的广告又遭到现行审查标准的严格限制或禁止。从实践情况来看,大量的医疗广告都是通过宣传自己独特的医疗技术、治愈率等信息来获取消费者的信赖,而现行法又明确禁止此类最常见的广告宣传方式,从而导致常见的广告类型都难以符合法定标准,这就极大地提高了审查无法获准许可的风险。那么,哪些广告能够通过审查呢?根据《医疗广告管理办法》第6条规定,"医疗广告内容仅限于以下项目:医疗机构第一名称;医疗机构地址;所有制形式;医疗机构类别;诊疗科目;床位数;接诊时间;联系电话。"这就意味着,广告主要使自己的广告获得审查通过,就只能像宣读医疗服务目录一样,花重金在媒体上千篇一律的公布自己的名字、规模、联系方式等信息,这些信息根本无法吸引消费者,更谈不上信赖的问题。面对广告市场剧烈竞争、广告费急速增长的市场形势,医疗广告严格的审查标准将大大提高广告主申请审查的成本。医疗广告只是一面镜子,药品、医疗器械和保健品广告同样如此。对于追求经济利益最大化的广告主来讲,面对高昂的审查成本,选择铤而走险也许会成为一种理性选择,如果铤而走险的违法成本小于依法申请审查的成本,那么,铤而走险地发布"无证照"广告就顺理成章了。

---

① 参见宋亚辉:《广告代言的法律解释论——信赖原理之展开》,载《法学》2016年第9期。

面对高昂的事前审查成本,广告主究竟该如何作出决策呢?经济人假设和理性选择模型无疑是分析决策行为的逻辑起点,“理性选择模型,强调个人总是在一定约束条件下追求目标函数极大化”。① 换句话说,理性经济人总是在现有约束下追求自身利益的最大化。在这一规律的作用下,高昂的审查成本将激励广告主寻找各自的应对之策。以下将通过广告检测数据考证这一现象。2006年2月14日,卫生部和国家中医药管理局要求“各级卫生行政部门要完善措施,充实力量,进一步加强对辖区内医疗广告发布情况的监测。”②为进一步揭示医疗广告领域存在的问题,笔者详细统计了国家中医药管理局发布的中医医疗广告监测结果,从中可以窥探广告主在成本高昂的事前审查制度面前的对策行为。

表4　国家中医药管理局公布的中医医疗广告监测结果③

监测时段	监测对象	广告发布条数		违法率	主要违法类型及比例	
		总数	违法数		禁止性内容	无审查证明
2009.9.1~30	60家都市报纸	547	525	95.6%	95.6%	84.6%
2009.6.1~30	62家专业报纸	227	227	100%	100%	86.1%
2009.3.1~31	62家都市报纸	653	634	97.1%	97.1%	90.7%

---

① [冰岛]斯拉恩·埃格特森:《经济行为与制度》,吴经邦等译,商务印书馆2004年版,第13页。

② 参见《关于积极配合工商行政管理部门进一步加强医疗广告专项整治工作的通知》,卫医发〔2006〕57号。

③ 由于研究的需要,表中的数据均由笔者根据国家中医药管理局公布的数据重新计算和整理而成。其中,国家中医药管理局于2009年3月1日至31日的监测样本为:在全国范围内选取62家都市类、文摘类报纸,对其刊登的中医医疗广告进行监测,具体内容参见《国家中医药管理局关于发布2009年全国部分报纸虚假违法中医医疗广告监测情况(第一批)的函》,国中医药政函〔2009〕14号。2009年6月1日至30日的监测取样为:在全国范围内选取了62家综合经济类报纸和青年、工人、老年、妇女类报纸,对其刊登的中医医疗广告进行监测,具体内容参见《国家中医药管理局关于发布2009年全国部分报纸虚假违法中医医疗广告监测情况(第二批)的函》,国中医药政函〔2009〕27号。2009年9月1日至30日的监测取样为:在全国范围内选取了60家都市类和文摘类报纸进行监测,具体内容参见《国家中医药管理局关于发布2009年全国部分报纸虚假违法中医医疗广告监测情况(第三批)的函》,国中医药政函〔2009〕44号。

从表4中国家中医药管理局公布的广告监测数据来看，几乎所有的中医医疗广告都存在违法情形，2009年前三季度的违法率分别为95.6%、100%和97.1%，如此高的违法率进一步印证了前文关于广告治理效果的判断。从具体的违法类型来看，我国中医医疗广告的主要违法类型有两种：一是广告内容涉及禁止性规定；二是无《医疗广告审查证明》。其中，无审查证明的广告占所有中医医疗广告的84.6%、86.1%和90.7%，这一数据再次表明，绝大多数违法医疗广告都属于"无证照"广告，从中可以解读出广告主的以下两种对策行为：

第一，表4数据显示，80%以上的广告主都没有申请办理《医疗广告审查证明》，他们宁愿承担被查处的违法风险，也不愿主动申请审查。在逻辑上，广告主要获得医疗广告发布资格，就不得不向主管机关申请广告内容审查，但能获得消费者信赖的医疗广告类型，恰恰都是遭到现行审查标准禁止的内容，再加上案件积压的可能性和较长的审查周期，大大提高了广告主申请审查的成本。高昂的审查成本使得绝大多数医疗广告都无法获得许可，当明知其广告内容无法获准通过的情况下，广告主显然不愿意主动向主管机关申请审查。如果不申请审查的违法成本又低于申请审查的成本时，广告主自然会选择成本更低的方案，即自愿承担违法风险，这也许是大量广告主不申请审查的主要原因。

而且，在国家中医药管理局公布的广告监测结果中，几乎所有的中医医疗广告都是通过宣传自己独特的医疗技术、治愈率等信息来诱导患者，而《医疗广告管理办法》第7条却明确禁止此类最常用的广告宣传方式。这将意味着，即便这些广告主都依法提出申请，他们也无法获准许可。面对这一现状，广告主要么不做广告，要做就不太可能会向主管机关申请内容审查，因此就发生了广告监测结果所揭示的现象——80%以上的中医医疗广告都没有审查证明。

第二，还有一部分广告主依法提出审查申请，但在获准许可后，又私自篡改实际发布的广告内容，即《医疗广告审查证明》中的广告样件与实际发布的广告内容不符，这正是所谓的"金蝉脱壳"之策。如表3所示,《齐鲁晚报》自2009年1月至6月发布的违法医疗广告均存在"篡改审查证明"的案例,其数量依次为1件、1件、15件、19件、8件、4件。较早的监测数据显示,山东省被监测的44家媒体中,共发现医疗广告2620条,其中违法广告2045条,违法率为78.05%,所有违法广告中未取得《医疗广告发布证明》的占66.36%,擅自篡改审批内容的占33.64%。[①]这一数据表明,有相当一部分医疗机构虽然申请获得《医疗广告发布证明》,但在发布广告时又篡改了原审批内容。这一现象很容易理解,由于现行审查标准极为严格,实践中常见的医疗广告类型都遭到现行法的禁止,一些广告主实际上只是想在形式上获得合法资格,这样既可以有效降低违法广告被发现的概率(因为有《医疗广告审查证明》),又可通过篡改原审批内容实现自由发布广告的目的。尤其值得注意的是,表4中数据显示,在所有违法广告案件中,"无审查证明"的比例要略低于"禁止性内容"的比例,背后的原因恰恰在于:部分医疗机构申请广告内容审查并获准许可后,又擅自篡改了原审查内容,于是就出现了两种违法情形之间的差额。这一现象再次表明,广告主最常用的两种对策行为,导致广告事前审查制度基本处于无效状态。

五、过程控制与广告媒体的经济激励

根据立法者的理想预期和广告法的规制工具设计,媒体处于广告发布的中间环节,理应成为违法广告进入市场的"过滤器",但令人遗憾的是,前述广告检测数据显示,大量广告媒体(尤其是报纸和网络媒体)并未承担过滤违法广告的作用,原因何在?这与媒体自身的收入结构和经济激励密切相关。

在制度实施层面,由媒体审查广告内容的真实性虽有一定难度,因

---

① 参见《山东省2006年第三季度医疗广告监测及处理情况的通报》,鲁卫医发〔2006〕24号。

为虚假广告的认定具有相当的不确定性,[1]但对于医药类广告而言,由于有事前审查这道屏障存在,对于处在中间环节的广告发布媒体来讲,只需查验广告主有无《医疗广告审查证明》以及内容是否与拟发布的广告脚本一致即可,这是一种形式主义标准,执行起来极为简单,只须让广告主出示其证明文件,并辅之以审慎的注意义务即可,履行这样的审查义务不存在任何困难和障碍。因此,仅从技术层面来看,作为第二道"过滤网"的媒体审查义务显然是个有效的广告治理工具,但事实却并非如此。表4中国家中医药管理局的监测数据显示,全国发行量较大的60多家报刊发布的中医医疗广告违法率接近100%,其中,无《医疗广告审查证明》的比例在84.6%~90.7%。如果说广告内容存在虚假可能是由于广告审查员审查不严所致,那么无审查证明的违法广告被刊载,就完全属于媒体审查员的不作为所致。但问题是,媒体为何不愿履行审查义务?

这还要从媒体的收入结构和经济激励谈起。改革开放后,市场利益的驱动和国家财政的减负,使大多数媒体逐渐与国家财政脱钩,并走上产业化道路,媒体收入的主要来源从财政拨款转变为商业广告收入。正如表5所示,早在2005年,全国报业广告收入占总收入的67.54%,其中,晚报都市类报纸和生活服务类报纸的广告收入分别占各自总收入的78.62%和72.58%,商业广告已经成为报社最主要的收入来源。其他媒体的收入结构也大同小异。据介绍,"媒体资金来源的91%是自身经营,7%是国家拨款,2%是募集的社会资金。媒介自身的所谓产业经营部分,还是以相对单一的广告为主,经营收入的75%~95%都来源于广告收入。"[2]因此,商业广告自20世纪90年代后期以来,已成为大众媒体赖以生存的"命根子",对那些以低于成本价销售的报纸来说更是如此。

---

① 参见宋亚辉:《虚假广告的立法修订与解释适用》,载《浙江学刊》2015年第6期。

② 张富刚:《浅谈财政与中国媒体产业化进程》,载《新闻知识》2003年第4期。

表5　2005年全国各主要报纸收入结构①

单位:万元

类别	广告收入		发行收入		非主业收入		全年总收入
	数额	比重	数额	比重	数额	比重	
党报	962, 848	60. 36%	436, 415	27. 36%	160, 715	10. 07%	1, 595, 189
晚报都市报	1, 864, 897	78. 62%	442, 148	18. 64%	74, 138	3. 13%	2, 372, 124
生活服务报	89, 910	72. 58%	36, 672	29. 60%	3140	2. 53%	123, 912
行业专业报	495, 879	51. 48%	357, 738	37. 14%	78, 966	8. 20%	963, 224
全国	3, 413, 533	67. 54%	1, 272, 973	25. 19%	316, 960	6. 72%	505, 449

媒体的生存高度依赖广告,使广告规制政策直接影响媒体的生存状况,政府的广告执法政策宽严直接影响媒体的生存和发展。以“取消医疗广告事件”为例,据《北京青年报》报道:“卫生部常务副部长高强2005年3月7日在参加医卫界政协委员联组讨论会时表示,我国将取消医疗广告,卫生部已将该计划上交国务院批准,以后卫生部门将不再承担医疗广告鉴定,不再替医疗广告出示审查证明。”②而且,“在2005年‘两会’上,有多达80件的提案要求整治医疗广告市场的混乱局面。”③这一消息在全国媒体和医疗行业引起了轩然大波,国内广告业的主流杂志纷纷开辟专栏讨论这一问题。④ 在2005年中国民营医院年会暨民营医院诚信发展论坛上,“300多家民营医院联合签署《关于民营医院广告规范问题的建议书》,并递交国务院相关部门,希望能让医疗广告合法存在。”⑤在媒体和医界的一致反对下,医疗广告最终没有被完全禁止,而

① 本表数据来源于国家新闻出版总署报纸期刊出版管理司,参见林江主编:《中国报业发展报告2007》,中国社会科学出版社2007年版,第97页。

② 参见《卫生部常务副部长高强表示:我国拟取消医疗广告》,载《北京青年报》2005年3月8日。

③ 万兴亚:《80多件提案直指医疗广告弊端》,载《中国青年报》2005年3月11日。

④ 详细内容参见《禁播令之后的冷思考》,载《中国广告》2006年第9期;《虚假医疗广告大限将至》,载《广告大观(综合版)》2005年第6期。

⑤ 莫继严:《取消医疗广告难以逾越的若干法律雷区》,载《经济师》2006年第5期。

是采取部分禁止的折中方案。国家新闻出版总署和工商总局发布通知要求，自2006年11月1日起全国所有报刊暂停发布12种医疗广告。①在此事件中，媒体反对取消医疗广告原因很简单，若禁止医疗广告，则支撑报社运转的广告收入将锐减。正如表6所示，2006年的“限制令”直接影响了医疗广告的投放量和媒体的收入。2007年全国医疗广告投放总额比上一年度减少69,289万元，同比减少7.05%，是近十年来首次出现负增长，且对报社的影响最大，慧聪国际的数据显示，“在2006年7月的报纸广告投放量前10大行业中，医疗服务以4.9亿元位居排行榜的第2位。”②尤其是发行量较大而且低于成本价销售的晚报和都市报，它们是医疗机构投放广告量最大的媒体，政府的广告规制政策对它们的冲击最明显。

表6　2006年的医疗广告规制政策对全国医疗广告投放量的影响③

年度	医疗广告投放额	占总额的比例	同比增长	广告业排名
2003	525,400	4.87%	7.29%	6
2004	621,025	4.91%	18.20%	6
2005	763,636	5.39%	22.96%	6
2006	982,195	—	28.62%	5
2007	912,906	5.24%	-7.05%	7

作为理性经济人，广告发布媒体的决策直接受到成本—收益结构的影响。“成本是决策的负面因素，即做出一项选择前必须加以克服的障

---

① 参见新闻出版总署、国家工商总局：《关于禁止报刊刊载部分类型广告的通知》，新出联〔2006〕11号。被禁止的12种医疗广告为：治疗尖锐湿疣、梅毒、淋病、软下疳等性病及牛皮癣（银屑病）、艾滋病、癌症（恶性肿瘤）、癫痫、乙型肝炎、白癜风、红斑狼疮等疾病和无痛人工流产内容的医疗广告。

② 侯明廷：《12类医疗广告遭禁，报业广告经营又遇麻烦》，载《大市场·广告导报》2006年第12期。

③ 本表数据由笔者根据2001—2008年《中国广告年鉴》公布的数据整理而成，参见《中国广告年鉴》，新华出版社2002～2008年版。

碍,它体现在决策者自己对某种享受或效用的评价之中。"①法律制度作为一种行为规范,虽然对人们提出作为或不作为的要求,但它本质上是通过法律责任的设置来改变行为人的成本—收益结构,从而引导人的行为。"从法经济学分析的视角考察,如果法定成本的设定失当而没有有效改变经济人的成本结构,使经济人遵循法律的作为或不作为的收益小于不遵循法律的不作为或作为的收益,则不遵循法律是经济人的理性选择。"②我国《广告法》虽然规定了媒体的审查义务,但制度的存在与制度的实效是完全不同的两个问题,制度的实效取决于人的行为,制度只有通过引导人的行为,促使其做出立法者期待中的行为选择,才能实现制度的预期效果。③

回到广告媒体是否愿意主动查验《医疗广告审查证明》问题上来,成本—收益结构是影响媒体行为选择的决定性因素。随着媒体产业化的不断推进,广告收入成为媒体赖以生存的"命根子",媒体之间的竞争一定程度上是招揽广告业务上的竞争,如果哪一家媒体严格履行审查义务,必将导致大量的无证医疗广告转投其他媒体,从而使守法者自断财路,最终减少广告收入。相反,如果不履行审查义务,无疑可以提高广告收入,改善自己的生存状况。这正是广告发布媒体不愿履行审查义务的关键原因。这一现象也得到国家工商总局广告监管部门相关负责人的关注,"一些媒体在目前市场竞争激烈、生存面临较大压力的情况下,过度依赖医药广告收入,在利益驱动下,放弃审查把关责任,不认真履行广告发布前审查义务,对虚假违法药品、医疗广告的发布起到了推波助澜的作用。"④

---

① [美]詹姆斯·布坎南:《成本与选择》,刘志铭、李芳译,浙江大学出版社2009年版,第42页。

② 应乙、顾梅:《论后果模式与法律遵循——基于法经济分析的视角》,载《法学》2001年第9期。

③ 应飞虎:《制度如何引导人》,载《深圳大学学报》(人文社会科学版)2002年第2期。

④ 史新章:《完善法律内容,规范市场发展——广告法修订热点探析(下)》,载《中国工商报》2014年9月2日。

六、事后监管遭遇媒体的"权力"博弈

1. 行政执法中对广告发布媒体"网开一面"

依照《广告法》规定，建立广告审查员制度，对广告主的《医疗广告审查证明》进行查验是广告发布媒体的法定义务，对于不履行该义务的行为，按照当时《广告法》第43条的规定(2015年修改前)，广告发布者未履行审查义务"由广告监督管理机关责令负有责任的……广告发布者停止发布，没收广告费用，并处广告费用一倍以上五倍以下的罚款"。这里的"没收广告费用，并处广告费用一倍以上五倍以下的罚款"是相当严厉的处罚，因为媒体发布广告不就是为了"广告费用"嘛！若执行到位，则媒体必将勤勉履行审查义务。但事实却并非如此，上文的研究表明，研究样本中的绝大多数报纸媒体都没有履行审查义务。由此引发的问题是，这种普遍存在的违法行为是否都得到有效查处？其违法成本到底有多大？这里仍以《齐鲁晚报》为样本进行研究。通过表3数据可以看出：

第一，卫生行政部门很少将媒体违法案件移送工商局处理。按照《医疗广告管理办法》第20条、第21条的规定，卫生局只能对违反内容审查制度的广告主进行处罚，无权对广告发布媒体进行处罚。针对媒体的违法行为，《医疗广告管理办法》第21条规定，应当在"5个工作日内通知同级工商行政管理机关，工商行政管理机关应当依法予以查处。"但表3的数据显示，2009年1月至5月，卫生部门监测到《齐鲁晚报》共发布433条违法医疗广告，所有这些案件都没有移交工商局处理，只有2009年6月的数据显示，卫生局向工商局移交了14件违法广告案。这些被移交的案件，工商局是否对《齐鲁晚报》实施了行政处罚，本文没有搜集到相关资料。但可以肯定的是，大量的医疗广告违法案件在卫生局内部已经结案，而卫生局又无权处罚报社，所以报社就自然成为"漏网之鱼"。① 这也许是

① 笔者在调查中发现，电视媒体上发布的无证医疗广告被移送工商局的数量相对较多。

媒体不查验审查证明、径行发布违法医疗广告的主要原因。

第二,工商局在例行执法中很少对媒体处以有效的处罚。在实践中,只有少数违法广告案件受到工商局的处罚,在这些案件中,又有多少媒体被追究法律责任呢?《广告法》对广告发布者的责任设置主要有“责令停止发布”和“没收广告费并处罚款”。其中,“责令停止发布”对媒体不会造成太大影响,这种处罚往往只针对广告主作出,而且是最轻微的处罚,它不会对媒体的广告收入构成太大影响,因而也不会影响媒体的决策。由于广告业务是媒体的“命根子”,“没收广告费并处罚款”可导致媒体无利可图,这足以迫使媒体拒绝刊登违法医疗广告,此类“釜底抽薪”的责任形式是规范广告市场行之有效的手段。那么,其在实践中的执行情况如何呢?依据国家工商总局的统计,2004年全国医疗广告投放金额为621,025.29万元,违法医疗广告案被罚没的金额为2278.10万元,其中,对媒体的罚没数额在所有被罚没数额中的比例不足四分之一。① 以此估算,工商局对广告发布者的罚没金额占医疗广告投放总额的0.09%。但国家工商总局2004年第一季度对报纸的监测结果表明,全国医疗广告违法率为66.3%,依此类推,如果工商局严格执法,则媒体的广告费至少有一半以上被罚没,但实际上只有微不足道的0.09%。② 理应罚没的数额与实际罚没数额之间的巨大差距表明,工商局在医疗广告执法活动中,极少对媒体的违法行为处以“没收广告费并处罚款”的行政处罚。由此可以看出,媒体不履行审查义务没有承担相应的违法成本。

2. 行政执法中遭遇媒体的“权力”博弈

广告执法机关为何对媒体“网开一面”?据笔者的初步判定,这是因为行政机关在对媒体的执法过程中,不可避免地会遭遇媒体的“第四权力”。

---

① 参见《2005中国广告年鉴》,新华出版社2005年版,第48、53页。

② 这里虽然是根据工商局公布的数据进行粗略的估算,但在一定程度上可以揭示出工商局对媒体的处罚状况。2007年的数据能进一步印证这一判断。工商总局公布的《2007年上半年全国广告监督管理基本情况》和《2008年全国广告监督管理基本情况》显示,2007年报纸广告经营额为322.19亿元(半年约为161.1亿元),上半年全国各级工商局对违法医疗广告的罚没金额为1248万元,占报纸广告经营额的0.08%(尚无扣除其他媒体上的违法广告)。依此类推,应该只有不到0.08%的报社被处以“没收广告费用”的处罚。

在计划经济时期,媒体的核心角色是党和政府的舆论工具,承担政治和意识形态使命。媒体的设立、运作、新闻发布完全由行政命令来决定,媒体不必关心销售与盈利,其生存完全依靠财政拨款。但在改革开放后,媒体逐渐与国家财政脱钩,走上产业化道路。这改变了媒体的行为逻辑。正如一位资深的媒体管理者所言(时任地方党委宣传部门负责人):“在市场经济条件下,媒体尽管仍然是事业单位,但经营模式都企业化了。媒体主要靠广告来解决经费,不是政府的财政拨款。过去的总编不考虑广告额和利润,宣传部一个电话就解决问题。现在的媒体靠市场来存活、壮大,宣传部的电话有用,广告份额的诱惑力也有用,甚至更管用。通俗地说,过去是执政党一只手掌控媒体。如今是市场和政治两只手在牵引媒体。”[①]媒体产业化改革使大量媒体转向企业管理模式,成为竞争性的市场主体,它不仅要根据政府要求引导舆论,更要通过市场经营获得生存之本。

而且在管理体制上,媒体属地管理的格局逐渐被打破,不再完全受制于地方政府。[②] 譬如,中央媒体纷纷在全国各地创办分支机构、设置记者站、开展地方的新闻报道,参与地方媒体市场的竞争,由此导致媒体的行政隶属关系日益复杂化,传统属地管理格局逐渐被打破。以南京市为例,“设在南京的中央和省市媒体共有100多家,只有1/3是属地管理的;在都市报市场中,除了省市媒体主办的《扬子晚报》、《南京晨报》、《金陵晚报》、《江苏商报》等,还有新华社主办的《现代快报》、人民日报社主办的《江南时报》,媒体多层次的隶属关系,打破了原来的属地管理格局。地方党委政府与这些媒体之间不是上下级的关系,不能以行政领

① 叶皓:《试论公共行政中的媒体应对》,载《南京大学学报》(哲社版)2006年第5期。

② 中共中央2003年颁布《关于文化体制改革试点工作的意见》要求“探索社会主义市场经济条件下加强党对宣传文化企事业单位领导的方式和办法。行政主管部门要进一步转变职能,实行政企、政事分开,管办分离,加强宏观管理……重要新闻媒体,要进一步深化内部改革,以资本为纽带,推动兼并、联合、重组,强化主报、主刊、主台、主社、主业的龙头作用,推动机制转变,优化资源配置……经批准转制为企业的报刊社、出版社,要建立现代企业制度,实行自主经营,自负盈亏。”参见《中共中央宣传部、文化部、国家广电总局、新闻出版总署关于文化体制改革试点工作的意见》,中办发〔2003〕21号。

导的方式管理这些媒体。"①脱离当地政府领导的媒体,在新闻报道和广告经营业务中中具有较高的自主性,并相应地表现出较强的舆论监督力量。

"一切意义都随着媒介的加速运动而发生变化"。② 随着媒体行为逻辑的变化和舆论监督力量的壮大,所有事情都可能通过新闻这个放大器而变得异常敏感,如谣言、官员的业绩评估和腐败问题曝光等。因为媒体拥有丰富的信息来源和强大的信息处理能力、发布平台和广泛的受众群体,它足以通过引导舆论,甚至可能对地方政府形象和决策形成压力。正如西方学者所言,"当代舆论几乎是无所不能、无坚不摧的,它不仅能够对抗传统,而且能够对抗理性。"③这正是所谓的"第四权力"。中国的情况虽不及西方国家,但毋庸置疑,"一篇新闻只能容纳部分言论、观点和事实,把关的含义就是指新闻工作者如何决定把谁的声音以及把何种事实放进新闻,这个过程也就是决定报道什么、采访谁以及报道他们的那些言论、强调新闻的哪些要素的过程……这里的把关因素之一即记者和新闻机构所面临的经济压力,他们需要在有限的资源和时间里找到能抓住观众的新闻,因此,他们常常要牺牲新闻的深度和多样性来获取圈内人士的观点、丑闻,以及耸人听闻的消息等。"④正是在这个意义上,媒体对地方政府及其执法人员的舆论监督,已经成为约束地方政府及其执法态度的重要力量。⑤

---

① 叶皓:《从被动应付到积极应对——试论当前政府和媒体关系的变化》,载《南京大学学报》(哲社版)2008年第1期。

② [加]马歇尔·麦克卢汉:《理解媒介》,何道宽译,商务印书馆2003年版,第250页。

③ [法]加布里埃尔·塔尔德:《传播与社会影响》,何道宽译,中国人民大学出版社2005年版,第301页。

④ [美]兰斯·班尼特:《新闻:政治的幻象》,杨晓红等译,当代中国出版社2005年版,第2页。

⑤ 例如众所周知的孙志刚案件,《南方都市报》以题名为《被收容者孙志刚之死》一文报道了孙志刚的悲惨遭遇。此后全国各大媒体引导舆论"一边倒"地要求严惩凶手,形成强大的监督力量,并最终促使实施了21年的《城市流浪乞讨人员收容遣送办法》的废除。再如"进京抓记者事件",2008年1月,《法人》杂志刊发了记者朱文娜采写的《辽宁西丰:一场官商较量》的文章,报道了赵俊萍因诽谤西丰县委书记张志国被判处有期徒刑一事,随后,西丰县有关执法人员赴北京"抓记者"。此事被全国各大媒体纷纷报道,对政府形成了强大压力,后来西丰县委书记张志国被责令引咎辞职。又如2008年6月的"华南虎照片事件",最终导致陕西省林业厅8名相关责任人也随之受到了处分。以上这些都显示了媒体的监督力量。

在这样的权力格局下，当行政执法遭遇媒体的违法行为时，执法人员的约束条件和激励机制也开始变得更为复杂化。甚至在有些情况下，媒体力量的非正式约束可能比正式法律制度更直接地影响政府及其执法人员的行为选择。在制度经济学看来，“一种相对价格的变化使交换的一方或双方（不论是政治的还是经济的）感知到，改变协定或契约将能使一方甚至双方的处境得到改善，因此，就契约进行再次协商的企图就出现了。在此情况下，有希望改进自身谈判地位的一方就极有可能投入资源去重构更高层面的规则，从而削弱行为规范，长此以往，规则就可能被改变，或被弃之不顾，或不被实施。”①正是基于此，政府执法人员与媒体之间的权力格局和博弈策略在潜移默化地发生变化。

媒体的社会地位和行为逻辑的转变使政府开始重新审视应对媒体的态度和方法。地方政府及其执法人员，一方面要利用媒体向公众进行“公关”，通过媒体引导舆论、传达方针政策、为政治服务；另一方面又要防止媒体对自己进行批评和监督，再加上政府官员越来越重视的业绩评估、地位升迁、腐败丑闻、政治前途等，都与媒体的新闻报道休戚相关。在实践中，诸多地方政府都规定了应对媒体“曝光”的具体方案。② 理论界新提出的政府新闻学，也旨在探索政府如何应对媒体的策略。在媒体角色转变的背景下，地方政府越来越多地受到媒体的监督，为积极应对媒体的这一“权力”，政府不可避免地要对媒体“公关”，③有求于人的局面迫使地方政府与媒体的博弈无处不在，为了在“谈判”中占据有利地位，地方政府及其执法人员很多时候不得不容忍媒体的诸多要求，甚至是无理的要求，比如在广告执法中对媒体的违法行为从宽处理，甚至“网

① ［美］道格拉斯·诺斯：《制度、制度变迁与经济绩效》，杭行译，格致出版社2008年版，第119页。

② 以安徽省为例，安徽省监察厅公布了《关于对新闻媒体曝光事件及审计中发现的违纪违规问题查处工作意见的通知》，皖政办〔2004〕98号。该通知被安徽省政府办公厅下发地方各级政府及相关部门。

③ 关于政府对媒体的“公关”，请参见叶皓：《试论公共行政中的媒体应对》，载《南京大学学报》（哲社版）2006年第5期；［美］玛格莱特·苏丽文：《政府的媒体公关与新闻发布》，董关鹏译，清华大学出版社2005年版。

开一面”，以换取媒体在新闻报道中选择有利于政府的角度来引导舆论。因此，在媒体的行为逻辑发生重大转变的背景下，政府及其执法人员基于自身利益的考虑，在执法中没有对媒体的违法行为进行处罚，也自在情理之中。行政执法人员更为宽松的执法态度，导致广告法在实践中没有得到有效落实，从而使制度预设的成本—收益结构被打破，进而难以正确引导人的行为，并最终导致违法广告泛滥。

政府内部的委托—代理结构及其执法人员的机会主义倾向，进一步加剧了上述问题。“委托人（政府）想使代理人（执法人员）按照前者的利益选择行动，但委托人不能直接观测到代理人选择了什么行动，能观测到的只是另一些变量，这些变量由代理人的行动和其他外生随机因素共同决定，因而充其量只是代理人行动的不完全信息。”①因此，在行政执法过程中，政府难以完整观察执法人员的具体行动，监督过程又需要高额的成本，此举必将导致政府无法完全操控其执法人员的决策和行为，由此带来的影响是：（1）缺乏监控的行政执法人员在执法过程中自然会有偷懒的激励，并表现为执法人员对违法广告“视而不见”。（2）政府与其执法人员之间的信息不对称还会引发更为严重的道德风险问题。虽然行政执法人员是代表政府来规制广告市场，但毫无疑问，每个执法人员都有自身的利益追求，当政府无法完全监控执法人员的决策和行为时，行政执法过程中就可能出现道德风险，如执法人员借公权力谋取个人私利，收受违法者的贿赂。行政执法人员的偷懒和道德风险，进一步弱化了广告规制工具的实施效果。对于政府决策者而言，当看到违法广告泛滥的局面时，首先想到的是加大管制力度，因此才会出现表 1 中逐年加码的规制政策，但执法者却在信息不对称的“保护伞”下寻求自身利益的最大化，由此出现广告规制政策与执法效果之间的恶性循环，逐年加码的管制政策并未取得预期效果。国家工商总局广告司相关负责人实际上也意识到此问题，并撰文指出：“现行《广告法》、《医疗广告管理办法》、《药品广告审查办法》和《药品广告审查发布标准》中对医药类

① 张维迎：《博弈论与信息经济学》，上海三联书店 2004 年版，第 239 页。

广告发布活动的规定不可谓不严格，目前更多的还是监管有待加强，执法工作需更加到位的问题。”①

七、违法广告的行政规制改革

如何求变？法律经济学有一条基本原理，法律制度若要引导市场主体向着立法者预期的方向行进，就必须结合市场主体的内在激励来进行制度设计，确保法律的外在激励与市场主体自身的内在激励相吻合，正所谓“激励相容”。这同样适用于我国的广告执法领域。根据这一原理，违法广告的行政规制若要取得理想的规制效果，未来应当从以下几个方面入手进行改革：

1.事前审查制度改革

作为理性经济人，广告主会选择有利于实现经济利益最大化的行为，即便面临违法风险，只要预期违法成本小于实施违法行为所获的预期收益，广告主也会这么做。换言之，法律责任制度在广告主眼中，其实只是立法者为违法广告所标注的“价格”，只要发布违法广告的“价格”低于因此所获得的收益，广告主就会发布违法广告。从违法广告治理的角度看，广告主的这种决策逻辑具有重要的规范意义，它告诉我们，若要让广告主依法行事，就必须确保违法成本高于其预期收益。只有这样才能引导广告主依法主动申请广告内容审查。根据这一原理，广告发布前审查制度的有效实施必须从以下几个角度进行改革：

第一，尽可能降低广告审查机关的行政层级，借此降低广告主申请审查的直接成本。目前由31个省级行政主管机关进行广告内容的事前审查，显然不太合适，过高的“审级”设置不仅提高广告主申请审查的直接成本，而且可能导致案件积压，这些都是抑制广告主积极性的重要成本因素。至于具体的级别设置，笔者认为，将广告内容审查的行政级别

① 史新章：《完善法律内容规范市场发展——广告法修订热点探析（下）》，载《中国工商报》2014年9月2日。

设置为县(区)级为妥。当然,对于个别专业性较高的领域,可将审查机关的行政级别适当提高到市级。

第二,为减少广告主的"金蝉脱壳"之策,应当由审查机关将审查通过的广告样件对公众广泛公开,使得社会公众能够方便地查验广告主实际发布的广告内容与《医疗广告审查证明》中所载的广告样件是否吻合,这不仅有利于社会公众及时发现并举报违法广告,而且有利于媒体履行"核对"义务,以及监管机关及时发现并查处违法广告。当违法行为被发现并被依法查处的概率提高时,相应的预期违法成本也将随之提高。正是基于这样的考虑,新修订的《广告法》第47条第2款后半段规定:"广告审查机关应当及时向社会公布批准的广告。"

第三,为提高广告主以身试法的违法成本,法律制度上不仅要提高行政处罚的数额,而且要提高违法行为的查处概率,因为处罚数额和查处概率的乘积才是预期违法成本。从此次《广告法》的修订情况来看,加大行政处罚数额已经有充分体现,接下来的重点在于提高查处概率。为此,新修订的《广告法》第47条第2款后半段也明确规定:"广告审查机关应当将审查批准文件抄送同级工商行政管理部门。"这有助于加强审查机关与监管机关之间的信息沟通与共享,从而有助于及时发现违法行为,以提高违法广告的查处概率。当然,提高查处概率更关键的改革举措在于行政执法人员的有效激励问题。

2. 过程控制制度改革

如前所述,过程控制没能得到有效落实的关键原因在于,行政执法和处罚措施落实不到位,若这一问题属实,接下来的改革方向也变得十分明朗,即要求行政执法机关对广告发布媒体进行严格执法,当遇到媒体不履行审查义务的情况时,应当严格依照现行法的规定对媒体进行处罚,确保媒体的预期违法成本高于其可能获得的收益,从而以经济激励的方式引导媒体成为虚假广告治理的重要参与者和协同监管者,充分发挥媒体在广告规制体系中的优势地位。

但媒体毕竟不同于一般的行政相对人,他们扮演多重角色,一方面要促进信息的有效传播;另一方面还要确保广告信息的真实性,同时还承担着一系列言论和政治责任。在这样的背景下，一味地强调对媒体进行处罚，显然不是问题的彻底解决方案。在笔者看来，政府对媒体的执法应当转变思路，以刚柔并济的方式来规范媒体行为，对于严重违法的媒体，显然要严厉惩处，但同时应当加强事前的合规引导和柔性执法机制的运用。例如，目前国家工商总局在对全国各大媒体进行全方位的广告检测的基础上，借助多元化的信息沟通渠道，比如将各大媒体负责人拉入“微信群”，定期向他们通报工商总局的违法广告检测结果，以警醒违法率居高不下的媒体负责人，督促其加强整改，依法履行审查义务，否则将面临后续的严格执法和查处。事实证明，这样的创新性执法手段取得了立竿见影的效果，未来可进一步完善此类刚柔并济的执法模式，并加以推广。

除了行政执法一侧的改革外，媒体自身的市场化改革也是治理违法广告的重要方面。对于广告发布媒体来讲，既然媒体的收入结构、行为逻辑以及由此导致的权力博弈格局，也是影响广告执法效果的重要因素，那么，未来的制度改革方向就应当致力于完善市场保障措施，激励地方媒体寻求多元化的收入渠道（具体的保障措施构建将是个复杂的系统工程，这里不再展开），例如近年来风起云涌的传媒产业集团化改革已取得了初步成效。期待未来能够彻底改变地方媒体过度依赖广告费生存的单一收入结构。当广告费已不再是媒体的主要收入来源时，广告执法遭遇媒体的“权力”博弈问题也将逐步得以缓解。毕竟，一个长期以恶俗广告示人的媒体也终将会因失去受众而丧失对广告主的吸引力。

3. 事后监管制度改革

既然事后监管制度根本没有得到有效落实，那么，迫在眉睫的问题就不再是如何在制度上“提高处罚数额”，而是在实施层面提高查处概率。根据法律经济学原理，责任威慑效果取决于两个因素：一是责任数额；二是查处概率。对于广告主而言，能够改变其成本—收益结构的因素为预期威慑程度，而预期威慑程度又等于责任数额与查处概率之乘积（预期威慑程度 = 责任数额 × 查处概率）。这意味着，只有同时提高责任数额和查处概率，才能取得良好的规制效果。若以此来审视《广告法》的修订,则可发现,制度上不仅应提高责任数额,而且更要致力于提高查处概率,后者集中体现为新《广告法》第53条所规定的举报限期处理和渎职查处制度。① 目的旨在约束执法人员的机会主义倾向,防范因偷懒或权力"寻租"而导致的法律制度落空现象。总体来讲,这样的修法策略与广告执法实践中的问题基本匹配,期待未来能取得良好的实施效果。

---

① 新《广告法》第53条:任何单位或者个人有权向工商行政管理部门和有关部门投诉、举报违反本法的行为。工商行政管理部门和有关部门应当向社会公开受理投诉、举报的电话、信箱或者电子邮件地址,接到投诉、举报的部门应当自收到投诉之日起七个工作日内,予以处理并告知投诉、举报人。工商行政管理部门和有关部门不依法履行职责的,任何单位或者个人有权向其上级机关或者监察机关举报。接到举报的机关应当依法作出处理,并将处理结果及时告知举报人。

《法律和社会科学》(2017)
第16卷第1辑,第49~68页

法院如何规制算法

——从快播案切入

邱遥堃*

摘要:色情与盗版一样,都是互联网平台利用数字劳动而非法兴起的重要手段。方便、引导用户生产从而造成传播后果的技术/算法绝非中立,但要在主观上证明平台之故意则有困难,这也是给快播定罪的主要困难。但法院也不能对淫秽色情放任不管,其社会后果不明但政策惯性与利益群体压力较为稳定。所以法院采取重罪轻罚的判决策略,一方面用传播淫秽物品的罪名满足意识形态部门以及保守人士的要求,另一方面用最低限度的刑罚保护言论自由以及互联网技术发展。这是法院停留在技术黑箱外部、只对算法结果所进行的规制,也是从法院的制度角色与制度能力来看比较合适的规制。

一、问题的提出

2016年9月13日,快播案一审宣判:法院认定

* 北京大学法学院2017级博士研究生。

快播为视频文件传输平台,是网络信息服务提供者,需要履行网络安全管理义务,但快播及其高管在明知其系统存在大量淫秽视频的情况下,不仅不采取可能的技术手段进行审核、清理,反而用碎片化储存的方式规避监管,放任了淫秽视频的传播,并通过资讯快播和第三方软件捆绑进行非法牟利,不能用技术中立或中立的帮助行为抗辩寻求豁免,因此快播公司及其包括CEO王欣在内的4名高管均构成传播淫秽物品牟利罪,且情节严重。①

但法院在量刑阶段又考虑到网络平台之明知、故意、放任、牟利与传播的特点,不认为快播的犯罪情节特别严重,只是严重而已,因此4人被判3年到3年半不等的有期徒刑,是该罪"情节严重"一档的最低处罚,对公司1000万元和每人20万~100万元的罚金处罚相比于其收入而言也不算重。所以,法院虽然还是采取了检察官提议的有罪且正犯化定罪的思路,但从结果上看,该判决并没有如许多人担心的那样,会对互联网技术的发展和网络空间的言论自由产生过分消极的影响。②

当然,总有人不满意。技术中立、市场自由的拥护者认为,虽然色情具有阻碍人类繁衍、损害人类竞争力的消极社会后果,但考虑到色情又是科技发展的助推器,在两害相权取其轻时应以国家竞争力为依据二选一,坚持技术中立,免除平台责任,保护科技发展,牺牲色情规制,颇有饮鸩止渴的悲壮感。因此,《刑法修正案(九)》新增"拒不履行信息网络安全管理义务罪"和"帮助信息网络犯罪活动罪"就已经是"草率和粗疏",更别提法院竟径直适用传播淫秽物品牟利的重罪,令人痛心地"放弃了借助技术中立规则的司法适用来重塑制度的一次重要机会"。③

但色情的社会后果远没有那么确定,相反,它一直是人类社会最具争议性的话题之一。阻碍繁衍、损害竞争力的观点只是一家之言,截然

① 参见快播传播淫秽物品牟利罪判决,载"北京海淀法院"微博,http://weibo.com/3927469685/E83y5A1sE? filter = hot&root _ comment _ id = 0&type = comment # _ rnd1481527717367,2016年12月12日访问。

② 同上。

③ 桑本谦:《网络色情、技术中立与国家竞争力——快播案背后的政治经济学》,载《法学》2017年第1期。

对立的主张始终存在且不乏依据。因此,要以色情的确切消极影响来正当化法院判决与意识形态部门的执法,困难重重。更重要的是,虽然色情确与互联网相伴而生、相互促进,但这绝对得不出为了发展互联网就必须放任色情,即使以所谓国家竞争力为依据亦然。因为规制从来就不是一个非此即彼的选择,如果现实中的网络扫黄因其“一刀切”而阻碍了技术进步,那么相反的“一刀切”恰恰是我们应当竭力避免的另一种极端冲动——“一刀切”只能印证国家治理能力的残疾,无论如何不是提升国家竞争力的正道。①

不那么极端的立场对色情及其规制的社会后果不置一词,只是讨论定罪是否符合刑法教义:快播究竟在什么意义上构成了传播,是否属于不作为的传播,是否具有避免传播后果的保证人义务,如何保护中立的帮助传播行为,等等。② 但这些理论上的“千古难题”“令人绝望之章”大多使人莫衷一是、无所适从,即使有些确定的结论也与普通人乃至法官的实际思维相去甚远:例如就传播而言,字典中或学者坐书斋想象出的含义并不符合互联网借色情而兴起的实际;就中立的帮助行为而言,互联网技术平台与菜刀远为不同,因为它的发展深受国家与资本利益的影响。因此,形式的教义分析不仅仅是或自由或保守的意识形态立场的伪装,它们往往不切实际。

本文也试图分析快播案,集中讨论快播是否传播了淫秽物品,是否

---

① 参见杨志军:《运动式治理悖论:常态治理的非常规化——基于网络“扫黄打非”运动分析》,载《公共行政评论》2015 年第 2 期。

② 例如,陈兴良:《在技术与法律之间:评快播案一审判决》,载《人民法院报》2016 年 9 月 14 日,第 3 版;张明楷:《快播案定罪量刑的简要分析》,载《人民法院报》2016 年 9 月 14 日,第 3 版;车浩:《谁应为互联网时代的中立行为买单》,载《中国法律评论》2015 年第 1 期;车浩:《法律无需掌声,也不能嘲弄》,载爱思想网,http://www.aisixiang.com/data/96567.html,最后访问日期:2016 年 12 月 12 日;高艳东:《质疑快播案判决:与陈兴良、张明楷教授商榷》,载法学在线网,http://article.chinalawinfo.com/ArticleFullText.aspx?ArticleId=97544,最后访问日期:2016 年 12 月 12 日;毛玲玲:《传播淫秽物品罪中“传播”行为的性质认定——“快播案”相关问题的刑事法理评析》,载《东方法学》2016 年第 2 期;陈兴良:《快播案一审判决的刑法教义学评判》,载《中外法学》2017 年第 1 期;周光权:《犯罪支配还是义务违反——快播案定罪理由之探究》,载《中外法学》2017 年第 1 期;高艳东:《不纯正不作为犯的中国命运:从快播案说起》,载《中外法学》2017 年第 1 期。

有必要规制淫秽色情以及如何规制传播黄色的平台算法的一般性问题,但希望在方法和论点上对现有研究都有所超越。本文同样是交叉学科的,从社会后果出发进行成本收益分析,区别于大多数的教义分析,但在互联网与淫秽色情的关系、淫秽色情的社会后果这两个问题上与现有研究的观点或互补或互斥,首先采取一种理解而非批判的视角看待法院判决,更细致地分析法院平衡利益、规制技术的细节,希望借法院的得失来讨论法律规制算法的适当方法。

本文主要分为三个部分:首先描述互联网借色情而兴起的商业模式,主张色情与盗版一样是互联网非法兴起的手段,而且互联网对色情的利用不限于硬色情,网络软色情更是无孔不入、野火烧不尽。其次尝试探讨色情的社会后果,并主要针对色情阻碍繁衍、损害竞争力的观点提出批评,认为色情的社会后果并不确定,而规制机关要做的,就是不确定状态下的决策。前两部分确定了规制的必要性以后,最后讨论法律如何能够更好地规制互联网平台的算法,是满足于目前的仅针对其后果,还是有必要更进一步深入探究算法本身。

二、互联网的第二重非法兴起

快播案的第一大问题,也是教义学者最纠结的问题,就是快播是否"传播"了淫秽物品。据说"这是检验一个司法者心中是否受过罪刑法定原则淬炼的关键,也是他有别于普罗大众的专业素质和公信力所在。"①鉴于大部分人的共识是快播没有在积极作为的意义上成立传播,那么它是否成立不作为的传播,就进入了不作为犯"这个荆棘丛生、到处是黑暗和混乱的领域",从而纠结更甚。

要是随便问一个有上网经验的"普罗大众",特别是宅男,快播是否传播了AV,没有人会对肯定回答有丝毫犹疑:看片不就找快播吗?

① 车浩:《法律无需掌声,也不能嘲弄》,载爱思想网,http://www.aisixiang.com/data/96567.html,最后访问日期:2016年12月12日。

当然,刑法学者认为,法盲的直觉有可能出错,如果完全相信法盲,还要法律人做什么?还要法律教义做什么?但问题是:如果语词的日常含义对于坚持罪刑法定原则是重要的,那么普罗大众的日常经验就不得不至少加以考虑。脱离群众的教义谜团反倒可能是暴虐的。

那么宅男的直觉是否可靠?不如借黄色的"孪生子"——盗版——的互联网发展史作参照。互联网借盗版而非法兴起的事实不仅众所周知,而且在理论上也得到了充分的表述:互联网早期依靠开放架构下用户生产与搬运文化产品的行为,积累了用户数据,培养了用户习惯,建立起对于传统产业的优势,从而迫使后者要么破产要么纳入其下成为一个子部分,并利用海量数据建立起对用户的控制,进而把架构转为封闭。在这一过程中,避风港原则首先成为互联网平台的"免罪金牌",谷歌、百度等互联网巨头同样主张自己是"做技术的""技术中立""技术不可耻",侵权的是其他网站乃至用户。但在摧毁了传统产业后,版权话语死灰复燃,因为新经济之间需要分赃,于是一大批反不正当竞争诉讼兴起,技术话语则无人问津。[①] 由此可见,盗版是互联网兴起所利用的工具,技术话语抗辩只是阶段性策略,图穷则匕首现。

互联网不也是这样利用黄色的吗?当然,黄色产业不限于提供文化产品,我国也没有可供互联网摧毁的合法黄色产业。但这里的逻辑是一致的:网络平台同样避免自己提供非法的黄色商品或服务,也是以开放架构吸引用户作为免费劳力,搬运乃至生产黄色,从而吸引更多用户,然后利用基于大数据精准投放的广告与增值服务实现盈利。在此过程中,执法机关首先打击的肯定是直接的传播者,如果把矛头转向它们,它们也希望像利用盗版一样,能够援引技术话语作为免责条款。

当然,法院拒绝了这一抗辩,似乎说明黄色与盗版的可比性有限。但这其实并没有阻止互联网,因为它们利用的黄色不限于硬色情,网络平台上的软色情无处不在。直播平台上的帅哥美女主播不能脱衣服

① 例如,胡凌:《重新审视"互联网的非法兴起"》,载胡凌:《网络法的政治经济起源》,上海财经大学出版社 2016 年版,第 72 ~ 75 页;胡凌:《互联网企业竞争的演化》,载同前,第 186 ~ 189 页;胡凌:《"分享经济"的法律规制》,载同前,第 301 ~ 311 页。

了,但还是利用衣着暴露、语言挑逗的“擦边球”,甚至只是他们引人幻想的美色本身,就得到了无数关注与一掷千金。这就像微信、陌陌以及更早的QQ的兴起与持存,并不主要是依靠给色情从业者或色情作品传播者提供了方便的联系工具,而是凭借给普通人提供了合法的性需求满足途径。

不仅是直播平台和社交网络,搜索引擎、下载工具、视频网站、云储存等其他形式的互联网平台同样或经历了洗白的过程,或一直利用软色情牟利。“性感”“情色”等更为中性的描述是他们的代名词,甚至“小鲜肉”这样仔细品味起来色情味道十足的表达也不再能引发人们的生理反感。这或许可谓人性的基本需求,但不可否认信息资本为了自身利益而对该需求进行的无限放大。由此可见,如果快播能自觉响应政府号召,及时转型,从对黄色的粗放式利用转向精益化利用,一定可以为自己的技术保留更大的发展空间。

当然,以更广阔的视角观之,互联网对色情的利用只是资本利用色情的最新发展阶段。报纸、杂志、广播、电视等传统媒体以及相应的印刷、无线、有线、卫星传输等传统技术同样在很大程度上受益于色情。但互联网利用色情的特点在于,借助海量数据与超强计算能力而达到的越来越隐蔽而精准的利用。去年支付宝圈子引发的风波就是一个著例:校园日记与白领日记触动了广大中产阶级在性别平等、收入平等与隐私保护问题上敏感的神经,巨大的舆论反对浪潮与随之而来的领导道歉,似乎显示了阿里在社交网络领域的又一次失败以及互联网利用色情而兴起的老套路的失效。然而,能够独断划定750起评门槛的阿里,真的是在盲目冒进而丝毫看不到如此明显的不利后果?更合理的推测难道不应该是:起初的物化女性、后来的赔礼道歉全都是阿里推广圈子的毒辣手段,一切尽在掌握?①

① 当然,如果有关于彭蕾道歉后圈子用户数量与日活跃度变化的数据作为支持,这里的推测会更具坚实的基础。但此类数据被支付宝平台牢牢控制,除了等待其为自身利益主动披露,任何人都不可能获得。因此笔者在此只能满足于经验的观察与逻辑的推理,虽稍欠力度,但仍不失合理性与启发性。

因此,黄色同样是互联网“罪恶”的第一桶金,而且会随互联网的不断发展而不断洗白——互联网终将自发形成利用色情的最佳模式,既不触犯一部分人的道德感情,又能最大限度地借助大多数人的本能色情需求为自己谋利。黄色产业本身的不合法决定了平台在这个过程中不能用技术中立抗辩寻求国家保护。也不需要,理由如前。最后,黄色的互联网同样会走向封闭的架构,因为用户已经被牢牢锁定在其上,成为任由它们剥削的劳动者,甚至是任由操控的傀儡。

既然互联网一直在有意识地利用黄色,那么基于既定的扫黄目标对其进行规制就无可厚非,甚至在满足其他条件的前提下定其“传播淫秽物品牟利”也不成问题。而且基于上文展示的互联网黄色发展路线,政府规制的风险也并不大。因为无论是互联网的自发规制还是政府规制,都是在一部分人的道德情感与另一部分人的色情需求之间取得平衡。政府不规制,只是延迟了到达平衡的时间,甚至不一定减少了追求平衡过程中的错误。支付宝圈子的营销就有意利用了这种错误,更不智能的平台规制或许也会无意犯下这种错误。因此,过分担心政府规制的风险是不必要的,它只是催化剂而已。

当然,笔者并非一边倒向政府,否则也不会赞同法院重判轻罚的做法,而会直接支持扫黄打非办了。笔者的观点只是:互联网平台需要承担责任,无论这一责任是它们基于用户压力而自行施加,还是政府代表用户利益而由外施加。笔者同样坚持,在承担意识形态维护之责任的过程中,不应当对言论自由与科技发展造成太大的负面影响。扫黄打非办的净网行动从打击源头转向打击中介,进而一股脑禁止分享资源所利用的互联网技术,无疑是把孩子和洗澡水一起倒掉的愚蠢行为。

通过以上对互联网借黄色而兴起的商业模式的分析,我们就可以看到技术中立抗辩是多么虚伪无力。在这个问题上,法院的认识是极为准确的:“技术……一定程度上受到技术提供者和使用者意志的控制和影响,并体现技术提供者和使用者的目的和利益。技术本身的中立性与技术使用者的社会责任、法律责任的关系,实质上反映了技术使用方式对社会发展起到了推动进步还是阻碍进步的作用。”①从来就没有脱离了使用的技术,也没有自绝于利益的技术。互联网确实和菜刀一样,可以被用于各种用途。但即使是菜刀,购买时也需要实名登记。如果一个人购买菜刀就是为了杀人,那么没有理由不规制乃至禁止他的购买。

就本案而言,快播的中心调度服务器与缓存调度服务器提供了P2P传输支持与缓存加速服务,方便用户使用快播分享视频文件(不论其是否合法),进而通过资讯快播和第三方软件捆绑间接获利,是典型的互联网平台商业模式。法院对此认识准确,要求其作为网络服务提供者承担网络安全管理义务,无可厚非。但法院接下来只知道快播的4台缓存服务器中存在大量淫秽视频,即快播不履行监管义务的事实,而要把不履行监管义务与传播淫秽物品画上等号,还要证明快播明知其平台上存在大量淫秽视频并放任其传播,而这并不容易。

法院的进路是以间接证据、甚至推论作为依据:“作为一个自称‘非常重视用户体验’的视频服务提供商,快播公司应当知道其网络用户搜索和点击的视频内容的统计特征……进一步的证据是,执法部门以各种方式开展了监管活动。”②这个“应当知道”如果看上去不是有罪推定,就是法院自认无能,自认无法确证快播公司的主观状态。而过分信任执法部门的监管行动也存在推卸查证之责、纵容行政权力的嫌疑。如果快播继续坚持自己的平台算法绝对中立,那么第二次被查时仍然毫不知情,并非不合理。

关于碎片化储存技术的被告人供述或许相对有力:采取该技术的目的是“规避淫秽视频风险”,就同时证明了快播对自己传播黄色的明知与放任,在具体的案件事实层面否定了快播技术中立的主张。但仍有不足:法院自己在量刑时就承认“明知其网络平台上存在淫秽电子

① 参见快播传播淫秽物品牟利罪判决,载“北京海淀法院”微博,http://weibo.com/3927469685/E83y5A1sE? filter = hot&root _ comment _ id = 0&type = comment # _ rnd1481527717367,最后访问日期:2016年12月12日。

② 同上。

信息”与“事先明确知道是淫秽电子信息”有不同,展现自己对教义学理论之熟悉的同时,修正,甚至推翻了定罪时对明知的法律观点,使得碎片化储存的论证也不能证明后一个意义上的明知。

但如果暂不苛求法院的法律论证,还要解读其定罪逻辑的话,就只能从现实主义的角度提出淫秽色情的社会后果作为支持了。这里有两点需要澄清:第一,讨论规制的合理性看上去更像是针对执法机关乃至立法机关,我国法院并不具有判断扫黄是否合理的政治地位与政治权力,不能改变一般规则;然而法院可以改变个案结果,可以通过适用意识形态色彩较淡的拒不履行信息网络安全管理义务罪乃至做出无罪判决的方式,表达自己对规制理由合理性的看法。第二,淫秽色情的社会后果远非有利或不利的单项选择,正如一直以来的争论以及本文下面的讨论所表明的,它事实上是不明的;在后果不明的情况下决策,也远非只有放任这一个选项,审慎、克制不等于放任,而需要更精细的规制。

三、为什么要拒绝“黄”?

淫秽色情的社会后果虽然不是一个在解释论上可以讨论的问题,但它深深影响着舆论对快播是否有罪的认定,从而必然给法院判决施以一定压力,因此也是讨论快播案不应绕过的一个问题。关于这个问题的理论探讨汗牛充栋、各执一词,我无意在此一一回顾,也没有必要。我只想摘取目前为止相对较为深入涉及这个问题的桑本谦老师的观点进行商榷,因为他的观点虽然看上去别具一格,实际却代表了社会上很大一部分人对色情或显或隐的态度,特别契合中国人长久以来重视生育的传统文化与当下鼓励生育的政策风向,具有典型意义。

桑老师认为,“网络色情的泛滥已经带来了一些严重的社会问题,这些社会问题倒不是人们通常所担心的滥交或是性暴力,而是起源于一个貌似无关紧要的生理现象——色情消费者(主要是男性)的性唤起阈值越来越高。"性唤起阈值提高导致性欲减退与性功能障碍,从而引发性行为、特别是生育性行为减少与婚姻家庭衰败,同时也削弱了人们,尤其是男人们的进取心。一个社会缺乏竞争与延续,就必然要走向末路。①

但其实没有必要担心人们在消费了虚拟色情产品以后会对现实性行为不感兴趣——两者的替代关系是有条件的。很少有人是为了虚拟而追求虚拟,虚拟更多是在现实无法满足情况下的次优选择。② 外形欠佳、财力不足、年龄太小、缺乏选择、性趣怪异、性格内向,兼而有之,或其他原因,都可能使一个人无法获得现实的性满足,不论是通过恋爱结婚还是自愿或付费的一次性性行为。于是,虚拟色情产品就成了他们性需求的一个出口,成本低廉、容易获得,不受各种现实条件制约。然而一旦这些约束不复存在,人们没有理由不选择更能满足自己的性供应方式。③ 宅男的心也向往外面的世界。

而且,虚拟与现实的色情之间不仅存在替代关系,还存在互补关系。许多人的性启蒙来自色情影片,特别是在我国这样一个性压抑的环境下。不限于性启蒙,就算是成人也可以从色情影片中获得有助于

---

① 桑本谦:《网络色情、技术中立与国家竞争力——快播案背后的政治经济学》,载《法学》2017年第1期。

② 确有研究显示个人色情消费的重口味化发展趋势,例如 Kathryn C. Seigfried-Spellar, Marcus K. Rogers, "Does deviant pornography use follow a Guttman-like progression?",29 *Computers in Human Behavior*:1997-2003(2013)结论认为越早观看正常色情影片就越容易发展到观看非正常色情影片,但这类研究大多只揭示了不同虚拟色情消费的相关性,并没有考虑现实性行为在色情消费异化中发挥的作用。可以想见,这些研究中的被试与被调查者并不都是不爱出门的真宅男。许多研究揭示出网络色情消费与社会纽带脆弱之间的相关性,例如 Gustavo S. Mesch, "Social bonds and Internet pornographic exposure among adolescents",32 *Journal of Adolescence*:601-618(2009); Steven Stack, Ira Wasserman, Roger Kern, "Adult Social Bonds and Use of Internet Pornography", 85 (1) *SOCIAL SCIENCE QUARTERLY*:75-88(2004),但它们都是把社会纽带脆弱作为网络色情消费的原因,而不是相反。

③ [美]波斯纳:《性与理性》,苏力译,中国政法大学出版社2002年版,第146~188页。Bryant Paul, Jae Woong Shim, "Gender, Sexual Affect, and Motivations for Internet Pornography Use",20(3) *International Journal of Sexual Health*:187-199(2008).

改善现实性行为的知识与技巧。[①] 甚至，替代关系中也存在互补关系：一个丈夫偶尔观看色情影片减少的不仅是对妻子的性需求，也是对妻子以外者的性需求，对妻子在前者的意义上是一种替代，在后者又是一种互补，特别是在妻子不能或不愿满足丈夫的情况下。[②] 因此，单纯从重复刺激导致脱敏出发就认定虚拟替代现实，忽略了两者关系的复杂性。

既然这样，把现代社会的生育性行为减少与生育率降低归责，甚至部分归责于色情消费及其引起的性唤起阈值的提高，就显得十分勉强。人们不生孩子的罪魁祸首不是色情，而是现代社会越来越高的生育成本与现代人越来越高的个人意识。这两个条件不改变，即使一个社会是高度性压抑的，也无法将人们引导进入恋爱婚姻，甚至无保护的一次性性行为。这并不是什么新见解，早就有丰富的研究文献证实了这一

---

① 诚然，色情影片对人的误导或许甚至超过了它带来的知识，越来越多研究显示即使青少年也对色情影片传递的信息有所保留，但这并没有阻止它对我们现实性行为哪怕是潜移默化的影响。误导与知识一样，都是这一影响的切实证据。Debra K. Braun-Courville, Mary Rojas, "Exposure to Sexually Explicit Web Sites and Adolescent Sexual Attitudes and Behaviors", 45 *Journal of Adolescent Health*: 156 - 162 (2009); Aleksandar Stulhofer, Vesna Busko, Ivan Landripet, "Pornography, Sexual Socialization, and Satisfaction Among Young Men", 39 *Arch Sex Behav*: 168 - 178 (2010); Katrina Kubicek, William J. Beyer, George Weiss, Ellen Iverson, Michele D. Kipke, "In the Dark: Young Men's Stories of Sexual Initiation in the Absence of Relevant Sexual Health Information", 37 (2) *Health Education & Behavior*: 243 - 263 (2010). Rachel K. Jones, Ann E. Biddlecom, "Is the Internet Filling the Sexual Health Information Gap for Teens? An Exploratory Study", 16 *Journal of Health Communication*: 112 - 123 (2011); Rachel K. Jones, Ann E. Biddlecom, "The More Things Change...: The Relative Importance of the Internet as a Source of Contraceptive Information for Teens", 8 *Sex Res Soc Policy*: 27 - 37 (2011). Paul J. Wright, Ashley K. Randall, "Internet pornography exposure and risky sexual behavior among adult males in the United States", 28 *Computers in Human Behavior*: 1410 - 1416 (2012); Stephen E. Hawes, "Sexually Explicit Online Media and Sexual Risk Among Men Who Have Sex with Men in the United States", 43 *Arch Sex Behav*: 833 - 843 (2014); Dylan Stein, Richard Silvera, Robert Hagerty, Michael Marmor, "Viewing Pornography Depicting Unprotected Anal Intercourse: Are There Implications for HIV Prevention Among Men Who Have Sex with Men?", 41 *Arch Sex Behav*: 411 - 419 (2012).

② [美]波斯纳：《性与理性》，苏力译，中国政法大学出版社2002年版，第189~192页。

点,强行把色情作为一个因变量插入其中,又完全没有说明因果关系,①实在令人不可理喻。

当然,上述讨论的前提是:虚拟色情产品并不绝对比现实性行为更使人满足。如果科学技术继续发展,虚拟色情人物,甚至色情机器人日趋完美,集合了人类的所有优点、避免了人类的所有缺陷,比一个真人更像人,就像柏拉图所谓人的形式或亚里士多德所谓人的目的,在各方面都超越了现实的性供应方式,那么上述讨论都将不能成立。

确实如此。然而这就那么值得哀叹吗?人类就将无可挽回地走向灭亡之路了吗?如果生育、特别是以异性结合为模式的生育真的这么重要,我们也就不要承认同性恋的权利了。进而,不孕不育的夫妇也是人类的罪人,丁克家庭简直是知法犯法。但上文已述,现代社会的生育率下降是世界大势,不论色情是否在其中起作用。我们更应该思考的是如何改变人们的生育激励,甚至现有的生育模式,而不是在次要矛盾上捕风捉影,甚至因此而伤害了基本权利。

而且,科学技术的当前发展已经使人们的性行为不再必须以生育为后果,并不需要超级虚拟色情存在就已经发生了令人"痛惜"的生育损害。如果为了生育就要规制乃至禁止色情,那么是不是也要规制乃至禁止避孕技术呢?这不是反而陷入了西方国家才争论不休的问题吗?避孕技术不仅损害了生育,还带来了个人自由、特别是女性的个人自由的提高,所谓的超级虚拟色情存在亦然:既然不再需要真人提供色情服务,那么很大一部分性工作者也被解放了出来,性产业中的压迫与剥削不复存在,人们可以更自由地选择合适自己的工作,甚至性工作,这难道不是一种巨大的社会收益吗?

通过以上讨论,我远不是主张色情毫无社会危害,我们应当像北欧国家一样彻底走向性放任。上文引证的科学研究就说明了色情对青少

① 桑文除了性功能障碍一项以外,在这一因果关系的论证上没有提供任何有力的科学依据,例如将日本社会少子化与中国考试女生占优的现象都归结于网络色情对人类生育与竞争力的损害,极其牵强,前者主要是生育成本与个人意识提高的结果,后者主要是女性自然天赋适合应试考试性质所致。不具体分析个案情况而强行赋予不存在的因果关系,就像星座爱好者一样。

年行为的影响,虽然对这一影响应如何反应仍可讨论(例如是彻底禁止还是内容分级),而且对成年人行为(而不仅仅限于心理与精神)影响的研究比较缺乏且大多支持了自由主义主张。即使确实毫无危害,也有各种各样实用主义的考虑要求我们不能一步跳到相反的极端:对许多年长人士、社会中下层人士、农村地区人士、宗教人士甚至部分女性而言,色情当然具有败坏道德、引诱犯罪的效果。虽然这种观念并没有坚实的科学依据,[①]但是治国者不能忽略,否则就会产生真实的社会冲突、阶级冲突、地区冲突甚至民族冲突——人们的接受度从来都是治理国家必须考虑的重要因素。这不仅是实用主义的态度,也是民主的态度。

因此,色情规制面临的问题就是一个经典的、不确定状态下的决策。规制的影响十分广泛,可能对道德情操、两性生育、言论自由、技术进步以及更多想得到、想不到的问题发生作用,但法院无法准确预测其积极后果。因此,规避损失、防止消极后果发生、从而将决策成本和错误成本最小化,就成了法院的最佳选择。[②]

法院也正是如此行事:由于它没有能力完成快播传播淫秽物品牟利罪的充分论证,上文已述,也无法确定快播犯罪情节的具体严重程度,甚至认为认定情节的相关法律过于陈旧、赶不上技术进步("本案'犯罪情节'的认定应该充分考虑网络信息平台传播特点。点对点视频传播技术更新速度快,传播能力迅速攀升,其所产生的正面或负面影响,均与传播淫秽物品牟利罪刑法条文和司法解释制定时的情形难以同日而语……不宜按照相关司法解释所规定的传播淫秽物品牟利罪的数量标准来确定刑罚"),但是色情规制的不确定性、意识形态政策的连续性与稳定性,以及对青少年利益与保守人士道德情感的照顾要求它不能仅以去意识形态化的拒不履行信息网络安全管理义务罪来惩罚快播,而一定要确定传播淫秽物品牟利的罪名。所以它采取了重罪轻罚的判决策略,分别满足不同利益群体的需求,算得上是苦心周旋。

① Milton Diamond, "Pornography, public acceptance and sex related crime: A review", 32 *International Journal of Law and Psychiatry*: 304 - 314(2009).

② 侯猛:《不确定状况下的法官决策——从3Q案切入》,载《法学》2015年第12期。

当然,我的这一现实主义解读并没有直接证据予以支持,更多是从判决的社会后果角度进行的一种反推,也不能消除法院法律解释的瑕疵,只能算是非学理层面的一种寻求同情的辩护。法院如果想让自己的主张更站住脚,需要的并不是这样一种自白,而可能是对其规制方式的改进。法院目前的做法停留在快播平台的外部,企图通过确保特定结果的平台责任的施加,促使快播自行改进其问题。这一方法遇到了各种各样的困难,包括取证及论证的不足、监管方式(入刑、意识形态化)的正当性,以及平台对技术问题的把持等。如果法院换一种方式,直接规制快播调度视频的算法,结果是否会不一样,会遇到哪些困难,我将在下一部分进行讨论。

四、法律如何规制算法

既然互联网平台的商业模式有意利用了黄色从而放任了淫秽色情的传播,而规制黄色也势在必行,那么接下来的问题就是:如何更好地进行规制?有必要说明的是:我在这里的关注重点不在于淫秽色情本身,而在于它借以传播的手段——互联网。所以,我无意于搬运外国的内容分级制度等;我希望讨论的一般问题是:对于运用算法(互联网语境中的技术)来影响,甚至直接决定我们日常生活的互联网平台,什么才是合适的规制方式?是规制算法得出的结果,还是算法本身?如何可能规制算法本身?

在这个问题上,美国法院早就抛弃了一股脑的技术中立豁免:在 *SONY Corp. of America, Inc. v. Universal City Studios* 案确立的"实质性非侵权用途规则"——也就是技术中立原则的本体,但遗憾的是,国内互联网公司援引技术中立抗辩时只取其免罪金牌的意涵,完全忽略了该原则本要求的对技术目的与实际效果的考察——之上,添加了 *A & M Records, Inc. v. Napster, Inc.* 案确立的"知道规则"(如果在帮助侵权时明确知道侵权行为存在且放任不管,那么承担侵权责任),以及 *Metro-*

Goldwyn-Mayer Studios, Inc. v. Grokster, Ltd. 案确立的“引诱侵权规则”(如果软件提供者是为了引诱用户进行侵权而提供软件,那么提供行为构成帮助侵权)。[①] 这就给技术的提供者与使用者施加了真实且必要的社会责任与法律责任,使得技术创新及其代价减损(在这些案件中是版权保护,在其他案件中可能是色情规制、隐私保护、言论自由等等)之间更加平衡。

值得注意的是,后两个标志性案件正是针对 P2P 软件,虽然属于版权侵权领域,但平台责任和犯意证明的逻辑对意识形态领域同样适用,特别是 *Grokster* 案:美国最高法院在论证引诱意思的时候,举证了 Grokster 公司的营销策略与监管疏忽,认为它对自己帮助侵权能力的宣传以及审查过滤机制的缺失足以证明其故意引诱用户侵权,应当对此承担责任。该论证对快播案同样适用:虽然快播没有明目张胆地推广自己为“看片神器”,这方面证据需要进一步举证,但它的疏于监管以及由此可预见的用户行为同样是其承担传播责任的依据。法院也正是如此说理的:“快播公司连行业内普遍能够实施的关键词屏蔽、截图审查等最基本的措施都没有认真落实……其在本案中表现出的行为属于拒不履行网络安全管理义务的行为”,而碎片化储存这种反而规避义务的技术措施就更能证明其放任淫秽视频的传播,因为这已不限于间接故意的放任而近乎直接故意的促成了。

反观中国法院,其实在近年来遇有互联网平台援引技术中立抗辩的案件中,也大多清醒地认识到技术不中立的本质,能够具体分析案件所涉的技术是否产生了不可欲的社会后果,而且相对于互联网公司简单粗暴的技术中立抗辩,法院对外国法判例的具体内容明显更为了解。[②] 例

---

① 梁志文:《云计算、技术中立与版权责任》,载《法学》2011 年第 3 期;张今:《版权法上“技术中立”的反思与评析》,载《知识产权》2008 年第 1 期;万勇:《从 Grokster 案看美国版权法上的间接侵权原则》,载《判解研究》2005 年第 6 辑。

② 我以“技术中立”为关键词检索北大法宝数据库自 2014 年以来的判例,共 18 个,其中仅有 3 个支持了技术中立抗辩[吉林电视台诉北京百度网讯科技有限公司不正当竞争纠纷案(2015)、任某某诉北京百度网讯科技有限公司名誉权、姓名权、一般人格权纠纷案(2015)、王某丰与深圳市迅雷网络技术有限公司等侵害信息网络传播权纠纷上诉案(2014)],且是在审查了被告网络平台技术细节以后作出的。

如,在快播同样涉案的侵害作品信息网络传播权案件中,法院认为快播“作为专业的视频软件经营网站,其主观上应当能够预见其提供的快播流媒体平台会鼓励大量网络用户建立视频网站并上传影视作品,同时这些网络用户建立的网站绝大部分都不具有行政许可资质,上传的影视作品会带来极高的侵权风险。上诉人提供快播流媒体平台在具有让他人实施侵权行为的可能时,不行使任何管理职责,为他人可能实施的侵权打开方便之门。加之,快播流媒体点播平台增加的发布广告之功能使网络用户能够在上传视频节目的同时获取经济利益,更易诱导网络用户为利益驱动在未经权利人授权的情况下上传包括涉案作品在内的热播影视作品。”①这一说理同样剖析了快播的技术原理与商业模式,把看似中立的技术所真实引发的社会过程及其后果揭示了出来,在这一论证的基础上辅以快播“仍未采取合理的防范措施”的证据,同样完成了“诱导、鼓励网络用户实施侵害信息网络传播权的行为”的论证,明显体现出 *Grokster* 案的影响。

而对技术中立原则的一般性批判远早于快播案:在2013年的猎豹浏览器不正当竞争案中,法院就认为:“对于技术中立原则的正确理解,其核心在于区分‘技术本身’与对技术的‘使用行为’。具体而言,技术中立原则的中立指的是‘技术本身’的中立,而非对技术的‘使用行为’的中立。也就是说,依据技术中立原则,仅仅是不能认定某个特定的技术本身属于违法技术,但对于该技术的使用行为则不受此限。这也就意味着,如果该使用行为违反了相关法律规定,则其依然可能构成侵权或不正当竞争行为。鉴于对同一项技术可能会有多种使用行为,而对于侵权或不正当竞争行为的认定仅是针对其中某一特定的使用行为,并不会影响对该技术的其他合法使用行为,因此对该特定行为的侵权或不正当竞争的认定不会阻碍技术的发展。”②这不仅比快播判

---

① 深圳市快播科技有限公司与乐视网信息技术(北京)股份有限公司侵害作品信息网络传播权纠纷上诉案(2015)。

② 贝壳网际(北京)安全技术有限公司等与合一信息技术(北京)有限公司等不正当竞争纠纷案(2013)。

决的说理更为清楚明白,而且对技术本身与使用行为的区分明显排除了规制技术可能阻碍其发展的疑虑:不仅对侵权或不正当竞争的民事责任认定只是纠正了一种不当行为,对拒不履行信息网络安全管理义务甚至传播淫秽物品牟利的刑事责任认定亦然,采取了适当的技术改进从而加强监管,快播还可以死而复生。

当然,这样的说理包含有理想的成分,除了禁止一种用途不会损害技术本身的观点其实颇为天真以外,也掩盖了技术用途的变迁与其背后的利益集团息息相关,上文已述。但暂且回到形式的法律分析:综上国内外法院对网络平台技术中立的分析,我们可以看到,当前的规制模式是基于法院对技术原理与商业模式的理解,为网络平台的运作过程及其后果赋予法律意义,从而课以责任。这一模式首先存在的问题是技术与法律之间的不匹配,例如尽管碎片化储存技术已经足以证明"明知其网络平台上存在淫秽电子信息",但"事先明确知道是淫秽电子信息"仍论证不充分;其次是责任形式的适当性,例如虽有维护意识形态的政治压力,但定传播淫秽物品牟利罪实际上不仅禁止了把快播用于传播黄色,也真实影响了快播技术本身的发展;最后也是前两个问题的原因所在,就是网络平台对于技术问题的把持,如果能够完全掌握技术"黑箱"的内部运行原理,那么寻找法律适用所需的相应技术证据也好,以更适当的方式进行监管也好,难度都将大大降低。

因此,改进规制方式的直接建议就是要求互联网平台披露其算法、修改其算法。① 这不仅仅有利于平衡平台与法院、平台与用户之间的信息不对称,相比于规制算法结果而言,也能更直接地解决算法控制、算法偏见、算法安全带来的问题。魏则西事件的联合调查组要求百度修改排名算法,以信誉度为主要权重,并逐条醒目标识商业推广信息,进行风险提示,就是直接干预算法设计。② 如果进一步的披露显示快

① [美]帕斯奎尔:《黑箱社会:掌控金钱和信息的数据法则》,赵亚男译,中信出版社2009年版。

② 参见《针对魏则西事件,联合调查组公布对百度调查结果》,载凤凰网,http://news.ifeng.com/a/20160509/48734847_0.shtml,最后访问日期:2017年5月6日。

播算法并非如其所述的那么绝对中立,本身就在给用户推送淫秽色情内容,而不仅仅是疏于管理用户传播淫秽色情而造成的结果,那么法院的监管乃至定罪不都更加容易?当然,这都只是我的个人猜测,基于上文对互联网平台商业模式的理解,并非不可能,但仍需要证据,而证据就来自对于快播算法更全更深的披露。

但信息披露并不是万灵药。且不论算法是否属于商业秘密、披露是否会引发安全隐患等问题,法院是否有权力、有动力、有能力要求平台进行披露,就很值得怀疑。法院确有直接调查取证的权力,在知识产权案件中也可以引入技术调查官协助查明技术事实,[①]但由于自20世纪90年代以来的抗辩制改革,法院调查取证权的范围很窄,大多数时候也不愿意自行调查取证。[②] 其原因除了司法资源的有限,在技术案件中还多了一层法院对技术问题的陌生:即使依靠技术调查官或专家证人,法院还是偏离了自己擅长的传统法律问题,进入了原先并不熟悉的技术领域,增加了犯错的可能性,容易丧失主动性,被专家或当事人控制。快播案庭审就是这一问题的最佳体现,如果信息披露引出更多技术难题,很难期待法院能在短时间内充分补课。因此,作为事后纠纷解决者的法院缺乏能力审查算法本身,可能只能满足于对其后果进行评价与规制。

另一种可能的改进方案是从算法转向算法处理的数据,保持数据的清洁性,使算法不能用数据生产出有害结果,例如要求网络平台在收集用户数据时进行处理,避免数据能够追踪到个人,或禁止收集可能引发歧视的种族、性别等信息。[③] 但这一方案在快播案中也不适用,因为快播算法并没有对其收集的数据(视频文件)进行转换加工,只是调度分发而已,所以在输入端进行的规制与在输出端进行的规制相同,保持

---

① 参见《海淀法院首次适用“技术调查官”审理知识产权案件》,载海淀法院微博,http://weibo.com/3927469685/EFgnoqdUj? from = page_1001063927469685_profile&wvr = 6&mod = weibotime&type = comment#_rnd1494056728899,最后访问日期:2017年5月6日。

② 李浩:《回归民事诉讼法——法院依职权调查取证的再改革》,载《法学家》2011年第3期。

③ 胡凌:《人工智能的法律想象》,载《文化纵横》2017年第2期。

数据清洁性的要求就是审核视频的要求,而这一要求又会转变为对算法运行的结果进行规制,从而与法院的现行做法没有区别。

综上,法院对快播的规制属于对算法结果进行的规制,希望通过平台责任的施加,促使快播自行清除淫秽视频,这也是国内外法院目前通行的做法。这一规制方式的主要问题包括:取证及论证的不足,监管方式的正当性,以及最根本的,平台对技术问题的把持。如果希望突破这些局限性,更好地控制算法本身,势必要深入技术"黑箱",对算法设计进行干预。某些规制机关,包括某些法院,尝试了这一做法,取得了不错的成就,但法院作为事后法律纠纷解决者的身份决定了它缺乏权力、动力与能力去解决技术问题。而处理数据以确保算法运行正确的建议又不适用于没有转换加工数据的快播平台,因此虽然存在各种不足,但法院可能只能满足于规制算法结果,施加平台责任。

五、结语:法律与技术

面对当前发展日新月异的互联网技术,不论国家、企业还是学者都普遍倾向于"无为而治"的监管思路,希望保守的法律不要阻碍新技术的大步前进。它们的口号或曰"国家治理能力现代化",或曰"技术中立",或曰"网络中立"。这其中既有对自身能力之不足的真诚承认,也有对自身利益之最大化的潜在维护,还包含一些错误的观念。但总体而言,它们代表了先进生产力的发展方向,优于因循守旧、一管就死的老思维,故而成为典型与潮流。

但国家治理能力现代化不等于放任不管,它要求的是国家与社会间的精致平衡与密切配合;技术也好、互联网也罢,都绝不中立,它的发展与应用反映着特定利益群体的特殊诉求——我们不能被这些口号与修辞所蒙蔽。法律作为保守的制度存在,法院作为事后的纠纷解决机制,在面对高速发展的技术时确实固有其局限性,但这并不意味着无所作为,放任技术肆意践踏现存秩序与基本权利。快播案判决中有一句话令人印象深刻:“技术本身的中立性与技术使用者的社会责任、法律责任的关系,实质上反映了技术使用方式对社会发展起到了推动进步还是阻碍进步的作用。”如果技术给某一群体带来了直接的好处,那么相应的代价与责任也应由其承担。

有趣的是,我们现在面临的各种环境问题其实正是技术中立与放任主义结出的果实,只不过当我们持批判态度时,我们的话语就变成了“先发展后治理”。但仔细想来,黄色与盗版的传播、隐私与言论自由的侵犯,不正是网络空间中的环境问题?而现实环境问题之来源的现代大工业,不正是当年最先进的机器技术与工厂制度的结晶?历史总是惊人的相似。如果先发展后治理的恶果我们已在现实空间中品尝过,那么在虚拟空间中避免再犯相同的错误,难道不是有历史感的我们最基本的责任?

由此可见,互联网经济并不如其鼓吹者所神化的那样新,它不过是资本主义发展的最新历史阶段。新的技术原理、新的商业模式,改变的只是资本最大化其利益的方式,但在根本上没有改变资本的逻辑。法律需要相应地更新其规制方式,但处理的仍然是效率最大化与公平再分配的平衡问题。因此,我们不应对新的技术与生产力毕恭毕敬、俯首听命,而应当引导它们向对全社会最有利的方向发展,只有这样,技术的使用才能“对社会发展起到了推动进步”的作用。

《法律和社会科学》(2017)
第16卷第1辑,第69~93页

压力型体制下的行政协助

——以新镇实践为例

李梦侠*

摘要:立足于行政协助的基层实践,本文认为在基层治理的过程中,乡镇政府主导了行政协助的开展。在"压力型体制"的作用下,行政协助的运作机制由中心工作政治化、目标责任制、多部门协同机制和结果导向型的激励机制四个部分组成。嵌入"压力型体制"的行政协助在提高乡镇政府治理能力的同时,也产生了强化"选择性"执法、加剧村社干部官僚化、降低社会参与度的消极后果。

一、既有理论与问题意识

(一)行政协助的既有理论

目前学界对行政协助的研究以规范研究为主,实证研究较少。既有研究可以分为以下三类:

第一,行为论。该类研究的目的在于对行政协

* 中南财经政法大学法学院博士研究生。本文是国家社会科学基金重大项目"新型城镇化建设的法治保障研究(16ZDA062)"的研究成果。

助行为进行概念上的建构,重点放在行政协助行为这一概念的构成要素以及各要素相互间的关系。例如对行政协助的主体资格、权限要求、适用条件、法律依据、法律效果等进行研究;对行政协助法律关系的主体、客体、行政协助的目的、行政协助的运行和行政协助的责任等进行研究。①

第二,制度论。该类研究的重点在于对行政协助进行制度分析,并以此为基础对行政协助的制度前景进行讨论。例如对行政协助的形式、行政协助的条件、行政协助行为的费用、行政协助的责任、争议和救济等进行研究。②

第三,部门实践论。该类研究以部门法实践中的行政协助为研究对象,认为需要建立相应的法律制度来对实践中的行政协助行为进行调整,例如以警察执法中的行政协助为例来探讨建立相应制度的必要性和可能性。③ 该类研究与制度论有密切联系。

以上三类研究都有可取之处,但亦有相应不足。前两类研究属于典型的规范研究,缺乏相应的实践基础,并且对行政协助缺乏机制上的理解,其对实践的指导作用尚不可考。第三类研究有相应的实证基础,但是仅从单一执法部门的角度进行思考致使研究缺乏整体上的把握,难以全面反映行政协助的功能与意义,在很大程度上限制了观点对实践的解释力。

(二)问题意识

行政协助广泛存在于基层治理当中,与丰富的实践相比,目前对于

---

① 参见唐震:《行政协助行为基本要素解析》,载《政治与法律》2013年第4期。黄学贤、周春华:《行政协助概念评析与重塑》,载《法治论丛》2007年第3期。此类研究具有代表性的文章还有:唐震:《再论行政协助概念之界定》,载《东方法学》2012年第4期,等等。在此不一一列举。

② 参见王麟:《行政协助论纲——兼评〈中华人民共和国行政程序法(试拟稿)〉的相关规定》,载《法商研究》2006年第1期。此类研究的代表性文章还有:杨临宏、王志华:《论行政协助制度》,载《学术探索》2004年第3期。王麟:《比较行政协助制度研究》,载《法律科学》(西北政法大学学报)2005年第5期,等等。在此不一一列举。

③ 参见余湘青:《警察行政协助的困境与出路》,载《行政法学研究》2008年第2期。此类研究的代笔性文章还有余湘青:《论警察行政协助》,载《中国人民公安大学学报》(社会科学版)2009年第3期,等等。在此不一一列举。

行政协助的研究相对薄弱,以致既有理论对实践缺乏足够的解释力:既有理论无法总结行政协助的实践特征并对其进行有效解释,也无法解释行政协助实践的运作机制与实践后果。既有理论的解释力不足启发了本文的问题意识。立足于乡镇层面的基层治理实践,本文对行政协助的实践形态、行动逻辑以及运作机制和实践后果进行分析。本文的主要观点是:在基层治理中,行政协助的实践由乡镇政府主导并以其利益为目标指向,"压力型体制"在很大程度上对行政协助的实践产生了影响并形塑了行政协助的运作机制。区别于既有理论,本文对行政协助的主体进行扩大理解,将基层自治组织和村社干部理解为官僚体制的基层延伸,既有理论将基层自治组织和村社干部所提供的协助行为称之为协助行政,但在长期的基层实践中乡镇政府与基层自治组织及其村社干部建立了密切的联系,致使"行政吸纳代理",①因此本文将基层自治组织与村社干部放在行政协助的概念之下进行分析。

本文的经验材料源于田野调查,笔者及所在的研究团队于 2016 年在鄂中新镇开展了为期一个月的调研活动。调研以质性访谈为主,访谈对象为乡镇干部和村社干部。为了叙述方便文中将以简称指代访谈涉及的各基层单位,例如将食品药品监督管理局简称为食药监局,将食品药品监督管理所简称为食药监所,将食品药品安全委员会简称为食药安委,将国土资源管理局简称为国土局,将国土资源管理所简称为国土所,等等。

二、行政协助的基层实践及其逻辑

(一)经济发展中的行政协助及其行动逻辑

1. 招商引资与服务企业

"以地引资""以地喂资"是新镇招商引资、服务企业的主要手段。

① 参见张静:《行政包干的组织基础》,载《社会》2014 年第 6 期。

为了能够获得足够的建设用地来招商引资,新镇政府计划自2014年起三年之内通过推行建设用地的“增减挂钩”政策以获得建设用地指标1500亩。仅在2015年的工作中,在县国土局及其派出机构国土所的协助下,新镇就获得了这1500亩建设用地指标中的1000亩,而相应的建设用地指标最后被规划为工业用地,用于当地的产业园区建设。除了招商引资,新镇政府、县国土局、国土所还为从事农产品加工的企业提供服务。F集团是新镇境内规模最大的农产品加工企业,该企业是当地的纳税大户,为了配合该企业近年来的经营转型,政府部门积极推进“土地流转”工作,动员外出务工的农民将承包地的经营权流转给该农产品加工企业。截至2016年年初,该企业已经累计流转土地3万亩,占全镇耕地总量的1/4。利用流转来的农田,该企业进行规模化农业开发,建成了上万亩的生态农业基地以从事水稻种植和水产品养殖,目前该企业是全国知名的“明星企业”,也是新镇当地的一张“名片”。发展经济是地方政府的主要任务之一。然而,新镇政府无法独立完成这一项任务,在招商引资和服务企业的过程中,县国土局及其基层站所通过执行“增减挂钩”“土地流转”两项政策来协助新镇政府完成发展经济的任务。

2.“服务资本”的逻辑

新镇政府在基层治理的实践中体现出明显的“发展型政府”特征。“发展型政府”是指“以推动经济发展为主要目标,以长期担当经济发展的主体力量为主要方式,以经济增长作为政治合法性主要来源的政府模式”。[①] 有学者指出“凡是想加快工业化的国家就都会构建追求资本的制度,政府也势所必然地都有‘亲资本’的政策倾向”,[②]地方经济的发展面临着资本不足的困境,因而新镇政府的行为势必具有“亲资本”的倾向。在“亲资本”倾向的作用下,招商引资成为新镇政府在经

① 周天勇等:《中国行政体制改革30年》,格致出版社、上海人民出版社2008年版,第254页。

② 温铁军:《告别百年激进》,东方出版社2015年版,第11页。

济社会发展领域的工作重心。有观点认为,“管辖权产权化”①是地方政府抓住经济发展机会的重要手段,其核心要素是“地方政府对土地规划、开发与转让的控制,这种控制权也就是地方政府需要抓住的‘土地开发权’。”②新镇政府之所以要“以地引资”,其目的就在于通过“盘活”辖区内的土地资源来促进经济增长。与“以地引资”类似,“以地喂资”的工作也是围绕“经济发展”问题做文章。农民大量外出务工使得大量土地“抛荒”,这为“土地流转”政策的推行开辟了空间,在新镇的“土地流转”中,不少“流转”发生在农户之间,但更多的是发生在农户与企业之间。对于新镇政府而言,同样是发生在私主体之间的“合同行为”,但是发生在农户之间的“土地流转”与发生在农户与企业之间的“土地流转”意义不同,前者不能为地方政府的利益带来形式上或者实质上的增加,而后者却可以:F集团的转型实践在一定程度上代表了新镇政府在经济发展中的努力与成绩。从工作成果的角度来看,“土地流转”及其执行过程暗含了地方政府集中资源以帮助工商资本提升资本增值效率的目的与实践。简言之,在经济发展的工作中,行政协助的实践遵循了“服务资本”的逻辑。

(二)项目推进中的行政协助及其行动逻辑

1.项目如何“进村”

为了改善农田种植条件,进一步提高农田“抗旱排积”的能力,2015年新镇政府争取到了“小型农田水利设施建设项目”,这一项目是“土地整理项目”的“子项目”,受益的是新镇灌溉条件较差的几个村庄。项目的政策和资金来源于水利系统,运作上则采用招投标的形式由县水利局进行“发包”。从规范层面看,该项目在实施之后应该由专业的监理机构来运作,但在事实层面这一市场机制难以生效,县水利局依旧需要承担大量的项目推进工作。项目要“落地”离不开乡镇政府

① 曹正汉:《国家与市场关系的政治逻辑:当代中国国家与市场关系的演变(1949—2008)》,中国社会科学出版社2014年版,第59页。

② 曹正汉、史晋川:《中国地方政府应对市场化改革的策略:抓住经济发展的主动权——理论假说与案例研究》,载《社会学研究》2009年第4期。

和村社干部的协助,项目"进村"的过程就是行政协助的过程。新镇政府和村社干部主要在两个方面为县水利局的工作提供协助:沟渠"清障"与纠纷调解。"小型农田水利设施建设项目"以沟渠疏通为主,村民在常年淤塞的渠道中种植树木或者搭建临时建筑,要想实现沟渠疏通,就要先清理村民的树木和临时建筑。新镇政府的农办负责该项目在全镇的协调工作,具体的协调则由农办和村社干部负责。用农办工作人员的话讲,"清障"的协调工作就是"拔钉子"。自项目启动以来农办和村社干部已经召开过多次"项目协调推进会",就"清障"问题和村民"讨价还价"成了会议的主要内容,农办干部、村社干部为此没少做村民的"思想工作",但是少有村民能够自愿放弃树木和临时建筑。负责协调"清障"的村社干部杨某在介绍自己的工作时感叹"清障"不易,有时仅仅因为几棵树,村社干部就要和村民"周旋"一个多月,好不容易谈下"价格",还得自己先行垫资,为此他已经垫付了不少钱。除了"清障",由项目施工所引起的纠纷也是农办和村社干部重点协调的内容。疏通渠道所挖出的淤泥需要进行临时堆放,这很容易占到村民的农田和生产道路,施工人员和村民的纠纷由此产生,如果不及时解决这些纠纷,项目的进度将会受到影响。对于这些纠纷,农办和村社干部采取"两头疏通"的工作方法:一方面做村民的"思想工作",号召村民不要将矛盾闹大,更不能阻止施工;另一方面则将问题转告施工方,要求其进行整改。然而,由于项目的层层"转包"和"分包",干部们很难找到真正的施工负责人,因此纠纷难以得到真正的解决。施工方和村民的纠纷贯穿于整个项目的实施过程,农办村社干部的协调工作也一直没有停止过。2016年年初,在农办干部和村社干部的协助下,"小型农田水利设施建设项目"竣工并通过验收,农办干部和村社干部的协调工作结束,由于项目推进中存在的一些问题,当地的"干群关系"受到了不小的影响。

2."树典型"的逻辑

"小型农田水利设施建设项目"及其所属的"土地整理项目"致力于改善农田的种植条件,属于农用公共基础设施建设项目。在村庄不能自行“生产”公共产品以改善生产条件的情况下，“项目制”成为当地农用公共产品的主要供给渠道，这是新镇政府和村社干部对项目运作提供协助的原因之一，但更重要的原因是落实好项目能为新镇政府带来更多的资源。新镇政府计划用三年的时间实现“土地整理”的全镇覆盖，截至2016年年初，该目标已经完成了40%，剩余的项目还在不断推进中。依据农办干部的介绍，之所以为项目的推进提供全力协助，其原因有二：第一，通过“土地整理项目”，新镇可以置换出大量的建设用地指标；第二，一旦把这个项目打造成“亮点”，新镇就可以获得更多的项目资源。与“土地整理项目”一样，当前新镇有多个农业项目，按照新镇政府的思路，将项目工作树立为经济发展的“典型”是推进、协调工作的主要目的。樊红敏在针对县域治理的研究中认为权力行动者把树典型作为推动工作的重要手段，就上而言，通过摸索某种机制使之成为典型有助于提升政绩，就横向的晋升竞争而言，树典型是先进的表现，与此同时，树典型的过程也是和上级互动、共谋的过程，有助于上级的政绩。[①] 县域治理的这一逻辑在新镇的实践中同样适用，将“协助工作”转变为“创建工作”，并以此为政绩吸引更多的项目资源，这一过程遵循了“树典型”的逻辑。

（三）土地执法中的行政协助及其行动逻辑

1. 土地执法的“孤岛现象”

严格意义上讲，乡镇政府不具有土地执法的执法权，但新镇政府介入到违法用地的案件中成为事实上的执法主体。国土所一旦将违法事实上报，执法工作的核心环节即发生“上移”：县国土局对违法行为进行立案，并会同乡镇分管土地工作的领导共同作出处理方案，一旦方案成形，新镇政府、县国土局以及国土所即入村落实方案，通行的做法是县、镇两级的工作人员与村社干部共同对违法责任人进行政策宣传与思想教育，并由国土局下达“停工通知书”，责令其整改，整改期限内未达到预期目标，即作出处罚决定，倘若违法责任人不履行处罚决定，则

---

① 参见樊红敏：《政治行政化：县域治理的结构化逻辑——“一把手”日常行为的视角》，载《经济社会体制比较》2013年第1期。

由县国土局向法院申请强制执行。

乡镇政府虽然介入了土地执法工作,但是这样的介入并不能完全处置土地违法行为。2015年全镇共有8起违法用地案件,其中有5起在先期即被处理,剩余的3起遗留至今。事实上,能够被先期处理的违法行为都处于萌芽状态,已成为既定事实的违法行为几乎难以得到纠正。国土所的工作人员认为国土部门空有执法权而没有强硬的执法能力,倘若依靠法院的强制执行程序,就会错过先期治理的机会以致执行难度增加。“硬”措施的缺乏并不只是国土执法部门本身缺乏足够的强制力,还在于乡镇政府的协助不够,“我们希望得到镇政府更多的支持,在执法的时候希望得到派出所、镇综合执法大队的支持。”在国土所的工作人员看来,相较于上级主管部门,乡镇政府有着更强的动员能力,可以调动更多的执法力量来开展工作。

乡镇政府介入土地执法,并且有着强于国土部门的动员能力,但这种动员能力并没有完全向土地执法工作倾斜。新镇的违法用地行为以村民违法改变土地用途为主。此类违法行为的大规模出现始于2011年,在县级政府招商引资政策的吸引下,一家专门从事生猪养殖、销售的企业进驻当地,由于这家企业采取了“公司+农户”的经营模式,该模式不仅能繁荣地方经济还能带动养殖户增收,因而受到了乡镇政府和部分农户的欢迎。为了配合企业的投资,县财政局和畜牧局还联合下文,对参与养殖、兴建养殖设施的农户予以补贴,新镇政府也进行配套奖励。在该企业所推行的经营模式中,农户主要负责养殖设施的建设和养殖过程。在这家企业的推动下,部分农户在自己的承包地中兴建养殖设施,从而使当地产生了不少小规模的生猪养殖场。国土所对在基本农田中兴建养殖设施的违法行为进行过执法,但成效甚微,违法的农户基本上不会按照国土所的要求进行整改。秦村村民吴某兴建了占地近一亩的养殖场,他在拒绝国土所的整改要求时提出了三点主张:第一,县里、镇里都鼓励农户养殖,镇政府、县畜牧局给参与养殖的村民发放了补贴,养殖不应该被禁止;第二,都是农业生产,养殖比种粮更具有经济效益,更应该被鼓励;第三,兴建养殖设施利用的是自己的承包地,并没有侵占他人的田土,为何要禁止。依据这三条理由,吴某并没有依照国土所的意见进行整改,时至今日,违建的养殖设施依旧存在,执法部门也未再对吴某的违法用地行为进行处理。

吴某的情况并非个例,在新镇的养殖户中这种情况很普遍。乡镇政府介入了当地的土地执法工作,但是并没有实现“拆除违建,恢复耕地”的执法目的,反而在一定程度上抑制了执法工作。乡镇政府介入土地执法,但是并不全力协助国土部门完成执法工作,其原因有二:第一,严格执法不符合养殖户增收的期望,不符合服务企业的目的,也不符合地方政府对经济发展的预期。第二,养殖户在兴建养殖设施时投入了大量的资金,少则十几万元,多则几十万元,一旦将违法建筑拆除就会引发养殖户的激烈对抗,甚至还可能引发养殖户上访、非正常上访或者群体性事件,这些潜在的治理风险是乡镇政府所要极力避免的。基于此,新镇政府对于国土所的执法协助是极为有限的,致使当地的国土执法在事实上呈“孤岛现象”。

2.“不出事”的逻辑

贺雪峰和刘岳指出,地方政府在基层治理中遵循“不出事”的逻辑,该逻辑的核心是消极和不作为,主要表现是遇事不讲原则的“策略主义”和有问题就消极不作为的“捂盖子”之举。[①] 在随后的研究中,钟伟军对“不出事”的逻辑进行了进一步的阐释,并认为“不作为”的逻辑将社会治理的底线简化为“维稳”,治理的目的在于不引发具有负面效果的事件,治理过程只重视结果而不注意行为方式,疏于对长远利益的考虑。[②]

在新镇的执法实践中,“不出事”的逻辑主要体现在违建执法领域。在执法实践中“违建”存在两种类型:第一种是违反规划的违建,该类行为违反城市规划或乡村、集镇规划,违建的目的在于获得居住性

① 参见贺雪峰、刘岳:《基层治理中的“不出事”逻辑》,载《学术研究》2010年第6期。

② 参见钟伟军:《地方政府在社会管理中的“不出事”逻辑:一个分析框架》,载《浙江社会科学》2011年9月。

用房或经营性用房,其主要表现是私搭乱建、占道建房等;第二种是违反土地用途管制的违建,主要指违法对象在未获得用地审批的情况下私自改变土地用途,这类行为多发生于农村,其目的在于获得建设用地,主要表现是私自将基本农田转变为设施农业用地。两种违建类型存在重合,即在农村违规占用基本农田建房或者其他生活设施。由于违建物与违法责任人之间具有密切的利益关联,因而执法部门需要慎重对待,执法过程中处置不当容易引发激烈的抗法行为,更有甚者会引发上访或群体性事件。新镇的“拆违”工作由国土部门负主要责任,乡镇政府协助处理,但是除了“早发现、早处理”和做违法责任人的“思想工作”之外,新镇政府和国土部门都没有什么有效的办法,很多违法行为也难以得到纠正。国土所的干部认为自己的部门缺乏强制执行权,需要乡镇政府下辖的规划、综合执法等多个部门的帮助;而新镇政府则囿于“违建”治理中可能存在的治理风险而只进行消极配合。一方面是没有强制执行权;而另一方面则惧怕治理风险,因此新镇的“拆违”工作陷入了困境。

(四)食品药品安全监管中的行政协助及其行动逻辑

1. 高效的食品药品安全监管

食品药品的安全监管工作是新镇最具效率的执法工作。该领域中的行政协助主要表现为两种形式:“网格化”管理和“运动式”执法。

“网格化”管理主要指在乡镇政府的统筹安排下,对辖区内的食品药品安全问题进行“分片”管理。在监管工作的安排上,食药监所作为监管单位对执法工作进行专业指导,乡镇主要领导对所划定的片区进行“包片”管理,片区内各村社干部担任监管工作的“信息员”和“协查员”,以协助食药监所和“包片”领导进行管理。尽管法律法规赋予了食药监所以执法权,但只依靠其本身很难将执法工作落实。以对农村集体就餐的管理为例,农村集体就餐本身所具有的特点造成了执法部门的监管难:首先,农村集体就餐具有分散性,农村地域范围较广,集体就餐分布广泛,食药监所无法做到全面的监管;其次,农村集体就餐在时间和地点上具有不特定性,集体就餐以红白两事和乡村传统节日为主,且往往在非经营性的场所开展,没有固定的就餐地点和就餐时间,这一特点使得监管工作不具有信息上的对称性;最后,农村集体就餐的厨师具有非专业性,操办农村集体就餐的乡村厨师往往是同村村民,这使得针对餐饮行业从业人员的监管模式难以在乡村中得到套用。这些特点造成了对农村集体就餐的监管困难,在很长一段时间内,无论是乡镇政府还是食药监所,都没有针对性的措施来对农村集体就餐进行监管。2016 年,新镇政府发文对农村集体就餐问题进行管理,依据农村集体就餐所具有的特点进行了针对性的制度建设。首先,成立农村集体就餐管理工作领导小组,由乡镇主要领导、管片领导和镇食药监所所长任小组成员,该小组对农村集体就餐负有指导职能;在各村设立由村社干部兼任的协管员、信息员,并由其负责具体的就餐管理工作。其次,对农村集体就餐实行事前申请和事后备案,对参与就餐的乡村厨师进行体检管理和行为规范引导,并明确主办就餐的农户和乡村厨师的责任。再者,将农村集体就餐的管理纳入乡镇对村社干部的考核评价,考核结果与村社干部的年终待遇挂钩。"乡镇指导,村社落实"的工作方法将农村集体就餐管理工作在乡镇之下再次进行分解,这在一定程度上规避了农村集体就餐分散所带来的监管困难,村社干部负责具体的监管工作,使得管理中的信息不对称可以降到比较低的程度,以年终考核来督促村社干部在一定程度上拓展了食药监所在乡村层面的"执法"力量。

该领域的行政协助的另一个表现是"运动式"执法,包括联合执法和专项整治。"运动式"执法主要在镇食药安委的统筹协调下开展。该委员会于 2015 年成立,属于临时性协调机构,由乡镇分管领导担任委员会主任,该委员会涵盖了食药监所、工商行政管理所、公安派出所、乡镇综合执法大队等执法部门。通过统一协调与部署,乡镇各执法部门可以统一开展工作,仅 2015 年全镇就开展了联合执法、专项行动总计三十余次。

2. 积极的"不出事"逻辑

新镇的土地执法在很大程度上遵循了"不出事"的逻辑,但依据经验观察,新镇的治理实践中还存在另一种意义上的"不出事"逻辑,即乡镇政府和各基层站所以积极作为的方式来避免具有负面影响的后果发生。为了区别于土地执法中"不出事"的逻辑,本文将这种行动逻辑称为积极的"不出事"逻辑。

积极的"不出事"逻辑主要表现在食品药品安全监管领域。食品药品安全问题是近年来的社会热点,也是基层治理的难点。从执法实践来看,食品药品安全监管工作是"一种面向未来的、在信息不完全的情况下对未来的预判",①工作量巨大、监管对象复杂等客观因素为治理工作带来了巨大的困难,在一项针对食品安全监管的研究中有学者就指出,食品安全监管实行地方分级管理,地方政府在向社会提供食品安全政策这一公共产品时也承担了来自辖区内的社会风险,②监管难度大、治理风险高是食品药品安全监管部门所面临的现实局面。同样作为食品药品安全监管责任主体的新镇政府面临的则是考核压力:"重大食品安全事故和药品安全突发事件"是乡镇政府绩效考评中的"一票否决"项,该领域一旦"出事"则牵涉到政府绩效和官员激励,因而食品药品安全监管是新镇"常抓不懈"的"中心工作"。在巨大的工作压力下,新镇政府和多个站所共同参与到治理工作中:在组织建设上,针对全镇的执法情况,设立食药安委以统筹乡镇政府和基层主要站所,针对专项的食品安全问题,则设立专门领导小组,例如农村集体就餐工作管理领导小组;在执行环节,结合了专项整治、联合执法和"网格化"管理等手段;从结果上来看,全镇保持了高频率的执法强度。依托于行政协助所带来的强动员能力,新镇政府和各基层站所以积极的方式来践行"不出事"的逻辑。

(五)污染治理中的行政协助及其行动逻辑

1.巧用"杠杆"

乡村小规模养殖是新镇主要的环境污染源。从规范层面看,建设

---

① 宋华琳:《编者按语》,载宋华琳、傅蔚冈主编:《规制研究:食品与药品安全的政府监管》(第2辑),格致出版社、上海人民出版社2009年版,第1页。

② 参见曹正汉、周杰:《社会风险与地方分权——中国食品安全监管实行地方分级管理的原因》,载《社会学研究》2013年第1期。

养殖场需要配套相关的污染处理设施,规模较大的养殖场具备配套能力,但小养殖户少有能力进行配套投入,通常他们都选择在不经处理的情况下直接排放污染物。这一问题如果处置不当,会造成极大的污染,并极易酿成村民之间的矛盾纠纷。以巧用“杠杆”的方法来处理污染问题,就是以设施农业用地的审批手续为“杠杆”来撬动环保工作。在2016年年初的乡镇工作会议上,新镇政府对国土所作出明确指示,要求国土所“冻结”设施农业用地的转用审批,其目的就是用土地执法来遏止污染源的扩大。在新镇政府与国土所的协同运作下,土地执法产生了新的功能。

2. 两种“不出事”逻辑的冲突

两种“不出事”的逻辑并非是并行不悖的,治理实践中两种“不出事”的逻辑也会发生冲突。为了回应日益严苛的环境政策,新镇政府以“冻结”设施农业用地的审批为“杠杆”撬动环境保护工作,其目的在于遏止养殖污染源的扩大,但这一方法具有明显的局限:“冻结”审批的方式能够遏止新污染源的“合法”增加,但是对于以“违建”形式产生的新污染源却无能为力,“拆违”的困境在很大程度上增加了环境治理工作的难度,从长远来看,这一局面不利于“治污”工作的开展。在这项工作中,两种“不出事”的逻辑发生冲突,公共利益让位于政府利益。

通过对新镇的行政协助实践进行经验总结,文章发现行政协助的实践具有以下特点:首先,乡镇政府主导了行政协助的实践,无论是经济发展、公共基础设施建设抑或是执法工作,行政协助的实践都表现出“块块”主导“条条”服从的特点。其次,乡镇政府的利益是行政协助实践的目的所在。不同领域的行政协助实践都有其独特的行动逻辑,然而,无论是经济工作中“服务资本”的逻辑,还是公共基础设施建设中的“树典型”逻辑,抑或是执法工作中两种“不出事”的逻辑,都以乡镇政府的利益为目标指向。再者,不同领域内的行政协助实践体现出不同的行政效能,但是对于低效能的领域,乡镇政府并没有着力进行整改,此时低效能的行政反而有助于实现乡镇政府的利益。

基于行政协助的实践所表现出来的特点,本文在此将分析的目光聚焦于行政协助的实践对于乡镇政府的作用,并重点探讨形塑行政协助实践的制度因素以及行政协助的运作机制。

三、“压力型体制”下行政协助的运作机制

“压力型体制”对基层的治理实践有着极其深远的影响,“所谓压力型体制,指的是一级政治组织(县、乡)为了实现经济赶超,完成上级下达的各项指标而采取的数量化任务分解的管理方式和物质化的评价体系。”①该体制的运作贯穿于政府各部门当中。在随后的研究中,“压力型体制”这一概念得到了进一步阐释,杨雪冬认为,该体制是数量化的任务分解机制、各部门共同参与的问题解决机制、物质化的多层次评价体系的组合。② “随着社会经济条件的变化,它对社会和政治系统的全面动员能力受到了限制,动员方式和手段有所改变,但却扩散到经济领域之外更广的领域。”③在新镇的治理经验中,行政协助的实践在很大程度上受到了“压力型体制”的形塑,这一结果的产生源于“压力型体制”对行政协助的运作机制所施加的深刻影响。在“压力型体制”的作用下,行政协助的运作机制由以下四个部分组成:中心工作政治化、目标责任制、多部门协同机制和结果导向型的激励机制。

(一)中心工作政治化

“压力型体制”的“核心机制是‘政治化机制’,即上级政府,特别是中央政府和各级党委为了完成某些重要任务,就会将它们确定为‘政治任务’,要求下级政府以及职能部门全力完成,并相应给予政治上和经济上的激励和惩罚。”④作为一种治理技术,“政治化机制”赋予了乡

---

① 荣敬本、崔之元等:《从压力型体制向民主合作体制的转变:县乡两级政治体制改革》,中央编译出版社1998年版,第28页。

② 参见杨雪冬:《市场发育、社会生长和公共权力构建——以县为微观分析单位》,河南人民出版社2002年版,第107页。

③ 杨雪冬:《压力型体制:一个概念的简明史》,载《社会科学》2012年第11期。

④ 同上。

镇的"中心工作"以政治上的最高合法性和执行上的优先选择性,"中心工作"的完成被认为是"讲政治",反之则会被认为是"不讲政治",①在政党整合官僚制为主要模式的行政体制中②,任何一级政府及其官员都难以承担"不讲政治"所带来的后果。在新镇的治理实践中,经过"政治化机制"的技术处理,经济发展、项目落实、食品药品不出安全事故、不出现非正常上访成为"中心工作"所内含的目标,进而影响了行政协助的实践。

地方政府在经济发展的过程中扮演着重要的角色,在"政治化机制"的作用下,推进地方经济发展的目的在很大程度上支配了地方政府的行为。通过"压力型体制",新镇政府和国土所受到分别来自"块块"和"条条"之内的压力,对于新镇政府及其官员而言,推动地方经济发展,实现财政增收属于"政治任务",对于国土所及其工作人员而言,服务地方经济发展同样属于"政治任务"。在两个"政治任务"的合力推动下,通过"盘活"辖区内的土地资源以实现招商引资、培育经济"亮点"成为发展地方经济最具效率的方式。在建设用地"增减挂钩"和"土地流转"两项政策的执行过程中,新镇政府和国土所保持着密切的联系,职能部门对地方政府的协助体现出极高的效率。项目推进工作中的"树典型"也体现了经济发展是"政治任务"这一特点。食品药品的安全监管在"政治化机制"的作用下也成为一项"政治任务",最直接的表现就是该工作采取了"党政同责"的问责方式和"一票否决"的考评方式。基于问责和考评所产生的强大压力,食品药品安全监管工作在新镇辖区内获得了足够的重视,并具备较强的执法动员能力:从纵向上看,高位上有新镇政府统筹协调,低位上则有立足于各乡村社区的"网格化"管理;从横向上看,除了食药监所这一专业化的执法部门外,还加入了公安、工商、综合执法等多个部门,依托于多方参与的监管方式,新镇的食品药品安全监管工作一直保持着良好的监管效率。

---

① 参见何艳玲:《中国土地执法摇摆现象及其解释》,载《法学研究》2013 年第 6 期。

② 刘圣中:《政党整合下的官僚制行政——当代中国公共行政的组织行为分析》,载《公共管理学报》2005 年第 2 期。

国土部门的违建执法从相反的方面体现了“政治化机制”对行政协助的影响,在这一领域中“稳定”是“政治任务”。从制度设置的角度来看,处理违建行为的目的在于维护土地管理法律法规所设立的公共秩序,并以此来维护公共利益;从基层执法者的角度来看,违建执法的目的不在于“处罚”而在于教育。但在执法实践中,前述目的都让位于乡镇政府对于“稳定”的需要。新镇国土所的干部曾评价道:“现在的群众比干部还狠,随随便便就去上访,去上访了还非得有个结果。”基于对上访,特别是非正常上访的规避,乡镇政府对国土部门的执法协助采取了消极、不作为的方式,“说法式”执法、“做思想工作”成为新镇违建执法中最主要的手段。从规范上看,《行政诉讼法》的非诉执行程序为“拆违”提供了制度支持,但在事实层面,法院没有介入过新镇的“拆违”实践,其中一个重要的原因就是法院不愿承担被“上访”的风险,这使得“拆违”在新镇的治理实践中成为名副其实的“烫手山芋”。因此,违建执法中的行政协助只有制度的“空转”,没有实际效能的产生,致使违建执法呈现“孤岛现象”。新镇政府的治污工作也遵循了相同的行动逻辑,“稳定”是当前最大的“政治任务”,从这一角度来看,严厉的环境政策也要让位于“稳定”。

“政治化机制”从不同的方面影响了乡镇“中心工作”的开展,并产生了不同的治理效果。相关实践不仅反映了“政治化机制”对行政协助的影响,也说明了在当前的基层治理工作中,经济发展和社会稳定依旧具有政治上的最高合法性和执行上的优先选择性。

(二)目标责任制

“数量化的任务分解机制”是“压力型体制”的组成机制之一,上级政府将治理任务细化为更具体的指标与任务,并将指标与任务向下级政府派发,下级政府在接受已确定的指标和任务之后,再将之层层下发,上级政府与下级政府、部门领导与工作人员之间签订“目标责任状”是派发指标和任务的“制度化”方式。① 目标责任制是“政治化机

① 参见荣敬本、崔之元等:《从压力型体制向民主合作体制的转变:县乡两级政治体制改革》,中央编译出版社1998年版,第31页。

制”的必然后果，是落实“中心工作”的主要手段。

就新镇而言，存在两个层次的目标责任：县级政府向乡镇政府派发的任务与乡镇政府向基层自治组织派发的任务。县级政府和乡镇政府之间的目标责任涉及经济发展、食品药品安全、计划生育、综治维稳等多个方面，新镇政府依据目标责任开展治理工作，县级政府对目标责任的落实情况进行考核，考核结果与乡镇政府的绩效挂钩，并与乡镇主要领导的政治前途形成强激励的关系。乡镇政府和基层自治组织之间的目标责任制从内容上看是对县、镇之间目标责任的进一步分解与落实，基层自治组织依照乡镇派发的目标责任开展工作，乡镇政府对目标责任的实施情况进行考评，考评结果与村社干部的薪资待遇和基层自治组织的工作经费挂钩，全镇落实情况较好的村社及干部可以获得经济上的奖励，反之则予以扣减。从目标责任的内容范围来看，新镇政府所承担的范围大于基层自治组织所承担的范围，但从实际运作来看，新镇政府更侧重于全局性的统筹协调和台账资料的制作，而基层自治组织则更侧重于实际工作的执行。

以新镇的食品药品安全监管为例，在该领域的工作中，县级政府向新镇政府派发的指标、任务共十个大项总计十九个小项，依照内容与考评方式的不同，这些指标、任务可以分为三类：第一类为制度建设类，这一类指标、任务要求新镇政府就食品药品安全监管进行微观层面的制度建设，要求有明确的基层领导体系、规章文档和相应的物质保障，对于这一类目标责任的考核以审查书面资料为主；第二类为行为监管类，这一类指标、任务要求乡镇政府对辖区内的食品加工、销售和药品出售行为进行实际监管，对食药安全问题高发场所进行长期监管，对于这一类目标责任的考评以现场检查为主；第三类为“加减分与否决项”，这一类目标责任以监管的结果为依据，县级政府对乡政府在该领域的突出表现予以考核上的加分，出现食品安全事故或药品安全事件，则扣减分数，如果出现重特大食品安全事故和药品安全突发事件，乡镇政府的工作就被“一票否决”。以上三类指标、任务中，最具实质意义的是行为监管类和“加减分与否决项”，为了能够尽可能地将这些指标、任务落到实处,新镇政府又通过签订"目标责任状"将这两类指标、任务派发给各基层自治组织,各村社的支部书记成为辖区内指标、任务落实的第一责任人。

通过目标责任制,新镇的食品药品安全监管具备了三个特征。第一,"网格化"管理格局成形。新镇政府向各基层自治组织派发指标、任务,各基层自治组织负责在本村社的范围内落实乡镇政府派发的指标、任务,乡村、社区构筑了食品药品监管的"网格"。第二,监管工作伴随着较强的经济激励。在"目标责任制"下,村社干部的薪资收入、基层自治组织的工作经费与指标、任务的落实情况挂钩,经济激励成为推动基层自治组织及其村社干部开展监管工作的主要动力。第三,监管责任下沉,责任承担方式"人格化"。乡镇政府将行为监管和"加减分与否决项"的主要工作派发给基层自治组织,工作重心下沉,村社干部承担了大量的行政事务,并且由于责任落实到具体的个人,村社层面的目标责任无论奖惩都具有了明显的"人格化"倾向,其结果就是监管工作的落实对村社干部的参与产生了明显的路径依赖。

目标责任制在食品药品安全监管领域建立了"乡镇领导、村社落实"的工作格局,但值得注意的是,在食品药品安全监管领域享有执法权的部门是食药监局及其派出机构食药监所。从乡镇治理的总体角度出发,食品药品安全监管工作的权力配置和责任承担方式出现了错位现象,即职能部门享有执法权,但乡镇政府承担被问责的风险。"权力体系是问责体系的基础,问责体系本身又直接反映权力体系的深层问题",①权力体系与问责体系的错位延伸到行政协助的实践中,进而影响其运作。从新镇的执法实践来看,食药监所的执法工作受到了乡镇政府与各基层自治组织的大力协助,但从目标责任制运作所产生的结果来看,乡镇政府在食品药品安全领域的治理工作也受到了食药监所的协助,条与块之间形成相互协助的关系,并且基于乡镇政府在食药安全领域所发挥的统筹作用,行政协助的实践呈现"块块带着条条做"

① 赵树凯:《乡镇治理与政府制度化》,商务印书馆2010年版,第148页。

"条条求着块块做"的特点,[①]从这个意义上来说,通过目标责任制,乡镇政府实际上主导了行政协助的实践。

(三)多部门协同机制

毛泽东在《关于纠正党内的错误思想》一文中提出,要在组织上"厉行集中指导下的民主生活",具体方法包括:党的领导机关要有正确的指导路线,遇到事情要拿出办法,以建立领导的中枢;上级机关的决议,凡属重要一点的,必须迅速地传达到下级机关和党员群众中去;党的下级机关和党员群众对于上级机关的指示,要经过详尽的讨论,以求彻底地了解指示的意义,并决定对它的执行方法。[②] 毛泽东提出"集中指导下的民主生活"是为了解决"如何进行正确决策,如何形成领导权威,如何执行领导机关的决策"[③]等问题,以便实现"统一认识,统一政策,统一计划,统一指挥,统一行动"。[④] "压力型体制"包含了"各部门共同参与的问题解决机制",这一机制在很大程度上是对毛泽东"五个统一"的具体实践。

"各部门共同参与的问题解决机制"有两种表现,"一种是各部门的工作要围绕党委、政府的工作计划和工作重点进行安排,这是纳入下级计划的常规方式;另一种是各部门抽调人员或者整个部门一起行动,完成来自上级的临时性任务或工作。"[⑤]在行政协助的实践中,这两种表现统合于多部门协同的工作方法中。所谓多部门协同,是指在行政协助的过程中,乡镇政府与诸多职能部门相互配合,通过临时性协调机构的运作淡化各部门在职能与结构上的分化,共同发挥整体作用的工作方法,其中乡镇政府起主导作用,职能部门发挥辅助作用。依托于临时性协调机构的运作,多部门协同的工作方法包含了三个环节:集中、

---

① 参见刘骥、熊彩:《解释政策变通:运动式治理中的条块关系》,载《公共行政评论》2015 年第 6 期。

② 参见《毛泽东选集》(第 1 卷),人民出版社 1991 年版,第 89 页。

③ 何益忠:《民主集中制之"集中"考辨》,载《理论学刊》2012 年第 3 期。

④ 《建国以来毛泽东文稿》(第 10 册),中央文献出版社 1996 年版,第 21 页。

⑤ 杨雪冬:《市场发育、社会生长和公共权力构建——以县为微观分析单位》,河南人民出版社 2002 年版,第 107 页。

协调与执行。集中是指对各职能部门进行整合,将科层制中已经分化了的各执法部门进行统合;协调则是指在集中的前提下依据所面对的问题对各部门的行动进行统筹与调整;执行则是在集中与协调的基础上,将决策予以落实。

以食品安全监管中的多部门协同为例,为了保障中小学食堂的食品安全,新镇食药安委于2016年开展了针对学校食堂大宗物资采购的管理工作。从集中环节来看,通过食药安委的运作,新镇政府、辖区内的中小学、食药监所等部门共同参与到管理工作中,形成"政府牵头、部门参与"的工作格局;从协调环节来看,食药安委突出管理重点,并对各部门的分工进行了明确的安排,其中中小学校长为学校食品安全第一责任人,对食堂大宗物资的采购负首要责任,食药监所则对采购不合格大宗物资的行为进行查处;从执行环节来看,参与协同的各部门在各自的职能范围内落实食药安委的决策,其中学校食堂的物资采购情况被教育主管部门列为考核学校工作的重点项目。新镇的"违建"执法尽管在效果上与食品药品安全监管有着很大的差别,但在运作上也遵循了多部门协同的方式。新镇政府设有"基本农田保护领导小组",该小组组长由镇长担任,组员包括其余乡镇主要领导和国土所负责人,当地"违建"案件的处理均要通过该小组,该小组在集中了乡镇政府、国土两个部门的基础上,就"违建"问题进行统筹、协调并做出处理意见,但基于对治理风险的规避,该小组并不能如食药安委一样提升执法动员能力。从另一个角度看,正是基于乡镇领导对该小组的主导,乡镇政府才能在"违建"问题上获得规避治理风险的能力,由此看来规避风险也是"违建"执法中多部门协同所追求的整体功能之一。

多部门协同的工作方法除了具有常规治理的表现外,还表现为运动型治理,包括联合执法和专项整治。在运动型治理的既有研究中,何艳玲认为,运动型机制不是对常规型机制的代替或者纠正,而是同常规型机制并存于实践中,由于"中心工作"的不断变化,致使常规型机制在一定程度上被悬置,运动型机制作为另一种常规型机制而存在,即

“运动型机制常规化”；[①]欧阳静将目光聚焦于基层政府的运动型治理，认为“基层运动型治理所遵循的是官僚制本身的行政逻辑。在实际运作中，它与官僚体制相互依存，相互作用，应对基层政府的‘中心工作’，实现基层政府的职能、达成基层社会治理目标”，[②]其结果更多是体现政府的有效性，而非社会的有效性。上述观点都将运动型机制与常规机制放在一起比较，并将运动型机制与“中心工作”相联系。新镇的实践在很大程度上印证了前述研究的判断，但本文认为发生于新镇的运动型治理更多的是遵循了积极的“不出事”逻辑，并以此来回应体制所产生的考核压力。

2016 年初，在新镇食药安委的集中部署与统一协调下，多个执法部门对当地的桶装水市场进行了一次联合执法，参与的部门有食药监所、工商行政管理所、公安派出所和乡镇综合执法大队，食药监所就桶装水的质量问题进行执法，工商行政管理所则对桶装水市场上存在的制假、售假行为进行执法，公安派出所和乡镇综合执法大队负责维护执法现场的秩序，在这一次联合执法中，多家桶装水生产厂家、作坊被关停取缔。从集中环节来看，食药安委由新镇政府牵头，下辖食药监所、工商行政管理所、公安派出所、综合执法大队等多个部门，“政府牵头、部门参与”的形式为集中提供了组织基础；从协调环节来看，食药安委突出执法重点，并对各部门的分工进行了明确的安排；从执行环节来看，多部门的联合执法将执法能力扩展到全乡镇领域，并实现了执法效果的“集束化”，巩固了食品安全领域的执法成果。在新镇的食品药品安全监管工作中，类似的运动型治理新镇全年总计有三十多次，在常规治理机制运作的同时还保持着高频率的运动型机制，新镇政府的目的就在于要杜绝食品安全事故和药品安全事件，避免在政府绩效考评中被“一票否决”。

“就组织构造及运作而言，行政在本质上具有整体性，于运作过程

---

① 参见何艳玲：《中国土地执法摇摆现象及其解释》，载《法学研究》2013 年第 6 期。

② 欧阳静：《论基层运动型治理——兼与周雪光等商榷》，载《开放时代》2014 年第 6 期。

中,应当重视团队精神”,①行政的整体性对“多部门共同参与的问题解决机制”有着内生的需求,多部门协同的工作方法即是对这种需求的回应。在新镇的执法实践中,多部门协同的工作方式广泛存在,通过这种工作方式,基层政府原有的科层界限被暂时打破,在职能上实现了执法权的暂时集中,在结构上实现了条块分割的暂时弥合,从而使乡镇政府的治理能力得到暂时提升。从这个意义上来看,多部门协同的工作方式对于行政协助的实践有着重要的意义。

(四)结果导向型的激励机制

“压力型体制”的后果之一是利益部门化,以部门划分为基础的利益分化又在很大程度上强化了部门意识,如何尽可能地消解部门分化所带来的利益冲突、尽可能地实现部门意识统一是行政协助的运作机制所不能回避的问题。换言之,要有相应的机制来凸显不同部门之间的共同利益,以此来建构行政协助的利益基础。以乡镇政府的预期治理结果为导向的结果导向型激励机制是新镇应对利益部门化的主要手段。

为了让基层站所的各项工作尽可能地处于乡镇政府的控制之下,新镇由乡镇党委牵头建立了“部门评业务、乡镇评作风,作风评价优先于业务评价”的工作方法。该方法在当地的具体实践中表现为:首先由职能部门进行业务评价,评价工作由县级行政主管部门开展,评价对象是全县各派出机构及其工作人员,评价的结果与执法人员的荣誉、待遇挂钩;乡镇党委则对乡镇辖区内各站所进行作风考评,并依据评比的结果向各站所的上级主管部门提出建议,该建议优先于业务评比,影响各派出机构及工作人员的荣誉、待遇。在县级层面,县委县政府会组织对各行政职能部门的考核,乡镇政府对职能部门的建议是该考核的重要组成部分,考评的核心内容是职能部门的派出机构对乡镇发展所做出的贡献,考核评价的最终结果对各基层站所的人事任用产生重要影响。

① 翁岳生:《行政法》(上册),中国法制出版社2000年版,第20页。

这一激励机制涉及县、乡两个层级的政府部门，核心在于考核机制对体制压力的引导和转化作用。激励机制由五对考评关系构成：三对考评关系属于纵向的考核，分别是县级党委政府对乡镇党委政府的考核，县级党委政府对县级职能部门的考核，县级职能部门对其派出机构的考核；一对考核关系属于斜向的考核，是乡镇党委政府对基层站所的考核；另一对考核关系则属于横向的“考核”，即乡镇党委政府对同级别职能部门的“建议”。纵向的三对考核关系属于传统的评价模式，“条条”“块块”的考核结果对领导干部的晋升任用存在直接联系。斜向上的考核发生在乡镇党委政府和基层各站所之间，如果说纵向的考核立足于业务的范畴，那么斜向的“工作作风”考核则立足于政治伦理的范畴。党委对政府的领导体现在政治领导、思想领导、组织领导三个方面，在乡镇党委和乡镇政府高度一体化①的工作实践下，乡镇党委的领导是行政协助得以开展的重要前提。县级职能部门接纳乡镇党委政府对基层站所的作风考核并将其置于优先位置，以“业务考核吸纳作风考核”的方式回应了“党委领导政府”这一政治要求。剩余的一对考核发生在乡镇党委政府和县级职能部门之间，基于双方之间的平级关系，这种“考核”实质上是建议，而这类建议被县级党委政府对县级职能部门的考核所吸收，转变为县级党委政府对职能部门人事、待遇等方面的意见。通过相应的激励机制，“条条”与“块块”之间实现了部门利益的趋同，其间的利益冲突亦因为斜向、横向两条进路的考核而被降低，最终形成“乡镇主导，部门服从”的考核格局。激励机制是实现治理目标的重要手段，有学者指出“激励机制应该与结果而不是与活动挂钩”。② 乡镇政府的预期治理结果是激励机制的重要指向，产生了结果导向型激励机制，该机制将乡镇政府的运作逻辑导入新镇的行政协助实践中，强化了乡镇政府、各职能部门干部的“群体性动力”，③整合

---

① 参见赵树凯：《乡镇治理与政府制度化》，商务印书馆2010年版，第138~139页。

② [美]斯蒂芬·戈德史密斯、威廉·D.埃格斯：《网络化治理：公共部门的新形态》，孙迎春译，北京大学出版社2008年版，第114页。

③ [德]托马斯·海贝勒、雷内·特拉培尔：《政府绩效考核、地方干部行为与地方发展》，王哲译，载《经济社会体制比较》2012年第3期。

了基层各政府部门及其工作人员的工作动机。

四、压力型体制下行政协助的实践后果

"压力型体制"是在我国经济社会转型过程中产生的,带有明显政府主导色彩。[①] 该体制对行政协助的运作机制产生了深刻的影响,并在很大程度上形塑了行政协助的基层实践。行政协助的作用在于通过整合行政资源以提升行政效能,在"压力型体制"的影响下这一作用得到了强化,实践证明"压力型体制"下的行政协助提升了新镇政府在经济发展、维护社会稳定、食品药品安全监管等方面的治理能力。然而,在看到其积极后果的同时,也应注意其所带来的消极后果。

(一)强化"选择性"执法

"压力型体制"具有很强的目标指向性,在该体制的作用下,乡镇政府将更多的治理资源用于协助"中心工作",疏于对非"中心"工作的协助,造成"选择性"协助。"选择性"协助的发生进一步强化了"选择性"执法。首先,基于经济发展在乡镇治理中的"中心工作"地位,部分与"发展主义"相悖的执法工作遭到抑制,执法让位于发展。其次,基于维护社会稳定在乡镇治理中的"中心工作"地位,部分容易诱发治理风险的执法工作遭到抑制,执法让位于稳定。相关执法工作不能顺利开展,在一定程度上又放任了违法行为的发生,乡镇政府为了"中心工作"又继续抑制执法,致使相关的执法工作陷入"恶性循环"。

(二)加剧村社干部官僚化

在行政协助的基层实践中,村社干部是重要的协助主体,在"压力型体制"的作用下,"中心工作"所产生的压力层层下移,致使村社干部承担了过多的行政任务。由于目标责任制的存在,村社干部的个人利益、基层自治组织的工作经费与行政任务的完成情况相挂钩,致使依据

① 文绪武、胡林梅:《在压力型体制中嵌入市场化的节能减排机制》,载《经济社会体制比较》2016年第5期。

目标责任开展工作成为村社干部的行动逻辑。在此情况下，村社干部事实上已经被“块块”所吸纳，被“条条”所使用，其官僚化的特征被进一步加剧，很难再代表村民。这一结果削弱了村社干部对村民的动员能力，同时也在很大程度上影响了干群关系。

（三）降低社会参与度

“压力型体制”下的行政协助提升了基层治理的动员能力，并在某些治理领域取得良好的效果。然而，这种动员能力来源于“压力型体制”的“政治化机制”和“物质化的多层次评价体系”，在本质上属于“政治动员”，因而其动员范围有限，在实践中这种“政治动员”的范围只能限于基层公务员、事业人员和村社干部，难以“溢出”体制之外形成真正的“社会动员”，一旦脱离了“政治化机制”和“物质化的多层次评价体系”，其动员能力即将受到极大的削弱。新镇的实践证明，在项目运作、食品药品安全监管、土地执法、环境治理等多个治理领域普通民众的参与程度较低，难以真正地形成有效的社会参与。

《法律和社会科学》(2017)
第16卷第1辑,第94~120页

基层协警体制的运作与改革

于龙刚*

摘要:在社会转型和法治建设背景下,协警体制在组织层面仍延续非正式性的联防队管理模式,但在运作层面已经演变为专业化、职业化的执法力量。半专业协警体制有效压缩了正式执法组织的规模,降低执法开支,提高执法的治理功效,但同时产生协警动力不足、队伍流动性高、执法趋利性强、执法冲突多发等问题。义务本位让位于物质激励、执法职能延伸、执法环境恶化、强制能力不足构成半专业协警体制实践困境的深层原因。近年来中央和地方大力推动改革,取消联防队管理模式,建立专业化警务辅助人员管理体制。警辅体制有效解决半专业体制所存在的问题,但其运作成本相对较高,与执法实践之间存在张力。

---

* 中南财经政法大学法学院讲师。本文是国家社会科学基金重大项目“新型城镇化建设的法治保障研究(16ZDA062)”的研究成果。文章曾提交第八届“政治、法律与公共政策”年会,感谢评议专家的宝贵建议。

一、问题的提出

伴随经济社会发展,基层执法事务日益增多,执法编制核定与执法事务增长未能实现协同,正式编制内执法人员难以完成不断增加的执法事务,基层执法组织转而从社会自行招募临时工,签订劳动合同。这些人员不具有正式编制,他们或者从事执法辅助工作,或者以正式人员名义从事执法活动。临时工的存在有效缓解了基层执法力量的紧缺,确保执法机关充分完成各项执法任务。协警是这类人员的主要构成,在临时工队伍中所占比重最大。协警存在法律素养较低,待遇较差等问题。因此,产生暴力执法、选择性执法、趋利执法的情况较为突出。另外,在执法现场,执法对象质疑协警执法权力,抵制和抗拒协警执法行为,由此引发执法冲突,甚至发生扩散,产生群体性事件。尤其在近年来,相关问题发生的频率显著提升,不断冲击基层社会秩序。

上述问题的发生与多种因素相关。在现有研究中,协警体制往往被作为产生问题的根源。协警处于正式体制之外,对他们的职责缺乏明确界定,对他们的行为缺乏有效管理和控制。解决协警执法问题,首先需要明确协警身份,确定协警职责权限。协警并非正式执法人员,缺乏执法资格,只能配合与辅助正式民警开展执法工作。协警不能下达对公民权利具有实质影响的执法裁定,只能从事辅助性、事务性的活动。① 警察主要从事实质性、高权性的执法工作,辅警从事简单事务性和机械程序性的工作。② 上述内容构成官方和媒体对协警执法的主要认识,以及对协警体制改革的对策建议。当前各地推动

① 有学者指出:行政辅助人只是行政机关的"延长之手足",其行使职权应有明确界限,即限于辅助性、事务性的任务。参见刘东辉:《论行政辅助人员的行政法规制》,载《江汉论坛》2015 年第 7 期。

② 张洪波:《辅警的主体地位及规范》,载《法学》2011 年第 9 期。

的协警改革也是以上述认识为基础。改革举措包括限制协警从事具有自由裁量空间的执法事务、严格规范和限制协警执法行为,以及通过建立制度化、规范化、程序化的执法体制来解决协警执法所存在的问题。

上述对协警执法的理解在方法论层面主要受到传统行政执法“严格规则主义”理论模式的影响。该理论的概念、命题和方法构成分析协警执法事件,改革协警体制的思维范式。“严格规则主义”理论模式下,执法被界定为:国家行政机关和法律授权、委托的组织及其公职人员在行使行政管理权的过程中,依照法定职权和程序,贯彻实施法律的活动”。[①] 该理论模式有以下三方面特征:一是执法制度建设的核心在于有效约束公权力,建构严密的控权网络,保障个体权利。二是执法活动要严格依照法律规范,按照法定程序运行。执法活动的合法性来源于执法活动是否依法,是否遵守程序规定。有研究将这一合法性模式概括为“传送带”模式。[②] 三是配置执法权是协警体制改革的关键,在相关对策建议中,执法权被作为配置执法资源、规范执法行为、化解执法难题的重要杠杆。

在“严格规则主义”进路下,通过加强执法规范化建设,实现协警执法权限法定化、执法过程程序化,建立严密的控权网络,是抑制执法不规范行为、解决协警执法困境的主要思路。但是这一理论模式在解释协警执法实践时也存在很多不足,其所内含的规范化路径只构成协警制度沿革的一个面向:其一,协警执法往往是在多种冲突性利益之间的协调,是利益分配的政治过程。[③] 执法活动同时也是一种治理活动和政治活动。其二,基层执法裁量的范围十分宽泛,弥散在执法活动的每个环节当中。认定事实和适用法律的活动本身就包含自由裁量

① 张文显主编:《法理学》,北京大学出版社2007年版,第46页。

② 王锡锌:《英美传统行政法“合法性解释模式”的困境与出路》,载《法商研究》2008年第3期。

③ [美]理查德·B.斯图尔特:《美国行政法的重构》,沈岿译,商务印书馆2002年版,第5~19页。

的因素，诸如对事实的性质、准确性程度、与法律规则适用的认定，以及评估和取舍相互冲突的事实，对法律原则和规则的理解，对其相对于特定事实的可使用性的判断等。[①] 从这个角度讲，很难将执法活动分为涉及裁量的“执法活动”和不涉及自由裁量的“辅助活动”。在一线执法瞬息万变的形势下，这种划分大多不具有可操作性。其三，“传送带”的合法性模式将形式正义作为执法追求的主要目标，缺乏对实质正义的有效关注。但是执法实践中，执法对象对执法行为的合法性认知往往采取“可接受性”这一实质正义的立场。他们甚至可能仅仅从自身利益出发，缺乏对执法权威的内在体认和服膺。明确的法律法规、规范化的执法制度并不构成提高执法的可接受性的充要条件，社会情势、舆论、传媒等因素都有可能塑造公众对执法行为的合法性认知。

基层执法并非单向的确立服从、实现支配的过程，而是一种双向的讨价还价过程。执法实践偏离理性化的官僚制决策模型。[②] 研究协警执法，需要进入一线执法场景中，理解基层执法的复杂性和特殊性。基层执法构成国家治理的重要一环，协警执法背后隐含了治理转型和社会转型的深层次背景。“严格规则主义”往往容易简化协警执法的复杂性，忽视协警执法内涵的制度逻辑。研究协警执法，需要进入执法实践，深入协警执法的制度历程和脉络之中。协警体制的形成是一个复杂的制度演变过程，往往内含“制度功能与结构之间的相互塑造”。[③] 需要分析协警制度生成、演变的外部政治、社会背景，研究两者之间动态化与功能性的关系，从微观和宏观层面分析协警执法困境的产生原因，在此基础上，对协警改革进行梳理，研究协警改革是否有效解决了协警执法存在的各类问题。

---

① 王锡锌：《自由裁量与行政正义》，载《中外法学》2002 年第 1 期。

② ［美］杰伊·沙夫里茨、卡伦·莱恩、克里斯托弗·博里克编：《公共政策经典》，彭云望译，北京大学出版社 2008 年版，第 57 页。

③ 有学者提出“制度功能与结构相互塑造”这一观点，并从这个角度切入研究中国民事诉讼立案制度。参见傅郁林：《中国民事诉讼立案程序的功能与结构》，载《法学家》2011 年第 1 期。

本文拟从体制层面展开,对协警执法的兴起、困境以及改革进行分析和研究。笔者于2013年5月、6月,2014年1月,2015年2月、3月,2015年8月,分别进入关中X镇、T镇、中南Y镇,以及滇中S镇公安派出所调研,参与观察协警执法,对协警、当事人、乡镇干部进行半结构性访谈。文章的经验材料一方面来源于笔者的实证调研,另一方面来源于各类相关文献材料。文中引用了大量协警所写的、发表于协警微信公众号的网络文献。这些文献反映了协警对自身现状和协警执法问题的认识。虽然部分文献不乏夸张的手法,相关数据也缺乏细致考证;但可以将其与调研经验相对照,去伪存真,展开更为多元、全面的讨论。

二、协警参与执法的形成及演变

协警又称协勤、辅警、警辅、联防队员、治安员、巡防员、协管员、保安员等。[①] 协警的多种称谓本身反映出协警体制沿革的复杂历程。协警最早被称为联防队员,在20世纪80年代开始大量出现。协警执法的出现一方面是新中国政法传统中群众路线在执法领域的表达;另一方面也与改革开放以来治安形势恶化,"严打"运动、社区警务战略等现实因素密切相关。

(一)群众路线与治安联防组织

群众路线是中国共产党的根本执政路线和组织路线。中华人民共和国成立之后,群众路线成为政法工作的主要工作方法。在治安工作中,强调群众路线与专门工作相结合。在初期的镇压反革命运动以及之后《治安管理条例》的颁布,都强调依靠广大人民群众,充分动员和

① 协警队伍的演变经历了一个复杂的过程。在1987年左右,协警队伍绝大多数人经考试,录用为"合同制民警",1999年、2000年左右解聘了这支队伍,又恢复成"联防队员",到2002年,又转换了一个称谓"协警"。今天的"协警"是由历史演变而来的。

利用群众力量开展治安工作。[①] 1963 年,以“党政动手,依靠群众,预防纠纷,化解矛盾,维护稳定,促进发展”为内容的“枫桥经验”在全国推广,成为各地治安工作的主要标杆。从 20 世纪 60 年代开始,各地普遍组建起群众治安联防队。改革开放之后,这批队伍由公安部门管理和组织,在打击违法犯罪,维护基层社会秩序方面发挥了巨大作用。1988 年,公安部向国务院请示,继续加强群众性治安联防工作,缓解警力不足的矛盾。在请示中,公安部指出各级人民政府要加强对治安联防和治保会工作的领导,各部门、各单位要积极支持和参加群众性治安防范工作。[②] 1991 年,全国人大常委会颁布决定,提出加强社会治安综合治理,必须发动和依靠广大人民群众,开展各种形式的治安防范活动和警民联防活动,形成群防群治网络。[③]

另外,改革开放以来,伴随体制变革和社会转型,基层社会治安形势恶化,违法犯罪数量激增。在乡村地区,治安工作一度成为农村工作“三大难”的“第一难”。[④] 从 1983 年到 1987 年,国家在基层多次开展“严打”运动。从“文革”时遗留下来的警力,以及警校毕业人员、复转军人难以满足治安形势和“严打”运动的警力需求。公安部门开始从社会招募联防队员,弥补警力不足。在“严打”运动中,联防队员成为治安巡逻、发现违法犯罪活动、扭送违法犯罪嫌疑人的主要力量。20 世纪 90 年代末之后,基层治安工作从打击转向服务。公安部大力推进社区警务战略,基层公安部门承担了大量的群众工作和基础工作,初步

---

① 在针对反革命运动的工作方式时,毛泽东指出:“党委领导,全党动员,群众动员,吸收各民主党派及各界人士参加,统一计划,统一行动,严格地审查捕人和杀人名单,注意各个时期的斗争策略,广泛地进行宣传教育工作(召开各种代表会,干部会、座谈会、群众会,在会上举行苦主控诉,展览罪证,利用电影、幻灯、戏曲、报纸、小册子和传单做宣传,做到家喻户晓,人人明白),打破关门主义和神秘主义,坚决地反对草率从事的偏向”。参见毛泽东:《毛泽东选集》(第 5 卷),人民出版社 1977 年版,第 39 页。

② 参见公安部印发《关于继续加强群众性治安联防工作的请示》的通知,1988 年 9 月 16 日。

③ 参见全国人民代表大会常务委员会关于加强社会治安综合治理的决定,http://www.npc.gov.cn/wxzl/wxzl/2000－12/05/content_4548.htm。

④ 邓国和、刘权吉、曾彪文:《群防群治搞好农村社会治安》,载《老区建设》1991 年第 1 期。

形成一警多能格局。联防队员转而在人口管理、纠纷调解、接处警、巡逻防范、应急处突、交通执勤、治安管理、信息采集、安全保卫、视频监控、监所管理和情报收集等方面发挥了突出作用。可以说,正是由于大量协警奋战在执法一线,公安部门较好完成了20世纪80年代以来的"严打"任务,在治安形势不断恶化的局势下确保社会秩序的稳定,同时也实现了公安工作从打击向服务的平稳转型。

早期治安联防队名目繁多,乡镇(街道)党委政府、村庄(社区)自治组织,以及基层公安部门纷纷成立治安联防队。中央文件强调成立治安联防组织需要"党政动手",以地方党委政府为主体。因而由基层党委政府和村社自治组织招募成立的治安联防组织所占比重最大。这一时期的治安联防队大多为义务性或者半义务性,联防队员从本辖区招募,在从事本职工作之余开展治安联防工作,部分地区的基层组织给予联防队员一定物质补贴。在农村地区,联防工作可以折抵义务工。"严打"运动更追求打击效率,强调打破专业化的科层壁垒,通力合作,形成合力,有效打击违法犯罪活动。在很多地方,治安联防队缓解了正式警力不足的困境。在笔者所调研的多地农村派出所,20世纪80年代每个乡镇大多只派驻一名民警,担任治安员,协调、组织和管理联防队开展执法活动。

治安联防制度是简约治理模式在新中国的制度沿革与发展。简约主义是一种国家发起、社会参与的治理模式,包括半正式行政和准官员的使用。① 在新中国政法传统中,简约主义在基层治安领域体现为"专群结合、依靠群众"的工作方针:"一方面,国家建立专门的公安部门与正规的警察队伍,另一方面,对于社会的稳定,最主要的不是通过扩充专职的警察力量或运用强力方式来维持,而是积极利用多元的社会机制以及半正式的治安组织与人员实施治理。"②简约治理的有效性以特定的动员能力和社会结构为前提。这一时期,国家具有一定程度的动员能力,可以动员和吸纳群众参与基层治安;另外,基层社会由一个个政治、经济和文化一体化、内聚力较强的共同体组成,社会流动性、社会

① 黄宗智:《集权的简约治理》,载《开放时代》2008年第2期。

② 樊鹏:《社会结构与社会意识对国家稳定的影响》,载《政治学研究》2009年第2期。

冲突性较低。这构成简约治理的社会基础。

(二)“专群结合”与半专业协警体制

20世纪90年代以来,简约治理模式当中社会参与一维开始隐去。这一时期,城镇住房制度改革之下,治安作为一项公共品转由市场化的物业公司提供;社会结构转型之下,农村地区人财物外流,乡村组织财政困难,群众难以动员,群防群治工作的社会基础不断被消蚀。除长三角、珠三角地区少量集体经济发达的村庄之外,全国大部分地区基层治安联防组织不复存在。公安机关越来越发现村级组织在治安工作方面日益无所作为。[①] 村庄内生秩序维持机制瓦解,大量纠纷涌向基层公安派出所,民警工作量呈几何级增加。这反映出基层社会秩序维持机制发生转变,传统社会内生秩序机制逐渐瓦解,以公安部门为中心的现代秩序机制开始确立,警察从乡村治安的辅助角色转变为主要角色。[②] 这一时期的警务政策也要求公安机关在基层社会秩序维持方面发挥主导作用,积极填补“悬浮化”基层政权所遗留的治理真空。[③] 2002年召开的全国公安派出所会议要求高度重视和加强基础工作,预防、控制和减少违法犯罪。[④] 派出所被赋予了“防、管、建、治、打”的系统化功能。[⑤] 治安防范、人口管理、信息收集、矛盾化解、服务群众成为公安派出所的主要工作和职责。[⑥]

---

① 陈柏峰:《群众路线三十年——以乡村治安工作为中心》,载《北大法律评论》第11卷第1期。

② 于龙刚:《乡村社会警察执法“合作与冲突”二元格局及其解释》,载《环球法律评论》2015年第5期。

③ 有关基层政权“悬浮化”的研究参见周飞舟:《从“汲取型政权”到“悬浮型政权”》,载《社会学研究》2006年第3期。

④ 参见开创派出所工作和队伍建设新局面——全国公安派出所工作会议闭幕,http://www.mps.gov.cn/n16/n1237/n1342/116883.html。

⑤ 李六伶:《公安派出所改革的理论与实践》,载《政法学刊》1998年第4期。

⑥ 山东省公安厅,《关于加强派出所基础工作的指导意见》。另外,在2013年9月M省公安厅召开《全省公安派出所建设工作电视电话会议》,M省公安厅副厅长强调要明确派出所的主业是基础防控工作,派出所必须把工作重点放在治安防范、人口管理、信息收集、矛盾化解、服务群众等基础防范工作,把基础防范管控、维护辖区秩序作为主业,扭转当前派出所重打击、轻防范的现状。参见M省公安厅副厅长在全省公安派出所建设工作电视电话会议上的工作报告。

另外,国家政治动员能力不断弱化,治安联防队的义务性难以为继,地方政府转而出台政策,向社会集资或者寻求企业与个人赞助,通过利益输入方式来维持治安联防组织。这导致了一系列问题的产生。实践中,地方政府、公安部门大多通过收取联防费、协勤费,或者从税费中提取,例如农村地区治安联防经费主要从作为农业税费组成部分的"村提留"当中支出。公安部门的治安联防经费也大多从罚款中提取。治安联防组织的设立提高了人民群众的税费负担;而且,联防经费从罚款中提取,也增强了基层执法的趋利性,基层公安组织为获取经费,以罚代管,"放水养鱼",通过执法来创收,出现了严重的乱罚款、乱收费、乱摊派的"三乱"问题。同时,在执法过程中,联防队员执法不严、暴力执法问题突出,甚至出现执法对象死亡的恶性事件,相关事件多次见诸媒体,引起强烈反响。

因而,国家开始逐步大力清理和整顿治安联防组织。1993年,公安部发布通知,要求除少数商品经济较为发达地区除外,农村原则上不再组织治安联防队;强调治安联防队只负责企业事业单位周围地区的治安巡逻,维护治安秩序,防止发生违法犯罪案件,及时扭送现行违法犯罪分子,治安消防队和队员不得行使公安机关的刑事侦查和治安案件的调查处理等职权,明确联防队员职责。① 同年,公安部在另外一项决定中取消交通协勤费。② 2000年,公安部进一步加大力度,发布通知:要求各地公安机关要对本地区的执法队伍进行清理整顿,凡有合同工、临时工、联防队员、保安人员等非人民警察从事公安行政执法任务的,必须一律停止,并根据有关规定进行清理和整顿。③ 2004年,公安部开展针对协警队伍的专项整治行动,要求各级公安机关一律不得从社会上招聘治安员,现有的治安员将在3年内全部清退。对于现有治安员,要按照"只出不进,逐年减少,彻底取消"原则,用3年时间陆续

① 公安部关于加强治安联防队伍建设的通知,1993年5月7日,http://www.51wf.com/law/1149934.html。

② 公安部关于取消十六项乱收费项目的决定,1993年9月25日。

③ 公安部关于贯彻落实《国务院关于全面推进依法行政的决定》的通知,2000年2月23日。

从公安机关清退出去。2008 年 1 月 1 日以后,各级公安机关一律不得再以任何名义留用治安员。[①]

公安部的强力整顿并未完全禁绝协警执法,而是进一步提高了协警体制的规范化水平。面对警力不足的困境,基层公安部门仍积极面向社会招募人员,组建以及扩充协警队伍。不同于早期义务性、半义务性,以社会参与为核心的治安联防组织,这一时期的协警组织规范化水平更高,成为隶属于公安部门的一支专业执法队伍。公安部门内部制定多项措施,对协警招募、组织和执法等领域进行规范。这一时期的协警实际上是“专群结合”的产物,是一种半专业化的执法组织:一方面,协警组织专业化、职业化程度提高。协警成为专业的执法人员,在执法分工上,协警与正式民警之间不仅存在协作关系,同时也存在替代关系。协警由公安机关招募、培训、管理和使用。执法成为协警的主业,依靠执法工作获取主要收入。有大量协警从 20 世纪 90 年代加入公安队伍,从警时间达 10 年以上。协警不仅从事后勤、财务、审计、装备等非执法类工作,也从事盘查、抓捕、巡逻、接处警等执法辅助工作。由于正式警力不足,很多协警以正式民警名义从事执法工作。

另一方面,协警体制仍遵循治安联防队管理模式。不同于正式的科层组织,联防队管理模式具有分散性、扁平化等特征。第一,协警由基层公安部门,包括公安局和公安派出所根据辖区治安形势和本部门情况自行招募、管理和使用,协警管理具有分散性特征。多数协警由各基层单位自行组织招录,招录的条件、标准、程序等都不统一。上级政府、人大对协警队伍的管理十分松弱。[②] 第二,协警属于编制外人员,在执法体制内形成一种“用人双轨制”。协警不纳入正式编制,由招募单位与协警签订劳动合同,属于基层执法队伍里的“临时工”“合同工”。第三,协警工资由招募部门支付,主要从部门办案经费中支出,或者由本级党委政府赞助。协警工资较低,只有正式民警工资的 1/3

① 公安部关于进一步做好公安机关治安员队伍专项清理工作有关问题的通知,(公通字〔2005〕27 号)。

② 叶静:《地方软财政支出与基层治理》,载《社会学研究》2016 年第 1 期。

到1/2,且没有失业、退休等方面的津贴。有报道指出,某地协警王某从2004年进入协警队伍,从开始的工资350元到800元和现在的1300元,但在当地和他岁数相当的正式民警的工资已经能拿到4000元左右。[①] 第四,协警组织内部无等级划分,协警组织呈现扁平化特征,不同于正式警察队伍内部等级化的警衔结构。虽然部分地区将协警队伍分为大队(县级)、中队(乡镇)、小队三个层次,但实际管理中大队对小队的制约其实很小。[②] 协警队伍缺乏一套工作绩效的考评、激励和晋升机制。有的协警干了20多年,职务与新来的协警相同,仅工资多出200元。[③]

三、协警体制运作困境与一线执法难题

目前,协警已经成为基层执法的主要力量。有文章统计,我国现有公安民警160余万人,占人口比重1.23‰,警务辅助人员及协警200余万人,占人口比重1.53‰。[④] 尤其在一线执法中,协警比重甚至达到2/3到4/5。[⑤] 在新成立的巡警大队中,往往除大队长、中队长之外其他都为协警。在交警大队,协警也占到很大比重。例如,某市城区某交警大队,由20多名正式民警和80多名协警组成。[⑥] 在笔者所调

---

① 邵春雷:《"辅警"生态调查》,载《民主与法制时报》2016年10月23日,第5版。

② 叶静:《地方软财政支出与基层治理》,载《社会学研究》2016年第1期。

③ 邵春雷:《"辅警"生态调查》,载《民主与法制时报》2016年10月23日,第5版。

④ 基层民警的祈盼:人民警察法修改浅见,小警之家微信公众号,http://mp.weixin.qq.com/s?__biz=MzAwNzMxMzUxMA==&mid=401008119&idx=5&sn=4187d485c434bb35d880665b80c88114&;scene=1&;srcid=1222ntNFdRxf7ULrbQCEP2nv&from=singlemessage&isappinstalled=0#wechat_redirect。

⑤ 又一地区辅警工资参照事业单位待遇,辅警协警大联盟微信公众号,http://mp.weixin.qq.com/s?__biz=MzAxMjQyNTM5NA==&mid=400324511&idx=2&sn=f1329386f963150fb49669d9d41f6a61&;scene=7#wechat_redirect。

⑥ 编制内外:同工不同酬的故事,辅警协警大联盟微信公众号,http://mp.weixin.qq.com/s?__biz=MzA3MzEzNTYwNg==&mid=213000496&idx=3&sn=2edd16a943ec004c2f0710df2fe7e9e2&;scene=7#wechat_redirect。

研的关中某镇派出所共有民警21名,其中公务员编制的有5名,事业编制3名,协警有13名。在基层交警部门,协警所占比例更大。笔者调研期间,有交警中队长戏称交警中队为“协警中队”。大量正式民警留在机关,警力倒挂,基层协警比重远高于整体比例。在基层,一线执法环境复杂,风险高,很多正式民警大多担任领导职务,承担指挥职能。一线执法现场中协警所占比重更大。

公安组织是一种劳动密集化的组织,执法人员薪资占部门开支比重很大。半专业化协警体制成本低,作为“廉价劳动力”的协警显著降低了国家在治安方面的人员开支。① 在治安形势恶化、执法事务增多的背景下,中国之所以可以维持一支数量较少、成本较低治安体制,在很大程度上缘于协警的大量存在。这种体制还赋予基层公安部门一定的自主权,可以根据辖区治安形势补充警力,弥补了编制的不足,兼顾到警力在不同区域的差异性分布。现行编制制度往往依照辖区人口划拨编制,难以兼顾治安形势、执法任务、社会结构等因素,这些因素恰恰是决定警力需求的关键。而且,协警大多从本辖区内招募,协警对辖区社会环境十分了解,在辖区内拥有广泛、深厚的社会关联,包括利用社区熟人社会内的消息传输机制低成本地获取违法信息、捕捉嫌疑人;利用地缘、血缘等社会关联辅助执法,降低社区成员对警察的排斥和怀疑。尤其是长期在本辖区执法的老协警,拥有丰富的执法经验、广泛的人脉资源。很多新进的年轻民警都需要事先跟随这批“老协警”学习日常执法和纠纷调解经验。他们的经验成为基层执法不可缺少的治理资源。但是协警体制也面临困境,包括执法不规范现象突出、协警队伍素质参差不齐、一线执法冲突多发等。

(一)半专业协警体制的运作困境

半专业协警体制具有“专群结合”特征,是一种低成本的治安体制。但是在实践中,这种半专业的治安体制面临诸多困境,并逐渐成为

---

① 协警、辅警当不要做廉价劳动力,辅警协警大联盟微信公众号,http://mp.weixin.qq.com/s? __biz = MzAxMjQyNTM5NA = = &mid = 205215403&idx = 1&sn = e2e8c8c1c79f2af1003f0406325a290c&;scene = 7#wechat_redirect。

一个不断生产执法不规范行为和不稳定因素的高成本体制。首先,协警执法不规范现象突出。当前协警已经成为职业的执法人员,但协警组织仍遵循联防队管理模式。协警所从事的工作与正式民警具有同质性,但是相关待遇差别很大,同工不同酬。微薄的工资难以满足协警日常开支需要,甚至导致部分协警家庭发生矛盾,产生离婚。① 工作量大,待遇低,协警执法积极性差,在一线执法中不愿意投入太多的精力,部分协警消极应付。这也造成协警队伍流动性高。很多年轻协警干两三年之后离去,然后再重新招募,如此往复,协警队伍像"流水席"一样。② 执法经验需要在长期的执法实践中逐渐培养和积累起来,协警队伍的高流动性降低了协警队伍的整体执法水准。另外,社会优秀人员不愿进入协警队伍。协警招募困难,基层公安部门只能不断降低招募条件。有的地方甚至出现只有小学文化的人当协警的现象。有报道指出,部分地方协警多为关系户、实力户,吃不得苦,工作不积极、执勤巡逻不配合,不懂得警戒和盘问,部分协警留长发、戴手链、戴戒指。③

基层协警执法的趋利性也十分突出。正式待遇较低,部分协警通过违法手段获取灰色收入。笔者2016年在鄂南某乡镇交警中队调研发现,在治理货运超载执法中,存在"收钱放行"的违法现象,相较于正式民警,协警更容易被利益俘获。有报道发现:辅警能做很多正式民警不能做、不敢做的事情,比如当交警处理事故划定双方当事人责任比例时,存在一些操作空间。如果通过辅警之嘴去和当事人沟通,一般能捞些好处。几包烟的事,正式民警不好说,但协警没事,他们不怕被举报。④ 总体来说,目前协警队伍整体执法能力、执法素质参差不齐,且处于不断下降的过程中,协警成为大量执法不规范现象的源头。

---

① 邵春雷:《"辅警"生态调查》,载《民主与法制时报》2016年10月23日,第5版。

② 笔者在关中某镇派出所调研期间,民警将这种情况比喻为"流水席"。还有文章统计:"我局各单位中协勤人员在本单位超过3年的不足三分之一,我局各派出所有协勤人员680人,其中3年以下多达493人"。参见:法治公安建设视野下协勤队伍的规范管理,辅警协警大联盟微信公众号,2015年7月3日。

③ 邵春雷:《"辅警"生态调查》,载《民主与法制时报》2016年10月23日,第5版。

④ 侯雪琪:《聚焦大陆辅警:阴影里的"执法者"》,载《凤凰周刊》2016年第22期。

另外,半专业协警体制形成诸多遗留问题,产生诉讼、信访事件。这主要发生在老协警群体之中。部分协警从20世纪90年代开始进入公安队伍,将青春奉献给公安事业。如今已近退休,但缺乏养老保障。部分老协警采取诉讼方式,要求公安部门补办养老保险、社会保险等,并签订无固定期限劳动合同。① 部分协警也采取上访方式要求党委政府、公安部门承担养老责任。这都成为潜在不稳定因素。这个问题实质上由来已久。早期各地公安部门将部分老协警纳入编制之内,提高协警的薪资待遇。1992年,公安部下达内部文件,以各省为单位,从协警队伍中选拔、考试,录用一批人转入民警序列。这次改革虽然只解决了部分协警的待遇问题,但是给其他协警带来很大希望。由于这次改革,很多打算流出的协警决定留下,等待下一次的选拔和录用。

但是,从1992年之后,公安部再未下达相关文件,反而从2000年之后,开始大力清理和整顿协警队伍。在正常情况下,协警要进入行政编制,成为正式民警十分困难,不仅需要参加考试,成为国家公务员,而且需要通过各项考核,才能被授予警衔。很多协警早已超过招警的年龄要求。因此除非公安部下达特殊政策,很少有协警转入正式编制之内。不过,部分地区出台相关政策,灵活地解决老协警问题。例如,地方公安部门下达文件,采取"以工代干"方式,设定警龄条件,对符合条件的协警给予事业编制待遇,但不纳入正式编制之内。但是如何确定警龄,确定给予待遇的条件和标准在实践中是一项十分棘手的问题。如果操作不当,也会引发协警上访。此类上访往往呈现出群体访的特

① 案例:1999年5月2日,吴某江到建水交警大队参加协警工作,工资按月发放,工资发放及上下班时间由建水交警大队统一管理。吴某江在建水交警大队工作期间,曾于2011年5月1日与建水交警大队签订用工协议,约定用工期限为一年,从2011年5月1日起至2012年4月30日止。建水交警大队未为吴某江购买社会保险。2013年11月30日,吴某江与建水交警大队就签订劳动合同、缴纳社会保险一事未能达成一致意见,建水交警大队通知吴某江停职。2013年12月,吴某江离开建水交警大队。2013年12月26日,吴某江向建水县政府劳动人事争议仲裁委员会申请仲裁,要求建水交警大队为其补办养老保险等社会保险,并签订无固定期限劳动合同。参见北大法宝,(2014)建民初字第114号。

征。笔者在调研期间,就曾遇到一起相关案例。① 另外,实践中编制管理涉及多个部门,需要地方党委政府在各部门间统筹协调。国家为防止体制臃肿一直采取偏紧的编制管理政策,公安部门内只能分流到少量编制配额,仅有极少量老协警的待遇问题能够得到解决。

(二)一线协警执法冲突多发

执法冲突是目前协警执法的突出问题。相关冲突事件多次见诸媒体,引发民众和学界的广泛关注和激烈论争。执法冲突主要发生在一线执法现场,发生在协警与执法对象以及周边群众的互动过程中。依据工作类型的差异,协警可以分为勤务辅警、交通协管、治安巡警、巡逻巡警等几类,前者负责部门内务、后勤和基础类工作,后三者负责一线执法,与群众接触面大,也是执法冲突发生的主要人群。见诸媒体的冲突事件以交通协管和治安巡警为主。第一,执法冲突多发与执法现场的分工机制密切相关。当前公安体制内部警力倒挂,正式民警大多留在机关。在公安部门内,正式民警为优势群体,协警为劣势群体。② 风险相对较高、较为辛苦的执法事务大多由协警承担。这些事务往往涉及基层警务工作的方方面面,且多与执法对象发生直接接触。正式民警大多承担组织任务,负责执法活动的组织、协调和管理。执法实践中,协警往往处于一线,他们与违法活动的物理距离最短,最先赶到现场,进行先期处理。协警大多是第一个进入陌生环境当中,进行执法。有协警说:“我们协警每一天每个人都要独自面对的事实:独自站岗、

① 案例:2012年省里出台文件,规定1995年前进入警察队伍,且参加过由省公安厅组织的培训班的协警身份不变,但可以享受公务员待遇。协警老刘1993年成为协警,参加第一期培训班,符合这一规定,开始享受公务员待遇。同在一个派出所工作的协警老王也是1995年之前已加入警察队伍,但是在参加第二期培训班期间,因为一些原因,培训班中途停止,所以不符合政策标准。同老王情况类似的,县里总共有11个人。他们相互串联,从2012年开始上访。他们先后去过县、市、省公安部门集体上访,也多次写信向国家信访局反映情况,要求享受公务员待遇,或者按照新《劳动合同法》的规定,享受养老、保险等方面的待遇。县委常委为此专门召开会议,但至今未有结果。

② 很多协警认为自己是“二等公民”,参见:我们是辅警,我们呼吁平等的人格权,辅警协警大联盟微信公众号,http://mp.weixin.qq.com/s?__biz=MzAxMjQyNTM5NA==&mid=400933192&idx=1&sn=25dc0e327ef4d0b7585f9e72992d75da&;scene=7#wechat_redirect。

巡逻,应对突发事件第一现场到位临时处置。"[1]协警与执法对象的接触面广,发生冲突的概率相对较高。

第二,协警的执法活动具有管制性和干预性,与执法对象的互动具有对立性。作为街头官僚,协警直接与公民打交道,并对公民的生活构成实实在在的影响。[2] 协警执法活动包括出警、辖区巡逻、入户排查、抓赌、车队路口警戒、临时检查,这些活动或者对当事人利益进行减损,例如行政处罚行为;或者对当事人的行为进行约束和强制,例如交警协管员对违法驾驶行为的劝阻和制止,制止正在发生的违法犯罪行为,扭送违法犯罪嫌疑人。在协警改革中有些执法行为被界定为辅助活动。在一线执法现场,这些行为往往也对所指向的目标当事人形成强制和约束,对他们的利益造成潜在的减损,包括拍照、登记、取证、盘查、贴单等行为。协警执法行为往往具有利益分配与再分配的属性。协警执法的干预性与管制性导致执法双方互动模式的对立性,从而存在冲突风险。执法对象的"顺从并不是自发的",[3]他们也采取"陪笑脸""拍照""索要执法证"等方式进行反制,这些手段构成他们在对立关系模式下的常规战术。协警则需要采取多种策略,塑造自身的情境权威,确保执法对象的服从和配合。这是一个到处充满冲突风险的互动过程。

第三,协警执法的工作界面大多为街头空间和社区空间,社区空间的自治性、街头空间的不确定性和开放性都可能导致冲突的发生乃至扩大。协警代表国家权力在场,不可避免带有外来者的色彩,容易引起执法对象和周边群众的猜测、焦虑和紧张,引发不同程度的信任问题。协警举措失当则容易引发执法对象的防守和抵御。执法互动失败,从而产生语言冲撞,甚至产生肢体冲突。协警具有外来身份,在社区空间与街头空间下,他们的执法行为往往难以得到肯定性的评价,更难以获

---

① 央视报道辅警后,辅警协警们对此怎么看?详见辅警协警大联盟微信公众号,2015年12月25日。

② [美]杰伊·沙夫里茨、卡伦·莱恩、克里斯托弗编:《公共政策经典》,彭云望译,刘新胜、张国庆校,北京大学出版社2011年版,第51、56页。

③ [美]理查德·斯蒂尔曼二世编著:《公共行政学:概念与案例》(第7版),竺乾威、扶松茂等译,竺乾威校,中国人民大学出版社2004年版,第624页。

得周边群众的支援。协警执法冲突具有很强的扩散效应。基于对执法对象的同情和对协警执法的负面印象,周边群众都可能加入抵制协警执法的行动当中。[①] 空间的开放性,协警对暴力的低监控度,大大提高了执法空间内的不确定性。分散攻击下暴力行为的弥散化降低了其被捕捉到的概率,提高了惩罚暴力的难度,这些都为冲突事件的发生及扩大提供了相应的机会空间。[②]

第四,在一线执法现场,协警执法合法性低,执法资格不被执法对象和周边群众认可。人们可能从自身经验和认识出发,甚至从自身利益出发,在绝对意义上否定协警执法的资格,对协警不具有执法权进行扩大解释,继而完全否定协警的执法权力。协警权力缩小到非执法类的内务、后勤、服务领域中。传媒宣传也可能加剧个体对协警身份的认知和偏见。有关协警违法的传媒报道可能进一步强化个体对协警执法的负面认识,强化个体对协警队伍整体的不良印象,进一步降低协警执法的合法性。在执法现场,协警被污名化为"二狗子""皇协军",在工作中常"遭白眼"。执法对象的抵制很难被认定为"妨碍公务",[③]协警执法行为在法律层面只能被界定为"见义勇为"。协警执法资格、法律角色、执法行为的模糊化进一步恶化了协警执法环境,提升了执法对象的抵制动力,提高了执法冲突的发生几率。

(三)协警体制困境的深层原因

在社会转型和治理转型背景下,半专业协警体制在具备低成本、高

---

① 湘东某镇派出所民警如此向笔者讲述当前基层社会的执法环境:"在基层,当事人一喊,真心实意替他出力的就只有几个他们家的亲戚朋友。除此之外,还有看热闹的人,借机报复的人。如果这些人的家人或是亲戚因为什么事情以前被派出所处理过,他们的心里就记住派出所。他们一般会幸灾乐祸得站在旁边看着,如果有机会,他们还会上去踹两脚、打两拳。就是这样的!地方上总有一些人仇恨公安,公安每年办这么多案,关这么多人,你以为地方上对公安的印象会很好啊?"

② 于龙刚:《法治与治理之间:基层社会警察"解纷息争"机制分析》,载《华中科技大学学报》(社会科学版)2016年第3期。

③ 公安部法制司关于治安联防队员在执行任务中受到不法侵害对侵害人能否按"妨碍公务"处理的函(公法〔1991〕128号)。

效率的优势同时,其劣势也在不断凸显。简约治理模式的社会基础不断弱化。从宏观层面讲,协警执法实践所存在的问题与多种结构性因素相关。意识形态转型使得协警群体的利益诉求被不断释放出来。半专业协警执法体制建立在强调义务本位、鼓励奉献的传统社会主义形态之上。在转型过程中,义务本位让位于物质激励,协警的利益诉求不断凸显。协警与正式民警之间的待遇差别、地位差异的可接受性不断降低。

后续协警体制改革都涉及对协警物质激励的调整,从而可能蕴含潜在的不稳定风险。例如,2008 年新《劳动合同法》颁布实施。大部分公安部门转而同协警签订劳动合同。但公安机关属于纯公益性单位,主要依靠政府财政来运转。基层公安部门财力紧张,办案经费紧缺,虽然同协警签订劳动合同,但难以完全按照合同约定履行义务。要解决协警待遇问题,需要同级党委政府牵头,财政部门、编制部门、劳动部门、公安部门相互协调,仅仅依靠公安部门,难以解决问题。除少量经济发达地区之外,全国大部分地区的协警组织依然按照联防队管理模式来运行。部分协警采取诉讼、上访的方式要求公安部门按照新劳动合同法规定履行相关义务和责任。

另外,社会转型背景下,警察执法职能不断延伸,以警察为主体的正规强制机制逐渐成为基层社会治理的主导机制。警察权全面深入和渗透到社会当中。村庄(社区)、街头等空间的秩序维持,交通、流动人口、消防等特定事务的有效管理都需要依赖警察来完成。目前,协警的工作范围已经远远超过早期治安联防组织。协警执法范围广泛,与民众的生产生活、日常出行之间的关系更加密切。同时,社会利益结构调整,社会矛盾突出,一线执法环境恶化,执法风险加大。国家治理环节的立法缺漏、司法不公、执法不规范现象都有可能塑造个体对国家权力的负面认知,决定个体对一线执法活动的态度。社会治理实践塑造了个体的日常体验,治理不足引发个体心理层面的委屈、压迫和不满。日常体验定格了个体的委屈感,确立了他们的需求尺度,指出了他们的泄愤对象。[①] 处于执法一线的协警往往承受了公众对社会现状的不满和怨气,被转嫁了治理不足所产生的社会压力。

警察从基层治理的辅助力量逐渐变为核心力量。这反映出国家自上而下向地方社会集中并垄断暴力,基层社会国家强制的力度不断加大,规范化程度不断提高。[②] 国家通过警察力量维持社会秩序,推动基层社会治理。在这个过程中,作为一种半正式性的治安体制,协警组织的优势逐渐弱化,劣势日益凸显。基层社会国家治理面临治理能力不足的困境,警察执法面临强制能力不足的问题。警察缺乏促使执法对象配合执法活动的能力。法律角色不明确、处于公安组织底层的协警获得执法对象服从和配合的难度更大。协警执法实践中所出现的问题反映出基层国家治理场域下不断提升的强制力度和相对缺失的强制能力之间的巨大张力。

四、协警体制的法治化改革及反思

针对协警执法实践中所存在的问题和困境,各地公安部门积极探索,推进协警体制改革。党的十八届四中全会之后,协警体制改革从地方层面上升到中央层面。协警体制改革以法治化为导向,通过明确协警的法律地位、职责权限和管理体制,逐步建立起体系化、专业化、规范化的警辅体制。

(一)专业化警辅体制的形成

2012年,苏州市率先出台《警务辅助人员管理办法》,对协警的法律地位、职责权限、管理机制进行规范。在此之后,东莞、长沙、广州、武川、大连、中山等地也纷纷颁布管理办法。各地的改革措施存在很大相

① [美]杰伊·沙夫里茨、卡伦·莱恩、克里斯托弗编:《公共政策经典》,彭云望译,刘新胜、张国庆校,北京大学出版社2011年版,第58页。

② 樊鹏:《社会结构与社会意识对国家稳定的影响》,载《政治学研究》2009年第2期。

似性,主要表现为以下几个方面:

一是将协警统一称为警务辅助人员,明确协警的法律地位。二是明确协警的权限,《警务辅助人员管理办法》将执法分为辅助性执法和裁量性执法活动,辅助性执法活动是指为确保裁量性执法活动开展的执法工作,包括治安巡逻、检查、接处警、扭送违法犯罪嫌疑人等,协警拥有进行辅助性执法活动的权力。裁量性执法活动是指涉及执法主体自由裁量,执法活动会对执法对象权利配置产生影响,包括交通事故责任认定、行政许可、行政收费、行政处罚、行政强制、刑事强制措施的决定等。协警没有权力从事此类执法活动。三是将协警的管理权限上收到地市一级公安部门,由其统一招募、管理、监督、考核辖区内协警队伍。四是划分协警职级,根据不同职级享受差别性待遇。例如,中山市出台的《进一步完善全市公安机关警务辅助人员管理工作的意见》将文职辅警和勤务辅警各分为六个等级管理,层级与薪酬挂钩。江苏泰安市将协警分为九个等级,分别为一星到九星警辅。[①] 五是提高协警待遇。各地推行的警务辅助人员改革也对中央产生影响。2016 年 1 月 11 日,中央深化改革领导小组通过《关于规范公安机关警务辅助人员管理工作的意见》,该意见主要借鉴了各地颁布的辅警管理办法,并进一步完善,提出建立制度化、规范化、法治化的警务辅助人员管理制度。[②]

各地推行的辅警体制改革受到公安部对交通协管员相关规定的影响。2008 年,公安部颁布《关于加强交通协管员队伍建设的指导意见》,其中规定由县级以上人民政府统一交通协管员的招聘录用,规定交通协管员可以在民警指导下承担维护道路交通秩序,劝阻交通安全违法行为;维护交通事故现场秩序,保护事故现场,抢救受伤人员;进行

① 关于印发《泰州市公安警务辅助人员层级晋升办法(试行)》和《泰州市公安警务辅助人员首次层级晋升指导意见》的通知,http://xxgk.taizhou.gov.cn/xxgk_public/jcms_files/jcms1/web6/site/art/2015/6/4/art_441_71679.html。

② 关于规范公安机关警务辅助人员管理工作的意见,参见:2016 年第一次中央深改小组会议有哪些看点,http://news.ycwb.com/2016-05/22/content_22095417.htm。

交通安全宣传教育等工作。[①] 且规定交通协管员的工资不低于当地最低工资标准,由地方政府财政保障,无地方政府财政保障的协管员根据《公安部关于进一步做好公安机关治安员队伍专项清理工作有关问题的通知》的要求清退。长沙市制定的《长沙市警务辅助人员管理办法》中有关辅警职责规定直接沿用上述《意见》。[②]

各地推行的警务辅助人员改革改变了之前半专业化的协警体制。警辅体制的规范化水平更高。在韦伯的论述中,官僚体制具有三方面特征:一是分工专业化,根据职能类型进行专业分化,进而确定明确的职能范围和权力边界;二是组织层级化,科层制内部存在组织等级划分,形成上下级之间的领导与被领导关系;三是行为规则化,科层制内人员必须在统一的规范下行动,“业务的执行须遵照一般规则”。[③] 改革之后的警务辅助人员管理体制具有这三方面特征:(1)上移协警管理权限。半专业体制下的协警管理具有分散性特征,协警体制地方化程度高。规范化的警辅体制下协警管理权限上收到地市一级的公安部门,体制内纵向一体化程度提高。上级公安部门一方面掌握了执法活动的组织、领导权,另一方面掌握了人、财、物管理权。在半专业协警体制中,后者往往由基层党委政府掌握。(2)划分协警职级,改变之前协警队伍的扁平化组织架构。规范化的警辅体制下协警被划分为不同等级,形成了围绕工作考核的组织、激励和晋升机制,强化组织激励,凸显物质激励。(3)明确协警职责权限,改变之前协警法律角色、执法行为的模糊化状态。协警在规定的权限范围内依照法定程序履行相关责任,协警执法进一步规范化和程序化。

在警务辅助人员管理改革背景下,协警不再是基层执法工作的非正式力量,而是进入体制之内,成为专业的警务辅助人员,构成公安队伍中一个相对独立的警种。寓于协警体制内的简约治理模式逐渐转变

---

① 关于加强交通协管员队伍建设的指导意见,公交管〔2008〕88号。

② 长沙市人民政府办公厅关于印发《长沙市警务辅助人员管理办法》的通知,长政办发〔2013〕34号,第25条第2款。

③ [德]马克斯·韦伯:《支配社会学》,康乐、简惠美译,广西师范大学出版社2010年版,第22~23页。

为规范化、正式性的执法体制。专业化的警辅体制有效解决了之前半专业化协警体制的弊端，例如抑制协警执法不规范现象，化解协警积极性低、协警队伍流动性高等问题。但其发挥的作用不可高估，一些深层次的问题仍难以通过体制改革得到解决。同时，简约治理模式的消解也可能提高执法体制的运作成本，降低运作效率。

（二）专业化警辅体制的局限

治理体系法治化是国家治理法治化的基本面向，是为现代国家提供善治的创新机制。[①] 结构转型背景下，基层社会治理复杂性程度提高，半专业协警体制出现诸多不足。警务辅助人员管理体制改革在组织层面强化了公安部门对协警执法的调控和监管能力，提高了协警执法的规范化程度，有效解决了协警执法实践中所存在的问题。但在具体的改革实践中，相关举措仍存在局限：

首先，专业化的警辅体制对地方财政能力有很高的要求，大大提高了体制的运作成本。辅警制度大幅度提高协警待遇，这往往必须以雄厚的政府财政能力为基础。目前进行改革试点的地区，或者位于东部沿海地区，包括大连、苏州、中山、东莞；或者是省会城市，如长沙；或者协警人员数量较少，如武川县公安局共有辅警 117 人（其中事业身份 89 人，合同制协警 28 人），占全局总人数的 44%，合同制辅警占总人数的 11%。[②] 在中西部地区，地方财力紧张。在笔者所调研的关中某县公安部门，县财政甚至没有将公安部门的办案、人员经费纳入财政预算。专业化的辅警体制改革消解了半专业化协警组织机制的低成本优势，基层执法投入可能会由此大幅度增加。伴随治安形势的变化，对警力的要求也会提高，执法投入也会随之进一步增加，可能出现体制臃肿风险。

其次，体制改革调整了协警体制的物质激励机制，可能暗含信访风

---

① 张文显：《法治与国家治理现代化》，载《中国法学》2014 年第 4 期。

② 武川县公安局着力提升民警、辅警待遇，http://mp. weixin. qq. com/s? _Biz = MzAxMjQyNTM5NA = = &mid = 400324511&idx = 2&sn = f1329386f963150fb49669d9d41f6a61&scene = 21#wechat_redirect。

险。从以往的经验来看,已经从公安队伍退出的协警可能由此"找补",要求公安部门、地方政府弥补之前待遇与改革后待遇之间的差额。专业化的改革进一步消解协警队伍的义务性,过去掩盖在集体主义话语之下,未被制度化计算的人力投入,可能会按照新标准进行物质化计算,通过上访行动表达出来,协警制度改革反而成为一个生产问题的"历史遗留制度"。旧协警上访可能成为特定职业群体上访的新类型。[①] 这反映出改革过程中新旧体制间的矛盾和冲突。体制改革引发组织震荡,产生稳定风险。协调好体制内不同群体的利益成为改革成败的关键。

明确协警职责,建构执法分工体系是协警体制法治化改革的关键。协警与正式民警的权力配置需要与执法实践相结合。目前,执法分工体系与执法实践仍存在一定张力。其一,在基层执法工作中,大部分轻微治安案件由协警通过非正式手段来处理。协警对人情世故和辖区的各种关系网络十分熟悉。他们常常在执法现场进行调解,在法律系统之外化解矛盾。这种非正式执法方式有效利用了协警的社会资源。专业化的警辅体制下,对于涉及执法裁量的事务,协警不再具有执法权力,非正式的执法手段不再具有合法性,简约治理模式的空间被压缩,基层执法的成本可能进一步提高。

其二,建构执法分工体系可能强化公安部门内部警种设置的"烟囱结构",增加正式警力与协警之间的协作成本,降低警力的使用效能。基层执法具有多重属性,执法需要实现法律效果、社会效果和政治效果的有机统一。民警执法需要兼顾执法、维稳、服务群众等目标。这意味着不同警种之间需要通力合作,整合权力资源,形成执法合力。在半专业协警体制下,执法体制地方化,基层党委政府、公安部门协调不同警种开展执法工作。根据不同时期的治安形势,根据不同警种的警力状况,灵活确定协警与正式民警的职责分工。垂直化的执行结构可能会导致不充分的执行或不执行,组织的横向协调

---

① 有关特定职业群体上访的研究参见陈柏峰:《特定职业群体上访的发生机制》,载《社会科学》2012年第8期。

也会产生很大问题。[1] 垂直化的警辅体制中,基层党委政府、公安部门协调能力弱化,难以适应复杂多变的执法形势,从而降低现有警力的执法效能。

其三,根据目前的权力配置,协警并未从对立性的一线执法互动中脱离,执法分工体系在化解执法冲突方面的作用不可高估。警辅体制改革将一线执法活动划分为裁量性活动与辅助性活动。很多辅助性活动往往发生在社区和街头,与执法对象直接接触,执法空间的不确定性高,执法风险大。裁量性活动往往发生在公安部门内,警察具有空间主导权,发生冲突的几率较小。[2] 目前一线执法承受了巨大的社会压力,执法风险高。因而在专业化警辅体制下,协警依然构成一线执法的主要力量。在对立性的互动模式中,执法往往成为一种充斥各类战术与策略的讨价还价过程。明确协警职责并不一定可以提升协警的"情境权威",[3]提高执法对象服从协警、配合执法的动力。作为执法主体的协警,必须采取各种策略,或者通过柔性执法来建构有偿机制,或者通过强力执法来建构强制机制,来获取执法对象的服从,以最大限度实现执法目标。[4] 在这个过程中,发生冲突的几率依然很高。

---

① [美]B.盖依·彼得斯:《美国的公共政策:承诺与执行》,顾丽梅、姚建华等译,复旦大学出版社2008年版,第146、147页。

② 不同空间下,权力布局存在差异,执法互动的模式也存在不同。参见韩志明:《街头官僚的空间阐释——基于工作界面的比较分析》,载《武汉大学学报》(哲学社会科学版)2010年第4期。

③ 布莱克提出执法情境的变化有可能减损或者增溢警察的法律权力,并将这种建立在空间安排之上的权威称为"情境性权威"(Situational authority),与传统理论中的法律权威(Legal authority)相区别。See Donald Jonathan Black, *Police Encounters and Social Organization:an Observation Study*, a dissertation for the degree of PHD in the university of Michigan, 1968, pp. 89 - 97。

④ 有学者提出:在冲突性的执法关系下,执法主体主要通过有偿机制和强制机制来获取执法对象的服从。参见[美]理查德·斯蒂尔曼二世编著:《公共行政学:概念与案例》(第7版),竺乾威、扶松茂等译,竺乾威校,中国人民大学出版社2004年版,第619页。

五、结论与启示

本文的分析表明,协警执法不仅涉及执法体制等组织层面,同时也涉及执法体制背后的执法形势、治理传统以及三者之间的关系。在这个意义上,协警执法是执法体制与执法形势、治理传统三者不断匹配和调适的过程。只有将三者互动作为一个整体来看待,才能对协警执法体制沿革的制度逻辑及其演变有一个充分的了解,才能对当前协警执法实践形成深入的理解。简约治理模式通过将权责下放给半官方人员,以非正式的机制处理社会事务,作为政府维持整个体系高效率、低负担的办法。[①] 在治安工作中,这一治理传统得到延续和发展,形成群众性的治安联防组织和半专业性的协警体制。在执法实践中,简约治理模式降低了组织运作成本,发挥出强大的治理功效。由于整体转型所带来的执法形势的转变,简约治理模式的劣势不断凸显,中央和地方通过推进警务辅助人员管理体制改革,重塑执法体制,加强对一线协警执法的规范和监管。

一线执法具有复杂性和特殊性。执法的真实工作环境很难切合独立且非人格化决策的理想化官僚政治模型。执法实践与正式规则、程序存在很大差距,这构成正式执法组织内部的"非正式形态"。[②] 一线执法的合法性低,很难获得执法对象的顺从与配合,也难以获得周边群众的有力支持与声援。执法人员的强力执法有时可能超越执法裁量边界,在对立和冲突的讨价还价过程中导致人际互动失败,产生执法冲突。在开放性、不确定性的社区和街头空间内发生扩散。一线执法往往面临综合性的执法事务,需要不同类型的执法权力相互协作。在简

---

① 黄宗智:《集权的简约治理——中国以准官员和纠纷解决为主的半正式基层行政》,载《开放时代》2008年第2期。

② [美]布劳、梅耶:《现代社会中的科层制》,马戎、时宪明、邱泽奇译,学林出版社2001年版,第51~52页。

约治理模式下,通过权责下放,发挥一线执法人员的创造性和积极性,从而提高执法体制灵活性和适应性。当前警辅体制的局限反映出执法体制与一线执法实践仍存在张力。专业化警辅体制未能按照理想化形态来运作。执法体制的规范化程度提高,但体制效能并未随之提升。

在体制转型过程中,基层执法呈现出一种混杂形态。在组织层面,部分地区专业化警辅体制已经形成;其他地区半专业的协警体制仍将继续运行。在政治层面,执法既是一种专业化的法律实施活动,也是一种政治化的群众工作。执法需要坚持走群众路线,密切联系群众,积极回应群众需求。开展执法活动,不仅需要采取命令式的强制手段,更需要注重说服教育工作。[①] 混杂状态下,简约治理模式的优势仍在一定程度上持续发挥,包括协警利用社区熟人社会内的信息传输机制低成本地获取违法信息,利用地缘、血缘等社会关联辅助执法,降低社区成员对警察的排斥和怀疑。同时,在新形势下简约治理模式也可能逐渐形成新的功能。在一线执法风险不断提高的态势下,基层公安部门向协警转嫁问责风险,通过处罚协警来应对舆情压力。协警成为正式民警推卸责任、规避风险的工具。

而且,混杂状态下新旧体制的冲突可能进一步扩大。对执法政治性的强调一方面激励协警发挥能动性与创造性,积极采取多元方式,整合各种资源,化解矛盾,实现法律效果与社会效果的有效统一,弥合执法事务非规则性与法律系统格式性要求之间的张力。另一方面也可能模糊警察管辖边界,提高警察执法事务量,加剧警力不足的困境。当前,“有困难找警察”“有警必出”“有求必应”等一系列口号实际上都反映出人民警察所承担的政治责任。公安部门往往将回应群众需求简化为回应网络民意。具有片面性的网络民意难以完整反映一线执法实态,以网络民意来左右执法考核,问责一线人员,往往导致执法人员无所适从,执法陷入困境。近年来相关舆情报道大多未能认识到协警执法的复杂性,对于协警的论断具有片面性,所提出的对策建议在执法实

① 参见毛泽东:《关于正确处理人民内部矛盾的问题》,载《毛泽东选集》(第5卷),人民出版社1977年版,第363~402页。

践中缺乏可操作性。协警群体、民众、传媒之间的分歧越来越大,协警体制改革缺乏共识基础。

从这个角度讲,协警体制改革依然任重道远。当前协警执法实践中所存在的问题仍可能持续很长一段时间。党的十八届四中全会之后,执法体系法治化成为协警体制改革的总体目标。面对一线执法的复杂性和体制改革过程中的混杂状态,协警体制改革应当秉持多元思维。在继续推动法治化改革的同时,借鉴简约治理传统,充分发挥简约治理的优势,注重发挥多元社会机制的治理功能,而非不断延伸警察的职责范围;另外,提高执法体制的灵活性和适应性,避免体制僵化,有效提高执法体制的制度效能;同时,缓解新旧体制冲突,重建改革共识。在改革过程中,从执法实践出发,兼顾各种目标,灵活、稳妥、务实地推进改革,实现法治建设和国家治理的有效统一。

《法律和社会科学》(2017)
第16卷第1辑,第121～141页

治超执法中的综合治理

吕健俊*

摘要:车辆超载超限运输是我国公路建设过程中的一个重要问题,已经成为引发道路交通事故、破坏路产的重要原因。治超执法生态中存在广泛的违法空间,常规治理无法有效应对执法困境,执法冲突时有发生。面对治超执法困境,通过启动综合治理机制,对执法生态进行整体性治理,其中包括源头治理、中端车辆运输治理和下游利益产业治理。通过小组机制的高位推动和工作专班的部门联动,配合目标责任制和监控机制,对治超执法生态实现综合治理,综合治理的法治转型需要有效结合常规治理和运动型治理。

一、问题的提出

综合治理是基层执法生态下一种独特的治理机制,针对特定的社会问题,地方政府常常需要启

* 中南财经政法大学法学院硕士研究生。本文为国家社会科学基金重大项目"新型城镇化建设的法治保障研究(16ZDA062)"的研究成果。

动综合治理。综合治理源于社会治安领域,在1991年中共中央、国务院作出《关于加强社会治安综合治理的决定》,提出“在各级党委和政府的统一领导下,各部门协调一致,齐抓共管,依靠广大人民群众,运用政治的、经济的、行政的、法律的、文化的、教育的等多种手段,整治社会治安,打击犯罪和预防犯罪,保障社会稳定,为社会主义现代化建设和改革开放创造良好的社会环境”。既有研究主要集中在社会治安的综合治理工作,[①]较少涉及基层执法实践中的综合治理,以及地方政府如何运用综合治理机制等问题。随着城镇化进程不断推进,社会问题愈加复杂,综合治理机制已经从社会治安领域延伸到公路路政、环境污染等社会治理领域。

学界将社会治理机制区分为常规治理和运动型治理,其中常规治理依托于科层体系的有效运作,其治理行为具有制度化、部门化、程序性的特点。而运动型治理在治理手段上,通过打破科层体系下的常规治理,整合多元的治理主体和治理资源,能够在短期内实现治理目标。[②]针对特定社会问题的综合治理与运动型治理有相似之处,在宏观的国家治理层面,运动型治理范式具有一定解释力,但是在基层治理实践中,运动型治理表现为基层政府的一种常态化的治理机制。[③]狄金华指出,在基层治理实践中,运动型治理是基层政府开展中心工作的行动模式和治理策略。[④]因而需要挖掘综合治理的实践逻辑,分析综合治理的组织形态与行动逻辑。基层社会具有复杂性,基层治理的生态环境随时处于变动状态,执法部门与基层执法者需要直接面对各式各样的社会问题和风险,治理机制的选择上,很大程度上是地方政府受

---

① 参见欧阳静:《“做作业”与事件化治理:乡镇“综合治理”逻辑》,载《华中科技大学学报》(社会科学版)2010年第6期;吕德文:《综合治理视角下的治安联防制度变革》,载《中共宁波市委党校学报》2016年第6期。

② 参见周雪光:《运动型治理机制:中国国家治理的制度逻辑再思考》,载《开放时代》2012年第9期。狄金华:《通过运动进行治理:乡镇基层政权的治理策略》,载《社会》2010年第3期。

③ 欧阳静:《论基层运动型治理》,载《开放时代》2014年第6期。

④ 狄金华:《通过运动进行治理:乡镇基层政权的治理策略》,载《社会》2010年第3期。

执法生态所制约的结果。基层治理嵌在特定的社会结构当中,执法空间、组织体制、社会生态势必影响着治理的效果。依托于科层体系的常规治理存在组织运转不畅、联合动力不足、责任分配不清等问题,面对成因复杂、涉及面广、对象众多的治超执法困境,常规治理体制无法有效解决。

基于此,本文将以治理车辆运输超载超限的执法(以下简称治超执法)为例,尝试呈现在治超执法生态下,面对系统性的、整体性的社会问题,地方政府是如何从常规治理转变为综合治理?综合治理的实践逻辑如何,会带来什么法治后果?具体的经验材料,主要源于对鄂南Y区治超执法所做的田野调查,笔者与所在的研究团队于2016年7月在鄂南X市Y区Z镇进行了为期27天的基层执法调研,其间对Y区Z镇治超检测站的机构状况和执法实践进行了参与式观察,对一线治超执法及其困境做了深入的专题调查。①

二、治超执法生态

芝加哥学派将生态学原理(共生、竞争、淘汰、更替优势的关系)引入城市社会学研究,帕克将人类生态学定义为“它从环境的选择、分配与适应能力对人的影响着眼,研究人与人之间的空间与时间关系”。②任何一种有机体都必须依赖于周围的生物或非生物,都必须同周围环境进行物质交换才能生存,各个主体都有明确的生态位,即在生态系统中,一个种群在时间、空间上所占据的独特位置、活动规则以及这个种群与相关种群之间的功能关系与价值作用。从生态学的视角来看,法律政策的执行不是一个线性的过程,而是发生在复杂的政治社会环境之中,社会形态、执法对象的行为方式都会对执法效果产生影响,执法

① 按照学术惯例,文中的地名已作匿名处理。

② [美]罗伯特·E.帕克等:《城市:有关城市环境中人类行为研究的建议》,杭芳红译,商务印书馆2016年版,第77页。

所处的基层社会生态、执法部门的组织结构,以及在执法场域中行动者之间的互动与冲突构成了执法生态。我国客货运车辆超载超限现象严重,已经成为引发道路交通事故、破坏路产的重要原因,其中存在广泛的违法空间,矿石开采、车辆运输、车辆改装、工地施工这四方构成了严密的治超执法生态系统。我们可以将治超执法生态系统分为源头矿石开采、中端车辆运输、下游利益产业三个层次,违法行为与执法行为发生在这个生态系统之中。

第一,车辆超载超限运输源于非煤矿山的超量开采。2010年武汉市实行节能减排战略,关停周边矿山开采业务,外地的矿山业主纷纷来到鄂南X市投资开办采石场,于是X市成了武汉市建筑石料最主要的输出地。2010~2014年Y区的非煤矿山开采规模不断扩大,全区共有37家矿山,分布在Y区五个乡镇,年产能近800万吨,小型矿山投资2000万元,中大型矿山至少投资3000万元以上。这些矿山石料除了供应X市城区建设外,约70%石料运往武汉。Y区承接了来自武汉被淘汰的产业转移,当这些产业发展到一定规模,就掌握了地区经济发展的话语权,非煤矿山的背后,存在巨大的利益链条,矿山业主占据着生态系统的上游位置。矿山业主是当地的税收大户,对于地方发展起到重要的经济促进作用,如果限制矿山开采或者关停矿山对于地方政府而言是一场激烈的利益博弈。

在赶超型现代化下,基层政府通过招商引资,以工业生产作为其税收汲取的主要来源,一方面可以给发展地方经济带来好处,随着建筑业的产业规模不断扩大,非煤矿山开采规模也不断扩大,对于地方经济发展而言具有显著的经济效益。因此在车辆超载超限运输的常规治理中,地方政府缺少了严格执法的动力,而表现为"选择性执法"或者"以罚代管"。① 而且在治超执法生态系统中,源头矿山产业体常常具有俘

① 有学者注意到在治超执法领域"存在执法者(包括公路执法人员、道路运输执法人员、道路交通安全执法人员等)收取超限/超载货车车主罚款后,默许货车车主继续实施超限/超载行为"。参见黄培:《"以罚代管"行政执法方式生成的制度机理研究》,载《政治与法律》2016年第5期。

获政策并使政策为其利益服务的能力。[①] 另一方面地方政府也需要面对由于非煤矿山开采带来的生态环境破坏问题,Y 区溪镇群众抗议矿山开采、运输而导致周边生态环境被破坏,为此已发生了 5 次群体性事件,有学者就指出“赶超型现代化以牺牲政府与社会的良性关系为代价,并把县域政府置于底层社会抗争的第一线”。[②]

第二,治超执法生态系统中的中端车辆运输,是连接源头矿石开采和下游利益产业的重要环节。当前 Y 区的建筑石料运输市场呈现一种无序竞争状态,这表现在两个方面:首先,运输市场的进入门槛低,运力供过于求。在 Y 区从事砂石运输车辆已达 1500 台,加上周边三个县市运输石料过境 Y 区的车辆以及重点工程、市区两级工业园建设的车辆,Y 区国省干线大货车日流量达 3500 台次。其次,石料运输价格是由源头的矿石开采量和运输终端的建筑市场需求量所决定,运输利润受到这二者的挤压,中端车辆运输无法参与到运输价格的调节机制中。按照现有的运输价格,从 Y 区短途运输到武汉最多能赚 600 元/车,其中每吨价格约 25 元,如果按照国家规定的运载标准,整车整备质量 20 吨的货车核定载质量是 20 吨,扣除 450 元的油费,运输利润只剩下 50 元(不含车辆磨损和维修),而司机工资每日是 200 ~ 300 元。在 Y 区从事石料运输的一般是一人或多人贷款合资购买货车,然后聘请货车司机。在对仅存利润的竞争和还贷的经济压力之下,他们只能日夜不停的运输。这些货车普遍都会存在“大吨小标”、非法改装和严重超载超限运输的行为,车辆超载超限运输表现为违法过剩的样态。

面对治超执法,矿山、车辆、车辆维修、工地施工四方结合成利益共同体,其中矿山所承载的经济价值决定了它的议价权,矿山业主能够直接与政府讨价还价,与之相比,在治超执法生态中从事中端车辆运输行业的群体谈判能力有限,更无法掌控建筑市场的石料运输价格。在运

① 参见王锡锌:《失衡与管制俘获的解决:分散利益组织化》,载《广东行政学院学报》2008 年第 12 期;李健:《政府俘获影响因素与形成机理的探索性研究》,载《公共管理学报》2013 年第 4 期。

② 樊红敏:《政治行政化:县域治理的结构化逻辑》,载《经济社会体制比较》2013 年第 1 期。

输市场不断扩大的情况下,他们只能通过激励的价格竞争来争夺资源。吉登斯认为,支配的存在和权力的使用都依赖于资源,而资源能否用来实现权力的目标,则依赖于能否从他人那里获得一切必要的遵从。①在治超执法生态下,中端车辆运输存在恶性的行业竞争,如此情形下就难以形成守法的社会规范,车辆运输缺少守法动机,甚至连治超站的工作人员也说"我们也理解,不超载就没钱赚"。在治超执法生态中,违法过剩的车辆超载超限运输直接导致公路建设、养护、管理成本激增,Y区的多条国省干线、桥梁等基础设施损毁严重。

第三,与车辆运输相关的利益产业,例如车辆改装、车辆维修,在生态系统中处于下游位置,与中端车辆运输形成共生关系。矿山所在地的村民能够获得就业,相比务农而言人工不菲;公路两旁的村民纷纷开设了汽车修理店、副食店负责矿石运输车维修、副食水果供应,成为他们发家致富的主要来源,车辆栏板加高的成本极低,收费仅300元/次。当政府发起专项治超行动,司机会选择拆除栏板或降低栏板高度,等到行动风声稍松时,又会去加高栏板,汽车维修店对此乐此不疲。治超执法虽然触及了处于下游利益产业的农民生存伦理,但他们会尽量避免在专项治超行动的风口浪尖中与执法机构直接发生冲突,他们会不断试探执法人员的容忍底线,从而在底线上生存。由于"权力技术或定型的统治程式在面对事件并予以处理时,很少(如果曾经是)具有它们看来应该能拥有的那种'固定性'。在社会体系中,支配者对其从属者所实施的控制,越依赖于自身对后者拥有更大范围的支配力,这一体系中的组织就越可能会飘忽不定,也潜在地越易变动。"②对利益产业的执法并不是一成不变的,执法机构基于"治理的考量、执法人员干部的身份、社会生产生活的传统性和基层民众的生存需求"等因素,③再加

① [英]安东尼·吉登斯:《社会理论的核心问题》,郭忠华等译,上海译文出版社2015年版。

② [英]安东尼·吉登斯:《民族—国家与暴力》,胡宗泽、赵力涛译,三联书店1998年版,第12页。

③ 刘杨:《基层执法专业化的实践困境及其解释》,载《华中科技大学学报》(社会科学版)2016年第5期。

上执法权的非均质分布,使得相关利益产业在与执法机构的“默契”互动中维持其生存空间。

三、常规治理中的治超执法

Z 镇治超检测站是 Y 区公路管理局的派出单位,治超站在 Y 区的马镇、咸潘公路、丁镇、溪镇和桥镇设置了五个站点,这些治超站点分布于 Y 区运输车流量大、进入武汉的必经之路上。治超站还有 2 部流动治超车,用于公路巡查时查处超载超限运输车辆。在基层治超执法中,治超站处于国家法律政策在社会实施中的冲突点上,他们是政策末梢的“街头官僚”。按照治超执法程序,治超工作人员在公路上发现可疑的超载超限车辆,首先需要用规范手势拦车,然后请司机配合出示驾驶证和行驶证,再由司机将车辆驶入治超检测站进行载重测量,录得数据后按照其超载超限率进行行政处罚,并要求司机将超载的货物卸载寄存在治超站的卸货场内(不收费),才能把货车开走。

(一)常规治理的执法场域

在常规治理中,治超执法生态系统中的源头矿石开采治理和下游利益产业治理是具有日常监管性质的治理工作,而针对中端车辆运输的路面治超属于常规治理体制的前台,常规治理工作基本上是由治超站和交警进行,其他部门在履行日常监管职责力度大小不一,而无法形成治理合力,而使得路面治超构成了常规治理体制的主要执法场域。

场域是一个关系网络,独立于行动者的意志而存在,有其自身的运作逻辑和规律,对行动者的行动构成制约性条件,同时又与行动者所占据的位置、所掌握的资本和行动者的禀赋及其采取的策略有关,因而场域也是一个冲突和竞争的互动关系,行动者根据他们所处的位置进行竞争,以求改变或维持其空间的范围与形式。执法的场域包括空间、时间与行动者三个元素,执法的不同场域塑造了个体的行动以及个体间的互动逻辑,并由此产生出不同的治理秩序及冲突困境。

第一,从执法空间来看,治超执法与交警执法不同的是,交警执法的执法空间主要在街头,交警可能会为了避免激烈冲突及其带来的社会压力和行政压力而进行弹性执法。[①] 而治超站的执法空间则兼具街头空间与窗口空间的特征。街头具有流动性和陌生性,街头执法最大的特点在于街头官僚是在一种面对面的场合行使公共权力,只能靠街头官僚在具体情势下作出判断。对于街头官僚来说,窗口空间则具有很高的安全感、稳定性和确定性,街头官僚具有对窗口空间的支配权。[②] 治超检测站在进行治超执法时,所处的执法空间是在街头,治超人员需要在公路上把车拦下,当违法车辆的司机将车辆驶入治超站时,执法空间就从街头空间转换为窗口空间。治超执法活动发生于不同的空间中,空间是社会关系互动与冲突的场域,治超执法的街头空间向窗口空间的转换过程,正是执法冲突形成的过程。

基层治超的街头空间主要是干线公路,公路是一个具有开放性、流动性的空间,任何个体任何车辆都可以进入和撤出,超载超限车辆可以由重点稽查检测路段向无检测路段转移运输路线,可以从干线公路向支线公路和农村公路运输转移。在调研时,我们正好遇到了这样一个案例:

一辆看起来明显超载超限的车辆被治超执法人员打手势拦下来了,司机慢慢地驾驶车辆,并打了转向灯"慢慢磨",让我们都以为他要配合执法靠边停车来或者把车辆驶入治超检测站,突然一个加油,便驶离了治超站。按照执法程序,治超站是不允许追赶冲卡车辆的,因为如果追车出了事故,治超站是需要承担责任的,有治超执法人员就说"追责的时候,不是因为正常执法出了事故,而是因为你追车出了事故,就要承担责任"。因此,治超站只能通知前面的站点注意该车辆,但问题在于司机要走什么路线、在哪里停车、什么时候停车对于治超站来说都是未知的,所以一般冲卡的车辆就像"脱网的鱼"。而当天,正好有两名交警在治超站联合治超,交警有执法权追车,此时治超执法人员便坐

---

① 陈柏峰:《基层社会的弹性执法及其后果》,载《法制与社会发展》2015年第5期。

② 韩志明:《街头官僚的空间阐释》,载《武汉大学学报》(哲学社会科学版)2010年第4期。

上了交警的车，前去追赶冲卡的大货车。一小时后，交警和治超执法人员都回来了，司机把货车停在某村的支线公路一旁后便跑了，车辆是找到了，但司机没找到，尽管找到了违章车辆，但没办法将其拖到治超站检测，治超执法程序便进行不下去。

根据我们的调研，这种情形只是治超的日常状态，类似形式的执法冲突时有发生，其目的就在于阻止执法空间的转换。街头空间的开放性、流动性和不确定性使治超执法对象掌握了主动权，从而在街头空间中进出自如，对于治超执法而言，如果无法使车辆进入治超站检测车辆超载超限量就无法判定其违法。如果把公路作为治超执法的“前台”，治超站作为“后台”，前台与后台是执法具体情境，正如吉登斯所言“在社会生活中，维持‘前台’就是要避免羞耻引起的焦虑，而丧失前台则肯定会引起羞耻或尴尬”，①当街头空间不能转换为窗口空间时，治超执法便面临“执法失败”。

第二，从执法时间来看，只要有矿山开采和工地施工，车辆运输就不会停止，违法超载超限的行为并不受时间的限制。执法的力度不可能总是严格执法，但这不是由于制度成本高昂而导致的疏于执法，②而是由于执法资源有限，即“执法权在时空上的非均质分布”，③超载超限运输的行为可以不断突破执法权的时空限制，而执法资源的稀缺制约了街头官僚实现执法权的时空范围。尽管治超执法的工作不间断，治超站是四班三运转（“三男路上挡，一女在坐班”）、五个治超点是三班二运转或者二班二运转，但治超执法人员往往需要在交警的配合下才能实现治超执法，由于交警的执法行为有工作时间的限制，不可能总在治超站协助执法，也不可能只进行治超执法。在执法力度强的时候，司机干脆就不开车，对运输车辆而言，按照规定运载就必然亏本，不运载反而不会亏本，或者由白天分散运输向夜间集中运输。夜晚的治超执

---

① ［英］安东尼·吉登斯：《社会的构成》，李康、李猛译，中国人民大学出版社 2016 年版，第 52 页。

② 戴治勇：《选择性执法》，载《法学研究》2008 年第 4 期。

③ 陈柏峰：《基层社会的弹性执法及其后果》，载《法制与社会发展》2015 年第 5 期。

法力度一般而言没有白天严格,这种放松不是执法人员在治超执法态度上的放松,也不意味着通过放松执法可以获取更大的自由裁量空间,相反这是执法人员自我保护的一种策略。

Y区的运输货车一般会趁深夜治超执法力量相对薄弱时,采取集中抢道通行方式,集中冲卡,整条车龙就有几公里,一两百辆货车,造成路桥晃动,迫使治超站和交警选择一线弃权。Z镇治超执法人员就说"有时候我们搞人海战术也不一定行,晚上漆黑一片,货车都是开强光灯。我们执法就像拿命来赌博似的,赌中了还好,赌不中就把命搭上去了。"面对鱼贯穿行的超载超限货车,黑夜中没有办法能够把车辆拦截下来,在这种具有较高危险和不确定性因素的环境中,只能选择"一线弃权"。① 一线弃权的策略构成了对执法人员的保护,使其不至于遭受人身威胁,更不至于造成不可控的群体性事件。

第三,司机与车主、一线执法人员等主体是处于一线执法场域的行动者,他们之间互动塑造了执法格局。Z镇的货车司机以中青年男性为主,货车驾驶需要一定的驾驶技术,男性具备这方面的优势。而且司机的文化程度偏低,人力资本相对差,从事货车运输行业收入不菲(四轴车司机月收入6000元、拖车司机月收入9000元),更加吸引年轻人从事这一行业,近年来运输市场也不断扩大。车主一般会雇佣1~2名有驾驶经验的司机,而且也需要司机有"胆量",有车主就说"没胆量的司机,在面临交警追逐、治超设卡冲岗时,就可能乖乖认怂,胆大的司机一下子就能冲过去,交警和治超啥办法也没有"。

(二)常规治理的执法困境

在常规治理的一线执法场域中,执法人员与执法对象之间的执法互动具有协商性。执法对象常常尝试与执法人员进行讨价还价,执法人员也会运用手上的自由裁量权与执法对象进行协商。一方面,司机和车主会想尽办法减少罚款,有关系的就会找关系,没有关系的就会采取"弱者的武器"。例如,堵车、让老人躺在路上、将婴儿放到治超站办

---

① [英]克里斯托弗·胡德:《国家的艺术:文化、修辞与公共管理》,彭勃等译,上海人民出版社2009年版,第26~29页。

公室内，消极应对治超执法，迫使执法人员妥协。另一方面，执法人员也会"酌情依法"减免罚款。对执法人员而言，"酌情"的条件是在与执法对象互动中，执法对象所表现出来"配合"的姿态，即主动配合、主动卸货、家庭困难的。在调研过程中，治超执法人员常说的一句话就是"唯一的指望就是司机非常配合我"，司机对执法人员的配合，才能使治超执法进行下去，实现从街头空间到窗口空间的转换，使违法超载超限的行为从一线执法场域纳入科层治理的范围。当执法对象满足了讨价还价下的"酌情"条件，对超载超限的处理就会进入"依法"减免阶段，此时一线执法人员就会将情况记录下来，反映给治超站领导，领导同意减免后执法人员再制作"会议笔录"并告知执法对象处理结果。在执法人员与执法对象讨价还价、谈判协商、相互博弈的过程中，法律政策成了二者互动中的筹码。① 执法互动过程中的协商性能够使具体个案中的治超执法得以开展，但同时也使严格执法打了折扣，法律政策的实施效果出现偏差，而且也存在权力"寻租"的可能性。

另一方面，执法冲突的发生主要集中在路面治超环节，而且"过去是硬冲硬抗法，现在是软抗法"。执法对象一般会采取这四种"文攻武吓"的策略：第一种是把车门一锁，一走了之。由于治超站没有配备拖车，因此无法移动超载超限车辆，即便能拖走，也容易发生危险，此时执法人员只能选择"一线弃权"；第二种是反锁车门，关上挡风玻璃，躲在车内任凭治超执法人员如何劝说都不下来，运用"弱者的武器"以不配合的姿态来对付治超执法人员；第三种是强行冲卡，司机与司机之间、车主与车主之间虽然在日常运输中是独立的个体，但当面对治超执法时，就在无形中结成一块，利用其亲缘、乡缘及业缘等关系，借助微信群等技术手段形成牢固的信息分享机制对付一线执法人员；第四种是以暴力或威胁使用暴力的策略，包括威胁一线执法人员，例如当执法人员靠近车辆时司机就用手机对执法人员进行拍照和录像，威胁发布自媒体称其暴力执法，或者通过其他危险手段威胁执法人员人身安全，或者

---

① 王波：《执法过程的性质》，法律出版社2011年版，第81～85页。

威胁自身人身安全。某次,Z镇治超站在进行执法时,有司机就把汽车的油箱盖打开,威胁说“你要查车我就点汽油”。也有的司机随车带备一瓶农药,在遇到拦车时,威胁喝农药自尽。暴力的发生具有情境性,由紧张与恐惧的情绪塑造而成。① 在一线执法场域中,执法人员与执法对象的互动处于冲突性紧张中,稍有不慎一方就会转化为恐惧,而发生执法冲突,甚至是暴力性事件。

一线执法的过程是执法人员与执法对象互动的过程,在执法互动中所产生的风险具有不确定性。在常规治超的沿线公路中,超载超限车辆能够随时随地聚集起来指向共同的对立面,并以制造群体性事件相威胁,通过运用“闹大”的策略迫使一线治超执法作出妥协。现代法治强调程序主义和规则之治,按照行政法治的假设,执法权的行使指向的是抽象的执法对象,中间不允许有弹性空间,但在实际的一线执法中,执法人员直接与具体的执法对象面对面互动,执法对象的不可控行动使一线治超存在高度的风险,有学者敏锐地觉察到“充满风险的执法环境常常使法律程序失去意义”。② 一线执法所遵循的不是行政法治程序的逻辑,而是互动与冲突的逻辑,如果严格按照行政法治程序的逻辑反而会制约一线执法人员对执法场域中不确定性风险的应对。但是,风险也来源于治超执法生态上下游的治理缺失,而导致执法冲突和执法压力转移到路面治超之上,造成治超执法生态的治理困境。

总体上看,治超执法生态的常规治理困境表现在三个方面:第一,有限的执法资源无法全面覆盖。车辆违法抗法现象普遍,一线治超执法中有限的执法权难以应对和处置常态性的超载超限,呈现出执法失败与违法过剩的双重局面。第二,尽管专项治超执法行动对其有所遏制,但“一阵风”过后,运输车辆超载超限便死灰复燃,专项行动只能解决一时一地的执法困境。第三,治超执法生态系统的上下游之间构成

---

① [美]兰德尔·柯林斯:《暴力:一种微观社会学理论》,刘冉译,北京大学出版社2016年版,第20~21页。

② 陈柏峰:《城管执法冲突的社会情境——以〈城管来了〉为文本展开》,载《法学家》2013年第6期。

了共生性的紧密关系,单向的常规治理难以应对系统性的社会问题。治超执法生态的治理风险和任务压力具有“放大效应”,原应该由后台执法部门开展的监管工作不断积压到前台执法环节中。

四、综合治理的实践逻辑

(一)综合治理的主要方式

面对治超执法困境,按照国家部署将重点开展三个专项行动,其中包括为期一年的整治货车非法改装专项行动和整治公路货车违法超限超载行为专项行动,以及为期两年的车辆运输车联合执法行动,目标是通过建立一种常态化的综合治理机制,来解决各地普遍面临的治超执法困境。针对治超执法生态系统中的问题,X市政府于2015年7月部署治超执法并提出了明确的治理目标,通过《治超工作实施方案》和《治超工作责任追究办法》,开展“政府主导、部门联动、源头治理”的“百日治超”综合治理行动,其中以中心城区为龙头,先行启动非煤矿山治理和非法改装车辆整治两项专项行动。综合治理以专项行动和联合执法为主要治理方式,通过运用小组机制的高位推动、工作专班的部门联动等工作机制进行跨区域、跨部门的整体性治理。

第一,在治理治超执法生态中的源头矿石开采上,由政府主导追索矿山审批流程,通过摸清矿山业主户头,对不合法、不合规的矿山进行重点清理与关闭,并对有关领导的审批责任进行问责,以高压的政治态势来减少治超过程中的政策俘获的因素。在矿山生产环节,则由国土、安监、公安等部门展开联合执法行动,检查生产许可证和开采规模,对一证多人、多家合伙开采、违规超量开采、违规超限装载的矿山业主进行限药限产、停业整顿、严查重罚、提前关闭的处理。第二,对于下游利益产业的治理,则由工商部门对汽车非法改装企业、运管部门对非法改装车主、交警部门对非法运输司机进行监管和处理。第三,对于中端车辆运输治理,则由路政、运管、交管、城管等部门进行路面治超,并为一线治超执法引入不停车检测系统等技术治理手段实现中端车辆运输治理。其中,“科技治超”是综合治理的强化方式,包括安装监控摄像头和不停车检测系统,将违法超载超限车辆的信息实时传输到执法人员的移动终端或治超站,实现自动预警、科学检测、精确打击,使一线治超执法顺利由街头空间转换为窗口空间,为一线执法带来缓冲空间,令治超执法人员有效地获取信息和证据固定。

在“百日治超”综合治理行动中,Y区非法改装加高栏板车主主动割除1400台,占当地非法改装加高车辆的90%;强制割除非法改装加高栏板和立柱车辆350台,除少数未上路营运外,已对98%的车辆实行强行复原和拆解;卸载石料8500多吨;关闭非煤矿山20余家;超过55吨的车辆卸货率100%;关键路段平车覆盖率达99%。在Y区的治超执法实践中,“百日治超”综合治理行动取得了“治超十多年来最好的效果”

(二)小组机制的高位推动

在政府体系中,科层部门有清晰的权责分工,并形成条块分割的组织结构,科层部门的“条条”“条块”之间都存在上下层级权力的壁垒,具有恰当的职能分工和职位分层,并在规则的规范下进行组织管理,形成韦伯意义上的“科层制囚笼”。① 而且,科层体系往往具有遵章办事的制度惰性,难以发现并解决系统性的社会问题。系统性的社会问题需要政府部门间的协调、合作,“不同机构的合作恰恰需要模糊国家所试图建立的明确的机构职能边界,而科层体系内不同层级、不同部门的目标总是存在不一致,因此面对特定执法目标时就难以形成合力”,②当科层组织间缺乏有效合作就容易出现“孤岛现象”。③ Y区Z镇治超

① [德]马克斯·韦伯:《支配社会学》,康乐、简惠美译,广西师范大学出版社2010年版,第19~23页。

② 陈柏峰:《城镇规划区的违建执法困境及其解释——国家能力的视角》,载《法学研究》2015年第1期。

③ “孤岛现象”指的是政府机构间在职能、资源、信息、利益等方面因为不能满足多元组织主体充分整合、及时交流、高效利用的一种状态。参见马伊里:《合作困境的组织社会学分析》,上海人民出版社2008年版,第2页。

检测站的站长就抱怨说"其他部门都觉得治超只是我们治超站的事，跟他们没关系"。科层部门间的联合执法需要部门衔接配合，不同属性的科层部门有不同的工作目标与行动规范，科层部门间只有工作目标一致时才有合作的理由与动力，例如路政和交警部门。科层部门间彼此的隔阂与潜在冲突，就容易降低治超执法效率，也影响了治超工作的效果。

治超作为一项系统性的社会问题，首先由党政体系发现问题，并引起党政体系的重视，发现问题的过程即问题被提上政策议程的过程，而此公共问题在"问题关注周期"中的重要性程度必须得到政府回应。① 2015 年 7 月 29 日，针对治超难题的综合治理被提上政策议程，X 市政府提出了明确的治理目标，提出要以"三铁"（铁的信念、铁的决心、铁的纪律）的要求。随即，X 市政府牵头成立领导小组，以高位推动的方式来传导科层压力，各县（市、区）政府负责人，市纪委、市委宣传部、市公安局、市财政局、市环保局、市交通运输局、市水务局、市林业局、市安监局、市城管执法局、市工商局、市国土资源局、市地税局等单位负责人是领导小组的成员，各县（市、区）也成立了相应的治超领导小组和工作专班，负责辖区内治超工作。

综合治理中的小组机制核心是高位推动，在党政体系内 X 市和 Y 区政府相继施以政治压力，然后由治超领导小组在动员科层部门，集合组织资源来制定综合治超行动方案，例如《治超工作实施方案》《治超工作责任追究办法》和《治超专项行动工作任务分解表》。然后，由领导小组将压力传导到各个政府部门，以"党政同责""一票否决"等目标责任制的方式来实现治超执法生态的综合治理。科层部门之间的合作需要整合组织资源，由于条块分割的科层结构，组织资源的调配和整合只能依靠党政体系，而且是先有党政主导，才有部门联动。有学者认为，党政主导是具有中国特色的政策执行机制，通过以"高位推动"的

---

① [美]盖依·彼得斯：《美国的公共政策——承诺与执行》，顾丽梅等译，复旦大学出版社 2008 年版，第 58 页。

方式发挥党的权威性资源,从而实现政策有效执行。[①] 在我国法治实践中,党政主导的表现主要是通过成立工作组来推动政策的执行。[②] 综合治理针对的是具有系统性、复杂性的社会问题,通过成立领导小组能够减少社会治理中的"官僚主义",迅速地对"条条"与"块块"的科层部门进行工作动员、协调和整合,将组织资源"拧成一股绳,劲往一处使",使地方政府的专断性权力按照目标责任得以实施推行。

治超难题的出现是系统性的、整体性的,而且也涉及了大部分政府部门的职能,但在常规治理中,虽然都有职责去处理问题,然而各个部门的工作重心不一致,其工作中心主要根据本部门的职责和上级部门的要求来开展工作,不可能都将治超作为其中心工作。而在综合治理的行政生态下,则可以通过小组机制来集中各个政府部门的工作重心,将各个部门"一把手"组织在领导小组班子里,通过以绩效考核、责任追究等手段发起专项行动和联合行动,将各个政府部门不同的治理目标统一为集中体制的目标,使之在"目标约束"的条件下共同开展综合治理工作。[③]

确立综合治理的目标是一种领导艺术,正如毛泽东同志所说"在任何一个地区内,不能同时有许多中心工作,在一定时间内只能有一个中心工作,辅以别的第二位、第三位的工作……领导人员依照每一具体地区的历史条件和环境条件,统筹全局,正确地决定每一时期的工作重心和工作秩序,并把这种决定坚持地贯彻下去,务必得到一定的结果,这是一种领导艺术"。[④] 针对治超难题的综合治理,需要将"多层级、多任务的日常治理模式转变成多层级、单任务的临时性治理,层层动员,单

---

① 参见贺东航、孔繁斌:《公共政策执行的中国经验》,载《中国社会科学》2011年第5期。

② 李振:《推动政策的执行:中国政治运作中的工作组模式研究》,载《政治学研究》2014年第2期。

③ 目标约束是指"通过企业经理必须完成的经营目标来实现对经理的占有权范围的约束或限定。"参见刘世定:《占有、认知与人际关系:对中国乡村制度变迁的经济社会学分析》,华夏出版社2003年版,第18页。

④ 《毛泽东选集》(第3卷),人民出版社1977年版,第39~41页。

任务明确考核”[1]。治超工作领导小组通过制定具体实施方案、划分政府各部门的职责分工、配合事项和工作流程，发挥政策过程“前端”中的作用。[2] 成立领导小组的目的就是将“治超”问题确立为这段时期中党政体系内各部门的中心工作和维稳的突出任务，这种方式的优势就在于，能够打破科层体系的常规治理过程，通过任务分解，在短期内进行资源动员，并整合科层组织资源，通过“高位推动”集中治理特定的社会问题，从而在短期内达到治理目标。

（三）工作专班的部门联动

领导小组是高位推动的动力来源，领导小组按照党政体系中层级管理和科层部门职能分化的原则，以归口管理为原则，下设多个工作专班来开展“百日治超”综合治理行动。Y 区政府一共动员了 17 个政府部门，分成 7 个工作专班联动，其中包括市、县、乡镇政府、交通部门（路政、运政）、公安部门（交警、特警、治安）、安监部门、城管部门、检察部门，等等。政策制定与政策实施之间容易出现松散连接、分离偏差，甚至相互冲突等问题，原因在于公共政策的执行“是一个会受到内外多方因素影响的过程，这一过程会受到参与其间的多元主体和卷入其中的各种资源的制约”。[3] 科层部门的组织结构和行动逻辑塑造了行政系统生态，组织内部不恰当的信息沟通，是公共政策得以有效执行的障碍之一。信息传输通过的层级越多，信息在最终被接纳时受到扭曲或失真的可能性就越大；相反，组织结构越是扁平，沟通失真的可能性就越少。[4] 工作专班是部门联动的协调机制，通过成立工作专班，将政府结构中的“块块”和“条条”有机联结起来，能够解决治超执法中的行政系统生态碎片化和信息沟通失真问题。

有研究认为，在基层社会治理中，一线执法的低可见性、执法事务

① 周黎安：《行政发包制》，载《社会》2014 年第 6 期。

② 周望：《中国“小组机制”研究》，天津人民出版社 2010 年版，第 67 页。

③ ［英］迈克·希尔、［荷］彼得·休普：《执行公共政策》，黄健荣译，商务印书馆 2011 年版。

④ ［美］盖依·彼得斯：《美国的公共政策——承诺与执行》，顾丽梅等译，复旦大学出版社 2008 年版，第 139～140 页。

的复杂性、执法行为的伸缩性等因素凸显了常规性机制的治理困境。[①]在治超执法生态系统中,科层部门之间存在执法资源和执法能力的差异,同时也存在政策执行的约束性弱等因素,常规治理体制中针对源头矿石开采和下游利益产业的治理行动属于监管性质的治理工作,而且也难以实现常规性监控。例如,行政部门把监控摄像头安装在矿山出矿装载的位置上,以监控装载量的方式来追究矿山,就容易被遮挡摄像头,即使能够进行监控,也会因为部门分隔而无法实现信息共享。治超执法生态的常规治理体制具有碎片化的特征,这种治理生态下的科层部门存在相互转嫁问题和目标冲突、缺乏沟通等问题。[②] 科层部门之间由于没有实现充分有效的合作。在治超执法生态下,路面治超是执法前台,而源头治超和下游利益产业治理是执法后台,后台执法部门由于无需面对最后的执法责任,当治超执法生态出现普遍性的社会风险时,执法体制通过层层转嫁风险,将治理问题转移到前台,从而导致执法冲突和执法压力转移到前台的治超执法部门,令路面治超的矛盾凸显。换言之,前端环节的源头治理和下游环节的利益产业治理在日常监管上出现缺失,科层部门在治超执法生态系统内无法衔接配合,常规治理的风险具有"涟漪效应",最后就会导致复杂的、不确定性的、常规治理的风险挤压到路面治超上,而治超执法生态也呈现出"龙多不治水"的执法困境。

在工作专班的执法联动机制下,通过整合相关执法部门的信息资源、执法力量,集中执法权,目的在于解决常规治理结构中出现的风险转嫁和治理矛盾转移问题,使治超执法生态中的科层部门能够在源头、中端和下游协同治理,通过联合执法,整合执法资源,以解决原有治超执法生态下部门分隔带来的孤岛化问题。工作专班带领的联合执法行动,能够填补常规治理体制对于解决系统性社会问题的不足,解决科层组织部门分隔、效率低下、治理能力虚弱等问题。在工作专班中,进行

① 于龙刚:《基层执法中的专项行动:原因、实践及后果》,载《湖北社会科学》2016年第8期。

② 竺乾威:《从新公共管理到整体性治理》,载《中国行政管理》2008年第10期。

源头治理的部门包括国土、水务、环保、税务、林业部门，负责的是对非煤矿山、采砂场的环境整治工作，实现逐步减少矿山、采沙场的数量和产能的治理目标。安监部门则对源头企业进行安全生产监督管理，通过加大对货物源头监督力度，消除车辆超载运输的安全隐患；在下游利益产业治理中则包括工商部门和城管部门，其中工商部门需要对车辆非法改装企业进行整顿、打击和取缔。

同时，Y 区的联合治超工作专班通过运用“科技治超”等技术治理的方式来强化执法能力，其方式是进行综合性监控。吉登斯指出，民族—国家的行政力量发展，需要通过集中配置性资源和权威性资源而生产出权力，其集中水平的制约性要素之一是监控程度，包括积累“业经整理的信息”和居于权威位置的个人对另一些个人的活动实施直接的督管。[①] 监控是一种技术治理的手段，通过建立联动信息平台，治超工作专班的数据、信息共享，实现对治超执法生态的综合性监控，达到综合治理的精细化。综合性监控包括四个层次：一是监控源头治理的重点对象，在矿山、搅拌站、物流公司安装监控摄像头；二是监控矿山沿线的重点路段，在路面治超环节实现实时监控；三是监控重点时段、重点区域，在一线执法时间和空间上以部门联动的形式进行联合治超行动；四是监控利益产业等领域，其中包括车辆改装、建筑工地、渣土运输等。综合性监控的实现也依赖于工作专班对治超执法权的集中，通过协调联动对治超执法生态进行综合治理。

五、讨论：综合治理的法治转型

科层体系下常规治理的执法规范化与综合治理的运作机制存在张力，在国家治理能力现代化的背景下，综合治理的制度化程度相对较低，在组织合作和联合执法行动上面临法治化转型的压力。综合治理

① [英]安东尼·吉登斯：《民族—国家与暴力》，胡宗泽等译，北京三联书店 1998 年版，第 14～15 页。

的法治化转型,第一,需要建立综合治理的常态化机制。一方面,领导小组具有临时性、间歇性,主要是对特定时期的中心工作进行全盘性的统筹安排和组织领导而设立的。另一方面,综合治理过程中的部门联动也主要是靠工作专班中行政"一把手"作出的承诺来保证的,缺乏稳定性。当专有化责任对行政"一把手"约束力较少的情形下,参与者之间竞争出现"溢出效应"的可能性越大,进而出现"口头重视多,实际落实难"等执行问题。

针对治超执法生态的综合治理是一项复杂的社会系统工程,涉及几乎所有具有行政管理权和执法权的科层部门。综合治理解决的是治超执法生态下多头管理的问题,减少部门分隔所带来治理碎片化的弊端。在组织结构层面需要建立具有组织资源调度能力的治理机构,以专业化、规范化的方式动员科层体系,实现专项治理科层化和综合治理制度化,从而形成超越执法模式中的"常规—运动"二元结构。①

第二,综合治理机制的运作需要将治理重心从"解决问题"到"发现问题"延伸,在源头治理上排除隐患,化解治超执法风险。治超执法困境的形成,很大程度上是由于治超执法生态中源头矿石开采、中端车辆运输和下游利益产业成为紧密的共生体。源头治理是执法生态的前端,通过从源头上排查超载超限的可能性,降低路面治超风险,将运动式执法整治转变为常态化的行政监管,才能避免"松一阵,紧一阵"的执法困境。

第三,规范执法部门的联合执法行为,在部门联动、程序衔接、证据转换等方面实现行政法治化。参与综合治理的科层部门需要明确自身在执法生态应处的地位,科层部门作为集体行动中的机会参与者,会通过评估自己的成本及共同解决问题的参与利益。② 而且,各个科层部门也具有一定自主性,它们除了会衡量问题的严重性和社会后果以外,

---

① 刘杨:《"专项治理"科层化的实践机制与制度前景》,载《法商研究》2017年第1期。

② [美]理查德·C.菲沃克:《理性选择与区域治理——基于大都市区域治理结构的分析》,彭勃、杨志军译,载《国外理论动态》2015年第12期。

也会考虑其执法行为所付出的行政成本,当部分科层部门治超工作力度减弱,执法力度下降,就会导致违法超限超载现象出现反弹。① 所以在进行综合治理的同时,需要对各个科层部门进行目标责任制管理,以行政法治的方式进行科层动员,从而巩固综合治理的成果。否则,行政法治的不足将容易导致综合治理机制对运动式执法的依赖。

综合治理机制是嵌入基层执法生态下独特的组织现象,在一定程度上延续了运动型治理的逻辑。依托于科层体系的常规治理与运动型治理,在推进国家治理体系和治理能力现代化的过程中,都具有不可或缺的治理功能。对执法生态系统开展具有整体性的综合治理,能够弥补常规治理的不足,一方面通过小组机制的高位推动,整合治理资源集中化解执法生态系统中的风险溢出问题;另一方面通过工作专班的部门联动,使科层部门之间的联合执法的有效性得以维持。综合治理的法治化转型需要有效结合科层化、程序化的常规治理机制和非常规的运动型治理机制,这是政府治理能力施展成效的关键。

① 治超站的一线执法人员就抱怨,“开会时他们只是列席,会散了,就只是路政、交警在治超。都是我们领导找到治超办,再由区政府领导小组来协调这些部门的‘一把手’,然后再由区政府发文,所以几个月才能搞一次联合执法。联合执法也没有用,除了我们路政、交警看得见,其他部门都看不见”。

《法律和社会科学》(2017)
第16卷第1辑,第142~172页

城管执法中的结构性暴力

李振贤*

摘要:城管部门与摊贩群体共同陷入的暴力困境具有结构性。本文通过解读一起摊贩埋伏、殴打城管队员案件来剖析暴力现象中隐含的结构性因素,呈现结构性暴力的结构,展示暴力结构化的机理。在该个案中,基层城管部门的公务员和协管人员、摊贩以及派出所民警等主体作为特定情境中具备能动性的行动者,基于“实践意识”采取行动,但同时受到由法制、体制和社会情势形塑的社会结构的严格制约。在行动者顺从和抗拒结构制约的过程中,产生了暴力。结构性暴力中隐含双方之间根深蒂固的对立,重建街头秩序必须以消除对立为核心目标。

一、问题与进路

2016年9月21日,南京市玄武区锁金村街道

* 四川大学法学院博士研究生。本文是国家社会科学基金项目“基层执法的困境与对策研究”(批准号:13BFX034)的研究成果,初稿曾提交法律和社会科学2016年会(2016年11月12~13日,武汉)。

城管中队副指导员任克明在执法巡查中被摊贩葛某某刺中腹部，抢救无效殉职。[①] 这起惨剧距离 2006 年北京市海淀城管大队海淀分队副队长李志强被摊贩崔英杰刺死案件已逾十年。仅这十年间，[②]此类城管队员（包括城管部门的公务员和协管人员）与摊贩群体之间的暴力冲突事件不断在我国城市的街头上演，既包括城管队员针对摊贩的暴力执法，也包括摊贩针对城管队员的暴力抗法；有造成人员伤亡的惨剧，更多的是日常执法中双方相互谩骂、拉扯、殴打，未导致严重后果的闹剧。更不幸的是，此类暴力仍远未终结。

一直以来，城管执法暴力困境的成因都是学者们关注的重点。现有研究主要从以下四方面予以分析：第一，城管部门的权力缺乏来自立法、程序、监督等方面的规制，导致城管职能权限不明，裁量权过大。[③] 第二，面对体制性压力和街头复杂的局面，城管部门与摊贩群体之间的“默契互动”具有不稳定性，[④]城管部门的灰色治理方式再生产出了暴力。[⑤] 第三，从摊贩群体角度看，由于城市政府无法满足其在城市空间上的需求，[⑥]摊贩群

---

① 具体情况详见中共南京市玄武区委宣传部于 2016 年 9 月 22 日发布的《关于任克明同志因公殉职的情况通报》。

② 其实，在城市的街头，摊贩与城市管理者之间暴力冲突的历史十分久远。

③ 大多数研究成果从这个角度分析，可参见马怀德等：《北京市城管综合行政执法的发展困境及解决思路》，载《行政法学研究》2008 年第 2 期；周向阳：《城市管理行政执法制度的发展困境及解决对策》，载《行政论坛》2011 年第 5 期；王雅琴：《城管执法自由裁量权自我规制的法律思考》，载《法律适用》2013 年第 3 期；侯菁如、刘旺洪：《城管综合行政执法中自由裁量权的适用》，载《福建论坛·人文社会科学版》2012 年第 12 期；熊文钊主编：《城管论衡：综合行政执法体制研究》，法律出版社 2012 年版，第 271～298 页；高洁如：《城管执法理论研究》，法律出版社 2014 年版，第 182～247 页。

④ 陈那波等：《场域转换中的默契互动——中国“城管”的自由裁量行为及其逻辑》，载《管理世界》2013 年第 10 期。当空间、时间和议题的敏感度都很高时，双方就有发生冲突的可能。

⑤ 吕德文：《灰色治理与城市暴力再生产——鲁磨路“城管”实践的机制分析》，载《开放时代》2015 年第 4 期。

⑥ 详见黄耿志等：《包容还是新的排斥——城市摊贩空间引导效应与规划研究》，载《规划师》2012 年第 8 期；黄耿志：《城市摊贩的社会经济根源与空间政治》，商务印书馆 2015 年版，第 132～172 页。

体基于社会背景和外部资源展开抵抗行动,[1]暴力冲突难以避免。第四,从宏观的视角看,双方之间的暴力冲突实质上是中国城市化过程中城市管理秩序与部分弱势群体生存法则的冲突。[2]

现阶段的研究成果揭示了城管队员与摊贩群体陷入暴力困境的诸多影响因素,颇具启发意义。在此基础上,下述几方面有待审视:第一,缺乏对暴力的描述性分析和明确界定,多数文献仅提及"暴力冲突""暴力执法"和"暴力抗法"等几个词汇,对这些暴力现象缺乏详细描述和充分概括。从认识的过程看,对暴力实然状态的把握恰恰是作出合理解释的前提。第二,多数研究简单地将城管部门视为一个抽象的整体,将摊贩群体界定为弱者,进而将两者对立起来,真实情况往往并非如此。基层城管部门内部至少可以分为公务员和协管人员,摊贩群体也不可一概而论。第三,缺乏对城管队员执法实践和摊贩群体(不)守法实践的关注,这导致他们的权益和需求未得到足够的重视。第四,欠缺综合性的社会科学视角,这与暴力困境的复杂性和开放性不相匹配。

鉴于此,本文运用"结构性暴力"这一理论工具解释城管执法中的暴力困境。"结构性暴力"这一概念最早用于研究和平问题,是指贫穷、疾病、压制性体制和社会歧视给人类带来的痛苦和灾难。它关注的是社会、政治和经济结构中存在的问题,以及由此造成的政治权利和经济利益分配上的不公正现象。同时,该概念又称"结构性压迫",被梅洛·庞蒂等"新马克思主义者"用以批判资本主义社会。暴力隐藏在各种社会结构中,用以压迫特定阶级或集团。结构性暴力是对狭义的(私人的、直接的)暴力概念的拓展,意在有效解释暴力现象。1969年,约翰·加尔东(Johan Galtung)在其文章《暴力、和平与和平研究》中从

① 罗筠:《机会空间、资源策动与城市摊贩的管理困境:政治过程的解释框架》,载《广东行政学院学报》2013年第4期。亦可参见汤先夺:《民族身份运用与资本禀赋制约:少数民族流动人口在城市中的就业》,载《民族问题研究》2014年第1期;薛霞等:《都市边缘者的生存策略与实践逻辑——以GZ市维吾尔族摊贩为例》,载《青海民族研究》2014年1月。

② 参见蔡定剑:《城管与小贩的战争如何终结》,载《社会科学报》2010年12月2日,第3版;莫于川:《从城市管理走向城市治理:完善城管综合执法体制的路径选择》,载《哈尔滨工业大学学报》(社会科学版)2013年第6期。

"身体的—精神的""消极的—积极的""计划中的—计划外的""显性的—隐性的"以及主体和客体6个维度来界定结构性暴力,进而构建了一个以行动者、系统(可为复数,即同时存在于多个系统中)、等级为核心要素的结构。随后,结构性暴力作为理论工具被广泛运用于对家庭、性别、种族、犯罪、恐怖主义、城市管理、经济发展、全球化等问题领域暴力现象的研究。①

城管队员与摊贩之间偶尔一两次暴力冲突可以理解为私人恩怨,但双方间全国范围内的、长期的、不间断的,甚至渐趋增多的暴力冲突便具有结构性了。城管队员与摊贩群体之间的暴力冲突与常规性纠纷不同,系基于社会结构上的对立而产生,②背后反映的是百余万的城管队员③与数以千万计的摊贩群体④之间的冲突,摊贩群体对既有社会秩序的反抗以及多元利益诉求的复杂性⑤等多重面向。

双方之间的暴力需要以拓展的视角看待。⑥ 除肢体上、语言上的暴力之外,暴力至少还具有以下维度:第一,精神上的暴力。双方不仅承受着暴力导致的物理损害,还承受着暴力冲突经由舆论传播、发酵、渗入人心的精神压力,精神压力会溢出暴力冲突参与者的范围。第二,

---

① 参见 Johan Galtung, Violence, Peace and Peace Research, 3 *Journal of Peace Research*, Vol. 6, (1969);刘成:《西方国家和平研究综述》,载《国外社会科学》2005年第2期;中国社会科学院文献情报中心,重庆出版社合编,汝信主编:《社会科学新辞典》,重庆出版社1988年版,第429页;汪动枫:《经济全球化背景下的结构性暴力及其表现》,载《世界经济与政治论坛》2009年第6期。

② 季卫东:《法治秩序的建构》(增补版),商务印书馆2014年版,第62~63页。季卫东教授将基于社会结构上的对立而产生的纠纷界定为客观性纠纷,解决这类纠纷必须注意纠纷产生的社会背景和根源。

③ 数据来自财新网2016年12月5日报道《城管改革破题一年》,网址:http://china.caixin.com/2016-12-05/101023420.html,访问时间:2016年12月6日。

④ 黄耿志:《城市摊贩的社会经济根源与空间政治》,商务印书馆2015年版,第63~64页。该著作中对摊贩数量有一个估算,结果显示,2010年我国城镇摊贩数量在1664~1949万,均值约为1807万。即使根据我们的经验感受判断,摊贩群体庞大无疑。

⑤ 刘磊:《执法吸纳政治:对城管执法的一个解释框架》,载《政治学研究》2015年第6期。

⑥ 这一扩展视角受约翰·加尔东文章的启发,参见 Johan Galtung, Violence, Peace and Peace Research, 3 *Journal of Peace Research*, *Vol.* 6(1969)。

潜在的暴力。目前情势下,所有的城管队员和摊贩都是潜在的暴力受害者。第三,匿名(无主体)的暴力。[①] 暴力并非单纯由城管队员施加给摊贩,亦由摊贩施加给城管队员。更须深思的是,谁又把暴力施加给城管队员和摊贩呢?在城市街头,我们找不到这个匿名者,它存在于社会结构中。第四,可以消除的暴力。双方之间的绝大多数暴力可以避免。谁也不能保证消除暴力,但是通过努力可以缓解、消除结构性暴力。

本文欲回答的核心问题是:城管队员与摊贩群体之间暴力冲突的结构性表征是什么?暴力是如何结构化的?本文将运用回归情境、[②]拓展个案[③]的方法,通过解读一起摊贩埋伏、殴打城管队员案件来剖析暴力现象中隐含的结构性因素,呈现结构性暴力的结构。之所以选择该方法和进路,是因为本文的核心论点和论证逻辑源自笔者在机构调研中的亲身经历。调研工作分别于2014年7月23日至8月13日、2015年7月17日至8月26日在昆明市两个相邻的街道城管执法中队完成。期间,笔者亲历了两次发生在城管队员与摊贩之间的严重暴力冲突事件(参与人数众多、有人受伤且被媒体曝光),这促使笔者聚焦于暴力现象。鉴于第二个案件更具典型性,且笔者的观察与追踪更充

---

① [美]威廉·A.哈维兰:《文化人类学》,瞿铁鹏等译,上海社会科学院出版社2006年版,第514页。

② [美]麦克·布洛维:《公共社会学》,沈原等译,社会科学文献出版社2007年版,第96页。作者在探讨调查研究者倾向于对情境测量、约束和控制时,指出:"如果情境并不是扰乱事实的杂音而是事实本身的话,那么,改进调查研究就是用错误的工具处理错误的问题"。作者倾向于将情境看作起点而不是终点。

③ 一言以蔽之,拓展个案即将个案嵌入特定的时空范围、历史过程和制度体系中考察。关于该方法的详细介绍和论述可见[美]麦克·布洛维:《公共社会学》,沈原等译,社会科学文献出版社2007年版,第77~138页;朱晓阳:《"延伸个案"与一个农民社区的变迁》,载《中国社会科学评论》2004年第2卷。"运用延伸个案方法不仅要收集和调查个案本身,而且要将个案产生的社会脉络或情境也纳入考查的范围。其中特别需要注意的是个案的'前历史'(prehistory)以及个案平息的社会后果。"孙立平:《"过程—事件分析"与对当代中国国家农民关系的实践形态》,载《清华社会学评论》(特辑),鹭江出版社2000年版,第1~20页。Mario Luis Small, How many cases do I need? On science and the logic of case selection in field-based research, 1 *Ethnography* (2009). 米切尔更强调对微观情境的分析,认为应当进一步详述和分析个案素材,通过行动者将一段时期内的一系列事件关联起来,追踪事件之间的联系,从而可以分析出一条事件链,以揭示过程的重要性,布洛维则更强调宏观的社会力量对个案的形塑作用。

分,掌握的经验性材料更多,本文将通过分析该个案①来展开论证。

本文的论证逻辑如下:首先,描述该个案的相关背景、发生过程及重要细节;其次,分析本案中基层城管部门的公务员和协管人员、摊贩以及派出所民警作为行动者基于"实践意识"②采取的行动以及各主体之间的互动,其行动具有能动性,但更受制于结构;再次,剖析、呈现城管执法暴力困境中多项关键结构性因素相互交织、相互作用导致的结构性矛盾;最后,表明结构性暴力中隐含双方之间根深蒂固的对立,重建街头秩序必须以消除对立为核心目标。

二、摊贩"伏击"城管队员案件

本案发生在2015年8月初的S街道城管执法中队③(笔者第二次调研地点)辖区内。该辖区面积不到4平方千米,常住人口约20万人,处于商业繁华区域,摊贩聚集且人数众多,管理难度大。S中队当时有87人,公务员有10人,其他均为招聘的协管人员。遭到埋伏的城管队员属于S中队里仁分队。里仁分队有30名协管人员,分为两组,轮流上班,管理片区如图所示,④是中队辖区内最重要的地段。正是为了加

① 所谓个案,首先从法律角度来说,当地派出所已经立案,已经是一个治安案件;其次从社会科学角度来说,这是一个具有典型性的事件。

② [英]安东尼·吉登斯:《社会的构成》,李康等译,生活·读书·新知三联书店1998年版,第78~100页。

③ 按照学术惯例,本文的地名、人名和机构名称均为化名。

④ 里仁分队的日常执法行为大部分发生在这一区域内。里仁分队每天早晨的例行巡逻主要针对这一区域,巡逻路线为:岗亭——里仁东路——里仁南路——里仁西路——布巷——米巷——里仁东路——岗亭。其他时间段的巡逻整治活动除上述路线和地点外还有盐巷和币巷。该区域内的重要地点为上图标示的甲(里仁西路与盐巷交叉口,公交车站旁)、乙(农贸市场沿街巷段)、丙(米巷一侧)、丁(米巷与里仁东路交叉口)、戊(古迹门口)、己(币巷与里仁南路交叉口)。里仁分队重点关注的对象及其行为主要包括:甲点的"大鼻子"(队员们并不知道辖区内摊贩的姓名,多以绰号代指)等两到三人占道售卖粑粑和烧饵块,以及老牛家的两个儿子占道售卖烤红薯、煮玉米和煮花生;乙点的农贸市场内摊贩漫摊经营,将摊位摆到市场边界之外(如图所示,农贸市场的边界是开放式的);丙点的每天早晨,道路的近一半面积被售卖蔬菜鱼肉的摊贩所占据;丁、戊、己点时常由老牛夫妇二人分别占据售卖烤红薯、煮玉米和煮花生。另外,之前米巷一侧主要由一伙开面包车售卖水果的摊贩群占据,这个摊贩群被称为"禄帮",在里仁分队成立伊始的几个月内被强势驱离该地段。

强对该地段的管理,里仁分队才于2014年11月成立。案件的首要策划者和实施者是摊贩“大鼻子”,这是分队队员给他起的绰号,虽然双方每天“朝夕相处”,但队员们并不知道他的真实姓名等个人信息。相对于设立不久的里仁分队,“大鼻子”已在该辖区摆摊售卖十余年了,他主要在里仁西路公交车站旁的甲路口售卖早点。这起案件也发生在甲路口。

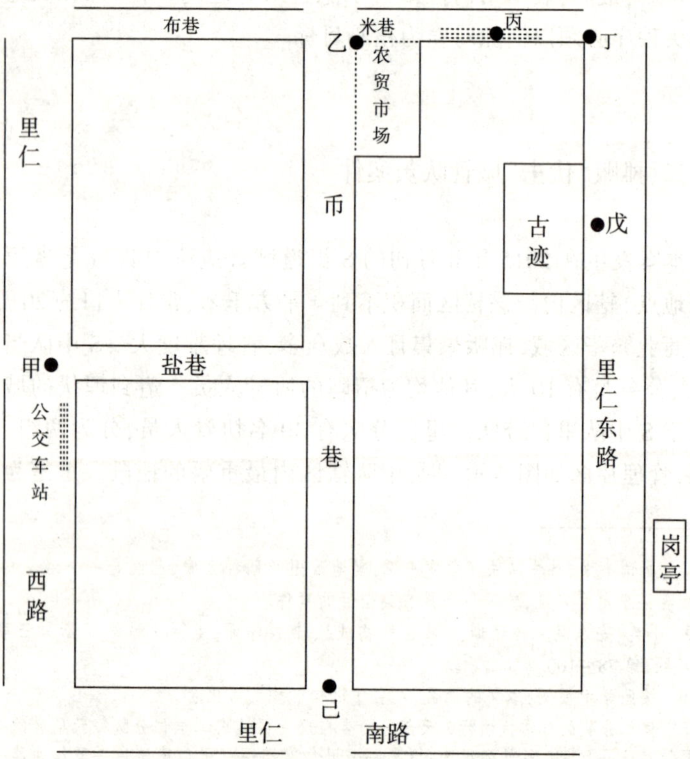

当日早晨9时10分左右,里仁分队一组的七名队员①乘坐电瓶执法车例行巡查到甲路口时,遭到“大鼻子”组织的打手的埋伏和殴打。事情具体经过如下(笔者亦在其中,为方便叙事,将笔者“隐身”):

队员们在甲路口看到“大鼻子”等二人占道经营,售卖早点,决定

① 本该有10名队员一起巡逻,但那天恰好有3名队员迟到。

暂扣他们的手推车。一名队员上前抓住"大鼻子"的手推车把手,欲推走,"大鼻子"拽着手推车不松手。另一名队员推了"大鼻子"一下,警告他放手。就在这时,"大鼻子"突然大声喊叫着把手推车掀翻,汤汤水水撒了一地,冒着热气。瞬时从旁边、路对面以及公交站台后冲出二十余人,手持木棍、钢管、橡胶棒和催泪瓦斯等器具冲向队员们。一场力量悬殊的"伏击"行动在里仁西路上演了。队员们毫无反应时间和招架之力,本能往后退却,或被追逐或被围殴,整个过程持续了不到5分钟。随后,打手们快速离开了现场。七名队员中有五人遭到殴打,受伤较重的一名队员头部伤口约1.5厘米,后被鉴定为轻伤,其他队员多身有瘀青,但并无大碍。

9点20分左右,两名民警来到现场,站在处于对峙状态的分队队员与摊贩之间,询问分队队员哪些人动的手,同时用执法记录仪摄像。队员们指向"大鼻子"和他的同伴。"大鼻子"大声喊道:"我们两个打的!不会跑!"此时,第二轮上场的妇女和男子此起彼伏地大声喊着"太过分了!太欺负人了!来了就掀摊,全部东西都泼到地上!""你们这是暴力执法!""你们这哪里叫行政执法!还文明执法!"等。更多是不堪入耳的骂声,场面十分混乱。这一过程持续了10余分钟,直到"大鼻子"等二人被民警带回派出所,队员们离开现场。

案发后,民警对"大鼻子"等二人进行了讯问,同时询问了三名当事分队队员和一名证人,①并调取了路口监控录像让分队队员辨认打人者。隔天早晨"大鼻子"等二人被释放。派出所告知城管部门将对该案件持续调查。城管部门除配合派出所调查外,还数次派人前去了解情况。事发第二天及之后一段时间,早晨的例行巡查均为全体分队队员一起行动,全副武装,穿上防刺背心,戴好头盔,拿上橡胶棒和甩棍

---

① 这名证人便是笔者。笔者正是通过证人的身份才得以观察到基层派出所对该案件的反应和处理,以及了解到派出所民警对城管队员的看法。这种方式不可避免地使笔者从观察者变成了参与者。关于这种参与方式是否会影响到案件的走向这个问题,笔者认为值得探讨。在本案中,笔者的参与并未影响到案件的结果,在接下来的分析中,读者们会同意这一判断。与此相关的论述请参见[美]麦克·布洛维:《公共社会学》,沈原等译,社会科学文献出版社2007年版,第103~104页。

等武器。两天后,岗亭的六个窗户全部安装了钢制护栏。摊贩方面,“大鼻子”等二人在接受调查时声称是城管队员掀摊在前,动手在先,自己防卫在后。被释放后的当天下午便在相邻辖区(里仁西路另一侧)摆摊售卖了。

笔者对这起案件的后续情况持续追踪了数月。事发后一段时间,“大鼻子”仍然像事前那样,每天早晨9点之前在甲路口售卖早点,待分队队员例行巡查到甲路口之前转移到相邻辖区。事发后第18日上午,分队队员在巡查时看到“大鼻子”等二人在甲路口摆摊售卖。队员们将其手推车暂扣,但处理结果依然是和事前一样罚款100元。之后的一个月内,分队队员又暂扣了“大鼻子”的摊车两次,处理方式仍是罚款。分队队员对这种处理结果明显不满,但并未采取过激的报复手段。[①] 在9月开展的新一阶段“国家卫生城市复审”专项整治工作中,分队队员加紧了对“大鼻子”等摊贩的巡查,同时,中队要求“大鼻子”等摊贩配合工作。此后一段时间,“大鼻子”等摊贩几乎没有在里仁片区出现。

三、行动者的行动

在本案中,基层城管部门的公务员和协管人员、摊贩以及派出所民警等主体并非简单的符号,而是特定时空中具备能动性的行动者。作为行动者,他们在日常活动中,在一系列事件中,逐渐形成了相对稳定的“实践意识”,并依此在具体情境中采取行动。但是,他们并非不受制约。恰恰相反,他们受到了由法制、制度和社会情势塑造的社会结构的严格制约。同时,他们也可以在结构中找到支持行动的“资源”以及选择的余地。本案虽事发突然,但内含必然性,这是分队队员与“大鼻子”摊贩群长期互动的产物。若想解释清楚这起暴力案件,必须暂时

① 当“大鼻子”被释放之后,队员们义愤填膺,觉得不公平,在平时聊天的时候会商量着如何收拾“大鼻子”,比如揍一顿等。

将目光从暴力上移开，转而关注分队队员的日常执法，及其与摊贩之间的日常互动。

（一）上层压力导致强硬执法

该摊贩群为什么想要“伏击”分队队员？他们的作案动机是什么？这是本案的首要疑问。中队作为最基层的城管部门，中队的公务员和协管人员作为一线的城管队员直接承受着来自城市政府和城管部门施加的压力。来自上层的压力导致S中队命令里仁分队采取强硬的执法措施，此举严重损害了摊贩们的利益，因此长期在该片区活动的“大鼻子”摊贩群欲通过这一行动“教训”或“报复”分队队员。

上层压力主要包括四方面：第一，上级城管部门依凭数字城管系统考核中队的日常执法情况。考核标准主要包括案件数量增长率、结案率和按期结案率、返工案件数量、重大案件数量和媒体曝光案件数量等。第二，城市政府和上级城管部门定期或不定期组织综合整治和专项整治行动，要求中队参加并对其表现予以考评。第三，在诸如筹办世博会、南博会，创建卫生城市及复审，开展“城乡清洁工程”等大型城市活动和城市任务期间，城市政府和上级城管部门要求中队保证辖区内重要街道不能有占道经营、摆摊设点、漫摊经营等现象。第四，在许多不属于城管职权范围内的事项中，各级政府部门亦要求中队提供保障工作。

一线城管队员的角色超载问题十分突出，日常行政工作和执法事务繁杂琐碎，各项整治行动使人疲于应对，大型城市任务期间更是令人焦头烂额，这可以说是几乎所有基层城管部门的常态。但对于S中队而言，由于其辖区所处地理位置的特殊性，来自上层的压力数倍于其他中队。一方面，该辖区处于市区商业繁华区域，平日市民、游客众多，因此吸引了大量的摊贩，该辖区是全市摊贩数量最多的辖区之一。另一方面，该辖区位于老城区中心区域，是城市的政治和文化中心，是城市的“窗口”和“眼睛”，城市政府要求必须时刻“擦亮”它，而这一重任最终落在了S中队的肩上。S中队在如此重压之下，不得不尝试各种方式以完成上层交代的任务。

里仁片区是重中之重。昆明市城管部门在2014年底采取分队模式应对市内重要地段难以管理的问题,里仁分队顺势成立。分队模式相对于之前的执法单位具备以下特点:第一,分队直接设岗亭在分管片区,巡查频率更高,处理问题更及时;第二,中队领导对分队的约束较少,分队队长的权限较大;第三,分队接收到的上层压力更大,往往会选择加大执法力度以达到上级要求的效果;第四,分队队员的工资待遇较高。

2014年11月,里仁分队成立伊始,片区内摊贩众多,特别是到了周末,里仁东路和里仁西路上布满了摊位。分队队员采用言语规劝、警告甚至威吓的方式"劝离"摊贩,但收效甚微。之后,在上级城管部门和领导的授意下,分队尝试逐渐加大力度,最后将扣押的摊车和物品全部销毁,此举震慑了摊贩,许多摊贩陆续离开该片区。2015年5月,分队与一个被称为"禄帮"的摊贩群发生暴力冲突,该摊贩群损失较大,选择离开该片区。自此之后,片区内摊贩的数量和活动频率稳定在低水平状态,分队的日常执法行为逐渐呈现为例行化、常态化的特征。

常态执法的方式主要包括巡查、劝离、暂扣并罚款、没收并销毁。巡查和劝离是最常用的方式,但后两种方式对摊贩利益的影响更大。根据里仁分队的摸索和实践,他们认为暂扣并罚款的作用有限,没收并销毁的效果更佳,可以有效地威慑摊贩,减少片区内的摊贩数量,降低摊贩活动带来的影响,完成城管部门交办的任务,达到上级领导的要求,因此他们更多地运用这种方式。具体做法是没收之后随即送往附近的垃圾中转站销毁或者一天内多次没收的物品在下班之前一并销毁。在没收过程中,最主要的特点是要快,数名队员迅速冲向摊贩,直接拿走或者夺走售卖物品,然后迅速上车离开。没收与暂扣相比,手段更加激烈,利益冲突更加直接。这种方式很容易发生肢体接触,肢体接触极易升级为肢体冲突,这时暴力因素便会呈现出来。

上述强硬的执法方式严重损害了摊贩的利益,加之时常发生的潜在或程度轻微的暴力,使得摊贩对分队队员的畏惧感和仇恨感越来越重。那些“势单力薄”的摊贩不得不选择减少在该片区活动的频率，甚至离开该片区，或者依附于较强势的摊贩或摊贩群。“大鼻子”等摊贩已经在该片区经营十余年，自然不愿轻易离开。用“以牙还牙”的暴力方式震慑住分队队员的念头在他们的脑海中闪现也在情理之中，此时这一摊贩群最重要的作案动机便形成了。但是“想”并不意味着“敢”，那么他们为什么“敢”埋伏分队队员呢？毕竟这对于他们来说无异于一场“赌博”，他们需要“筹码”。

（二）摊贩抗衡城管部门的“筹码”

在目前的社会情势中，像“大鼻子”这样的摊贩逐渐获得了一些与城管部门抗衡的“筹码”。他们的“筹码”主要包括三方面：第一，“灰色化”①的发展方式使得这些长期在城市街头谋生的摊贩群逐渐具备了与城管队员抗衡的能力；第二，目前的社会舆论倾向于保护作为“弱者”的摊贩，而城管队员则动辄得咎，这无疑增强了他们的信心；第三，摊贩们通过各种方式掌握了辖区城管部门及队员的相关信息，使得他们能够“知己知彼”。

第一方面，在社会发展进程中，摊贩作为一个独立社会群体在城市中形成并壮大，这不仅直观地体现为数量上的增加，更重要的是壮大的方式。摊贩群体壮大的过程实质上是乡村中的“熟人社会”转移至城市中，或者在城市中重构的过程。摊贩群体的壮大并非原子式的，而是依靠家族、亲属、同村同乡、同学朋友等原生关系相互连带而逐渐形成的。“大鼻子”等摊贩已经在里仁片区经营了十余年，他的许多家人、亲戚和朋友都陆陆续续跟随他来到这些地段摆摊售卖。他们之间既有同宗同乡等紧密的“熟人”关系，又有密切的利益关联。因此他们自然会团结起来一致对外。当采用暴力方式阻挠城管队员执法时，这些摊贩群的性质便发生了变化，逐渐含有了“灰色”成分。所谓摊贩群的“灰色化”是指摊贩群内部的连带关系超出日常联络和互助的范畴，逐渐形成一种压制其他摊贩和对抗城管执法的团体力量。

---

① 此处借鉴了吕德文的“灰色”概念，但含义不尽相同。参见吕德文：《灰色治理与城市暴力再生产——鲁磨路“城管”实践的机制分析》，载《开放时代》2015年第4期。

更需要警惕的是,这些“灰色化”的摊贩群之间也许已经建立了联系。在该辖区以及几个相邻辖区内还有许多类似“大鼻子”摊贩群的团体。例如辖区内的老牛家、相邻片区的“头巾帮”以及遍布昆明市区的“禄帮”等。[①] 城管队员称其中一些摊贩群为“帮派”并不是指其已经结社,而是相对于“大鼻子”摊贩群之类规模更大、凝聚力更强且更易与城管队员对抗。其中“禄帮”曾用强力将某中队震慑,在该中队辖区内其售卖行为无人管制。这一招也对里仁分队使用过。上文提及他们于2015年5月初围攻岗亭,声称要与分队“谈判”,但分队队员提前做好准备,强硬反击,“禄帮”并没有得到好处,反而损兵折将,惨淡收场。本案中,数名分队队员在监控录像中指认出“大鼻子”请来的打手也曾作为“禄帮”一方的人员围攻分队岗亭。一名刚从另一辖区调到分队的城管队员辨认出其中几名打手是长期在某医院门口摆摊设点的摊贩。将上述线索综合起来,我们不难发现一种现象,起码是一种危险的倾向,即诸多“灰色化”摊贩群之间已经开始相互联络和合作,逐渐形成一股灰色力量共同对抗城管部门。

第二方面,在目前的社会舆论中,摊贩群体的“弱者”形象已经深入人心。新闻媒体在报道和传播关于城管与摊贩之间的暴力冲突事件时,往往对城管形象污名化,对摊贩形象圆形化地描写,最后将问题归结为“是什么原因迫使一个好人走上绝路?”使得民众将死伤城管与恶劣的城管公共形象建立起联想。[②] 进而摊贩是在“抗权”,公众

---

① “头巾帮”是一个家族,以卖伞为主业,被队员们称为“大头巾”的妇女是这个摊贩群的“首领”,她的同辈亲属、儿子、儿媳、侄子、侄媳妇以及儿子、侄子的朋友等逐渐从昭通农村来到昆明成为摊贩,有的年轻摊贩直接出生在昆明,小小年纪已经是一名“资深”摊贩了。按照城管队员的估计,这个摊贩群有四五十人的规模。老牛一家,包括他妻子和两个儿子主要在里仁片区售卖烤红薯,他的儿媳以及其他亲属则在附近地段售卖。“禄帮”在昆明城管部门很出名,他们主要来自禄县,显著特征是开着微型面包车在街头售卖水果,有城管队员表示,在昆明街头开面包车卖水果这一行当基本上被他们垄断了,他们的规模更大,遍布昆明市各个主要地段。以上这些例子只是影响较大的摊贩群,实际上,在城市街头,几乎没有单独作业的摊贩,最小的以家庭为单位,更大的则以家族、乡村甚至县镇为单位,长期活动在特定辖区的摊贩之间都有或强或弱的联系。

② 陈柏锋:《城管执法冲突的社会情境——以〈城管来了〉为文本展开》,载《法学家》2013年第6期。

要“援弱”。[①] 本案中的摊贩们显然知晓这一点,因此他们甚至在行动中主动制造社会舆论。

本案中,摊贩选择的时间恰好是上班早高峰即将结束的时候,路上仍有许多行人,周边的商户也都已经开门营业。此时行动,既不会因拥堵而难以脱身,又可以扩大舆论影响。另外,更具戏剧化的是,第二轮上场的“演员”大声宣扬着分队队员“无故掀摊”、暴力执法、野蛮执法的种种“劣迹”。将该案件重构成由于城管队员暴力执法而引起的摊贩和围观群众“奋起反抗”的故事。恰巧经过的民众很可能会相信这个故事。周边的坐商也许知道事情的真相,但他们并不愿意掺和进来,一方面不想惹恼这些摊贩,另一方面他们与分队队员的关系也不好,分队队员经常扯下他们店面的横幅,没收他们的广告牌。事后,没有坐商愿意作证或接受媒体采访说出真相可以佐证这一判断。

第三方面,摊贩与城管队员之间的互动是围绕着对信息的掌握程度展开的。摊贩们倾向于主动了解城管队员。了解方式主要包括两种:其一,观察城管队员的日常行为模式,以据此调整自己的行为;其二,更重要的方式是打入城管队伍内部,直接获得相关信息,这并不一定意味着双方之间存在“权钱交易”,或者城管队员向摊贩“吃拿卡要”等现象,摊贩和城管队员经年累月地朝夕相处,自然有许多相互了解的机会。摊贩对城管队员相关信息的掌握依深入程度主要包括四方面。

首先,城管队员的时空活动规律。“大鼻子”等摊贩主营早点,他们每天早晨9时之前在甲路口售卖早点,当队员们9时5分~15分这段时间例行巡查到甲路口时,他们已经转移到了里仁西路另一侧相邻中队的辖区内。他们在本案发生之前便掌握和运用该规律,之后他们更加谨慎且严格地遵循这一规律。其次,城管队员的行为选择模式,即城管队员在何种情况下对谁会采取何种措施。再次,专项整治等大规模行动的时间。城管部门“秋风扫落叶”式的大规模行动往往会使摊贩遭受损失,提前获得信息得以避免这种损失。最后,也是最深入的了

① 彭华新:《论当代媒介环境中的“城管之殇”》,载《现代传播》2014年第1期。该文认为当代媒介有三个偏好:嗜血、抗权和援弱。

解,在发生暴力冲突事件之后,协管人员往往难以得到中队的有力支持。经验使“大鼻子”等摊贩相信,即使打了分队队员,只要不致人重伤或者死亡,也就是在派出所待两天而已,不会有什么严重的后果。这是他们最重要的“筹码”,使他们敢于在本案中赌自己赢。他们的自信来自经验,本案的结果也大体上再次契合了这种经验。

(三)协管人员缺乏中队的支持

协管人员承担着街头绝大部分的执法工作,执行着上级发布的指令。目前的相关研究中,协管人员并未成为一个独立的研究对象,仅被视为城管系统的附庸,符号化为一群乌合之众,协管人员与摊贩发生暴力冲突是因为这群人敢于打砸抢、缺乏经验且素质低下。这并非事实的全部,甚至不是事实的重要面向。在本案中,直接对摊贩采取强硬执法措施的是分队队员,而分队队员均为城管部门招聘的协管人员,他们与中队是合同关系。案发之后,中队承担了几名受伤队员的医疗费用,并给予受伤较重的三名队员每人两周的修养时间,除此之外,并没有其他更有力的支持举措。之所以协管人员缺乏中队的支持,既有协管人员的原因,也有中队方面的原因。就协管人员一方而言,主要在于其身份属性和自我认同。通过与50余名协管人员的深入接触,笔者越来越倾向于认为:协管人员只是生活在社会底层的普通人,协管工作对于他们而言只是一种谋生的方式,基本上无涉国家和法律权威。下表是里仁分队20位协管人员的个人情况,本文将结合其他相关信息予以阐释。

编号	年龄	文化程度	已工作时间	上一份工作
1	18	初中	8个月	无
2	19	职高	1个月	商场收银员
3	20	高中	7个月	无
4	21	中专	2年半	拆迁公司员工
5	23	中专	1个月	富士康员工
6	23	初中	9个月	空调安装工

续表

编号	年龄	文化程度	已工作时间	上一份工作
7	25	小学	7个月	务农
8	28	中专	1年	军队服役
9	29	高中	9个月	个体户
10	30	小学	7个月	加油站员工
11	32	中专	4个月	高速公路收费员
12	38	中专	6个月	保险公司推销员
13	41	初中	9个月	物业公司保安
14	42	高中	10余年	个体户
15	43	职高	8个月	工会员工
16	44	小学	9个月	不详
17	45	高中	7个月	保安
18	45	初中	8个月	水泥厂职工
19	45	初中	9个月	保安
20	46	初中	9个月	个体户

注:制表日期为2015年8月26日,即笔者调研最后一天,对已工作时间的统计截至此日。

以表中20名协管人员为样本,我们可以归纳出如下特征:第一,他们的文化程度普遍不高,其中8名40岁以上的队员为初小文化程度,7名25岁以下的队员为高中文化水平。乍看有所差别,但考虑到各自所处的时代背景,他们在文化程度方面的共性大于区别。第二,他们之前从事的工作多属于中低端职业。第三,截至笔者调研结束之时,除3人外,其他人从事协管工作均不满一年。综合考量上述特征,我们可以发现在城管部门从事协管工作的群体囿于自身条件和社会需求,在城市中,不得不长期从事中低端的职业。对于他们来说,协管工作与保安、推销员、空调安装工等并无本质差别,都是在社会底层谋生的方式。穿梭于各式各样的底层工作之间,在量上他们的选择空间很大,但在质上,他们并没有多少选择余地。①

对于他们而言,协管这份工作简单易学,虽然工作时间较长,但工作强度不大,大多时候比较清闲,工资大概是昆明市城区最低工资标准的两倍。他们在选择这份工作的时候也许对其中的危险有所耳闻,他们也许在日常执法中也遇到了轻微的暴力冲突,但是这对于他们来说并非不能忍受。在街头环境中浸染数月,他们也会和"前辈"们一样,觉得这些摊贩没有文化、没有素质、无法沟通,只能用打骂的方式与其打交道。在对摊贩的物品进行暂扣、没收、销毁,对摊贩进行劝离和罚款,作为城管队伍中的一员开展集中整治的过程中,他们也许在某刻感受到了权力的幻象。当然,他们也许会因故被辞退或者自己选择离开,这并不会影响基层城管部门的正常运转,毕竟还有许多人愿意干这份工作。这份工作确实对城市中的底层群体有一定的吸引力,这种吸引力主要基于评判一份普通工作的标准,基本上无涉于国家和法律权威。这些都足以说明,协管这份工作并无特殊之处。

协管人员的流动性较大,特别是其中的年轻人。里仁分队成立时有30名协管人员,到笔者调研时,即分队成立8个月之后,依然在职的仅有8人。在这8个月间陆续来来去去的队员中,年轻人居多。年轻人刚进入社会,倾向于流动,在同质的工作之间不断跳槽。更重要的是,年轻的队员在日常执法中面对摊贩的无理举动,例如辱骂、推搡甚至殴打,往往会选择"反击",而非忍耐。这样无疑更容易引发冲突,之后这些年轻人会被辞退或选择自行离开。在该个案中,抓住"大鼻子"手推车把手的那名队员就是一名年轻气盛、脾气暴躁的小伙子,当时带队组长已经感觉到情况有些蹊跷,示意他先松手,但是他不予理会。这名组长事后表

① 再以协管人员杨某的经历佐证这一论断。杨某,23岁(2015年),初中文化程度。辍学后,一开始卖盗版CD,一个月能赚3000多元。后来去工地上当电工。17岁时跟着一个厨师学习凉菜烧烤,学艺一年多后在一家店里卖烧烤,之后自己租了个摊位卖烧烤,半年后因为太累而放弃。后来到武汉一家制造冰箱的工厂当焊工,也去过其他城市。再后来父亲病重,就回到昆明照顾父亲。白天照看父亲,晚上去酒吧干零工,晚上两三点下班回家休息。父亲去世后,经人介绍来到里仁分队当协管人员。可以说,杨某的经历是众多协管人员的一个缩影。

示:“如果他没有一上去就夺手推车,或者后来松手,也许队员们可以躲过一劫。”依然在职的 8 个人中有 5 人为 40 岁以上。相对而言,年纪较长的队员换工作的意愿和机会少于年轻人,他们不会轻易辞掉这份工作。另外,由于他们工作经历和社会经验丰富,更能够忍耐,更有能力拿捏分寸,也不会直接违抗上级的命令,因而某种程度上更适合日常的协管工作。但当需要有人“冲锋陷阵”的时候,这些年轻人又有了“用武之地”。

协管工作只是一份普通的工作而已,协管人员无法通过好好表现成为正式的公务员,他们无法像公务员一样得到城管部门的系统支持。加之协管人员较大的流动性,除了组长和分队长等几个为领导倚重的协管人员之外,其他协管人员几乎不可能与中队公务员特别是领导之间有多少交集,更谈不上建立深入的情感联系。这种“弱联系”导致基层城管部门缺乏动力为协管人员提供充足的支持。但这只是表面原因,也具有或然性,许多基层城管部门的领导还是希望为协管人员提供支持。更深层的且具有必然性的原因在于,基层城管部门,甚至整个城管系统没有能力为协管人员提供更多的支持。而之所以没有能力提供更多的支持,又恰恰是协管人员的身份属性使然。

(四)基层公务员需要摊贩的配合

中队公务员是城管部门的一线执法主体,享有对摊贩实施行政处罚的权力,承担着管理摊贩,维护城市公共空间秩序的责任。S 中队有 10 名公务员,除财务人员外,其他公务员之间并无明确分工。中队队长是副科级干部,直接承接来自上级部门和领导的指令和任务,统筹整个中队的工作。两名副队长属非领导职务,协助队长安排日常工作。来自上层的压力主要为他们三人承受。上文已论及,作为最基层的城管部门,中队承受着来自上层的压力,为了达到城市政府和上级城管部门的要求,中队公务员依靠分队队员对摊贩实施强硬措施。其实,这仅是真相的一面。真相的另一面是,中队公务员为了应对上层的压力,也需要摊贩的配合,原因主要有两方面。一方面,依凭基层城管部门的能力,很难将像“大鼻子”这样的长期活动在辖区内,有一定实力的摊贩取缔,从辖区中驱逐出去。另一方面,近年来,城市政府和城管部门出台了一系列法规和政策,要求城管队员文明执法,基层城管队员在一定程度上也必须遵守。

当遇到整治行动时,特别是在大型城市活动和城市任务期间,如果一味采取强力,一来不一定能够将那些“顽固”的摊贩驱离,二来有可能因触犯“严禁侮辱、殴打行政相对人”的禁令而遭受处分。鉴于此,中队公务员可能会在依靠协管人员执法的同时,寻求摊贩配合以走出这一困境。他们会采取直接告知或者间接透露(包括容忍有人告密)的方式让这些摊贩知晓相关信息,特别是事态的严重性。如此一来,摊贩避免了损失,中队完成了任务,客观上也减少了这些摊贩的活动频率以及对辖区的影响。因此,上文论及的摊贩对城管队员信息的掌握,一定程度上也有中队公务员故意为之的成分。让摊贩在整治行动中避免损失,对于中队公务员来说,算是一种交易成本。

其实,中队公务员大多时候也想借助大型城市活动和城市任务的契机重创这些“顽固”的摊贩,震慑住他们,迫使他们离开辖区,或者在辖区内“规规矩矩”。但是这些想法很难实现,一方面,消息总是会走漏。另一方面,除了偶尔开展的几次大型活动,更多的是与这些摊贩的日常互动,如果关系似水火不容,那么日常执法将会很难开展,危险将会成倍增加。通常,遇到这种情况,摊贩们基本上都会配合,当然他们也有不配合的时候,在这种情况下,经过队员上报,领导授意,队员们会对其物品进行暂扣,予以罚款。罚款的数额是偏低的,处罚是轻微的,意在给他们提个醒,莫“顶风作案”。在处罚复审期间,“大鼻子”等摊贩便是被要求配合而“销声匿迹”。

总之,中队公务员运用上述策略来维持一种平衡,中队公务员、协管人员和摊贩都能在这种平衡中安身立命。但是,这种平衡并不牢靠,甚至很脆弱,当上层压力过大时,当摊贩过度自信时,当协管人员“下手过重”时,当公务员内部意见不一致时,这种平衡很容易就被打破了。在本案中,中队公务员对摊贩在这方面的需求也是这一摊贩群敢于如此行动的“筹码”。事后,不顾分队队员的感受,依然对“大鼻子”等摊贩采取轻罚的措施,也可以在这种情境中得到理解,分队队员只能无奈地接受。毕竟,自本案打破平衡的那一刻起,新的平衡已经开始形成了。

(五)派出所民警的表面履职

最后,派出所民警在本案中扮演的角色亦十分重要。执法协作向来为城管立法和政策所强调,但执行中困难重重,甚至有名无实。公安、工商等行政部门好不容易将这些“烫手山芋”丢给城管部门,怎么可能再次轻易卷入这团乱麻中呢?对于交叉管辖事项,这些部门往往持“事不关己”的逻辑不予理会。对于依法[①]必须参与其中的事项,他们往往选择“表面履职”。本案中,民警已经按照法律规定和程序要求完成了出警、立案、取证等工作,之所以不对“大鼻子”等二人采取进一步措施,是因为双方各执一词,事实不清,证据不足。释放这两名摊贩之后,民警告知中队这起案件“正在调查中”。其实各方心知肚明,这起案件已经不了了之了。但是,如果稍作深究,我们不难发现在处理本案时,派出所的许多做法值得商榷。

第一,数十人当街围攻城管队员,按照社会危害程度,已达到刑事立案的标准。但是依派出所的做法推测,显然并未当作刑事案件处理,而仅仅是当作普通的治安案件处理,淡化聚众这一特点,将取证重点放在了这两人是否动手打城管队员上,而非是否纠集多人殴打城管队员上。第二,派出所民警似乎有意忽略能够确定这两名摊贩打人的线索和证据,例如“大鼻子”等人在现场喊“我们两个打的!不会跑!”,这一画面和话语摄入了执法记录仪,以及当事人和证人的询问笔录等。第三,在城管队员告知民警并不认识监控录像中的打手后,民警并没有进一步从“大鼻子”二人身上寻找线索,而是认定为线索断了,无法进一步追查。最后,对于一些不难想到的破案方向,派出所民警并没有理会,例如可以调取事发之前数小时的录像,也许会发现“大鼻子”一众安排人员、布置现场的画面,而不是仅仅调取事发当时的录像。

---

① 2013年施行的《昆明市城市管理综合行政执法条例》专章规定了执法协作在第29条中明确规定“对以暴力或者威胁手段阻碍城市管理综合行政执法人员依法执行职务的行为,公安部门应当依法及时制止和处理”。

似乎民警采信了“大鼻子”等二人的话,即城管队员掀摊动手在先,他们防卫在后。其实,更可信的推理是,民警谁的话都没有采信,而是自始认定这起案件不过是城管队员和摊贩之间的又一次日常冲突而已,最佳的处理方式仍是“大事化小,小事化了”。在派出所民警的眼里,城管队员是“麻烦制造者”,他们在执法中的诸多做法属于“胡来”,不遵守法定程序,不注意及时收集证据,往往把事情搞得一团乱麻,漏洞百出,根本就无法处理。同时也可能考虑到办案成本等问题而无法投入更多的精力,毕竟城管和摊贩之间的冲突频率太高了,按照他们的统计,S中队每天有0.8起含暴力因素的冲突。如果每一件都认真对待,那将是非常庞大的工作量。中队公务员则认为派出所是在推卸责任。分队队员自始便未对派出所全力追查此案抱有希望,因此也没有积极提供线索。可见,中队和派出所之间有着很深的认同裂隙。也许正是在“禄帮”围攻岗亭①等案件中看到中队和派出所之间的这种裂隙,“大鼻子”摊贩群才有胆量在街头埋伏分队队员。

四、结构性暴力的结构

可见,行动者具有能动性,但并非随心所欲。法制、制度和社会情势等因素塑造的结构虽然给他们留有选择空间(从另一个角度讲,是未能把“空隙”封死),但更多的是制约着他们。在行动者顺从和抗拒结构制约的过程中,产生了暴力,这是结构性暴力的核心内涵。

在本案呈现出的暴力困境中,至少包含三个系统:法制系统、体制系统和社会系统。法制系统中主要包括三项结构性因素:其一,摊贩群体

---

① 在“禄帮”围攻岗亭事件中,里仁分队及时报警,里仁派出所赶到后进行调停。调停无效,“禄帮”围攻里仁分队的值班岗亭,多名民警在现场抓捕11名摊贩以及摊贩请来的“打手”。但之后这些人被警方释放,城管部门有关领导出面交涉无果,派出所给出的理由是:“对方伤的人比城管多,他们没有占到什么便宜”。其间副区长和分局局长出面和公安局开了个协调会,可结果还是不了了之。“不了了之”是城管队员的描述,按照警方的话语是“还在调查中”。

和协管人员行为的非法性;其二,现行立法对城管执法行为的规制;其三,城管部门法制权威的消解。体制系统中主要包括三项结构性因素:其一,城管体制改革的内向型目标;其二,城市政府一元化的行政目标;其三,自上而下的体制性压力传导。社会系统中主要包括三项结构性因素:其一,摊贩群体和协管人员存在的必然性与合理性;其二,摊贩群体和基层城管队员(特别是协管人员)处于社会底层;其三,摊贩群体对抗能力的增强。上述三个系统、诸项结构性因素相互交织,相互作用,形成了下述四对结构性矛盾,暴力从中滋生出来。

(一)摊贩群体和协管人员存在的合理性与非法性的矛盾

摊贩群体的存在具有合理性。从经济学角度来看,摊贩群体从事的经济活动属于非正规就业,其合理性来源于市场经济的出现和发展。改革开放初期,摊贩群体在弥补国营和集体商业服务网点的不足,满足社会需要,方便群众等方面起到了一定作用。① 随着改革的深入和城市化、城镇化的持续推进,摊贩群体在城市公共空间的商业行为作为非正规经济形式已经成为市场中实然存在的现象。从日常生活角度来讲,在城市的街头摆摊设点这项营生解决了许多劳动者的生计问题,为生活在农村和城市底层的劳动者提供了一条出路,同时为其他进城务工人员和广大市民提供了低价的日常生活用品和服务。在街头摆摊作为一种生存方式(或生活方式),是改革开放以来无数的劳动者为了应对各自所处的境遇而作出的主动或被动选择的结果。②

协管人员的存在也具有合理性。在城管部门成立初期,并没有多少协管人员,主要是公务员上街执法。随着城管部门所辖事项越来越多,城市中的摊贩群体越来越庞大,仅靠人数有限的公务员队伍管理整个城市显然不可能。无论是控制摊贩的数量和影响,还是管理摊贩的日常售卖行为,还是为摊贩提供服务,都需要人手。因此补充人手成为必然的

① 可参见《北京开始放宽对个体工商户政策》,载《人民日报》1980年6月22日,第2版。

② 黄耿志:《城市摊贩的社会经济根源与空间政治》,商务印书馆2015年版,第94~95页。根据黄耿志的介绍,这些劳动者包括工人、农民、失业人员、个体私营企业主或欲从商者与低收入工薪阶层。

选择,在体制内难以扩充如此庞大的公务员数量,招聘合同制的协管人员无疑是现实的选择。在相对集中的行政处罚权改革和城管体制改革过程中,各地方根据现实要求招聘协管人员协助执法甚至代替执法的现象一直持续存在。以昆明市为例,城管部门的日常执法工作基本上由协管人员承担。2011 年,昆明市城管系统共有在编的正式队员 540 人,协管人员 2000 余人。上文已经提及 S 中队共有 87 人,其中正式队员有 10 人,其他均为协管人员。也就是说,昆明市城管部门公务员与协管人员的比例在 1∶4 ~ 1∶8,而且越是重点区域越需要更多的协管人员。

从最质朴的意义上理解,摊贩和协管人员的存在无疑具有合理性。但依据现行立法和政策,摊贩的非正规经济行为和协管人员的执法行为均不具备合法性。

摊贩及其行为不具备合法性。考察自改革开放以来的摊贩历史,我们可以发现,街头摊贩从未获得法律的认可,他们是市场经济体系中和城市空间里的“黑户”。现行立法从两个方面将摊贩及其行为界定为非法:“无照”和“占道”(“流动”)。摊贩在城市公共空间售卖物品的行为属于经营行为。管理市场中的经营行为属于工商管理部门的职责,判断特定经营行为是否合法的重要标准系是否有证照。街头的摊贩之所以不合法,很重要的原因是在没有工商管理部门核发营业执照的情况下从事经营活动,即无照经营。根据《无照经营查处取缔办法》第 4 条的相关规定,无照经营行为属于违法行为,应当由工商行政管理部门依法查处。随着相对集中的行政处罚权改革开启和推进,对无照摊贩的取缔成为城管部门的主要职责,而工商行政管理部门得以“全身而退”。城管部门并没有核发执照的权力,而工商部门在实践中好似已经不再对摊贩具有管理权和管理意愿。

另外,根据目前工商管理行政执法部门的执法依据,经营主体的合法性来源于工商管理行政执法部门的承认,而得到承认的前提条件之一是须有固定的经营场所。以性质上最接近摊贩的个体工商户为例,根据 2011 年颁布实施的《个体工商户条例》的第 2 条、第 8 条和第 9 条规定,个体工商户须有固定的经营场所,并经经营场所所在地的工商管理部门登记,符合条件予以登记的,工商行政管理部门发给营业执照。然而,摊贩最重要的特质是"流动",其并无固定的经营场所,而是占用城市公共空间,特别是城市道路进行售卖行为。逻辑上,"无照"和"占道""流动"结合形成一个死循环,摊贩在流动售卖、占道经营的情况下不可能获得营业执照,事实上获得营业执照之不可能便断绝了摊贩合法化的可能。

协管人员实施执法行为也不具备合法性。按照我国《行政处罚法》以及相关地方法规和政府规章的规定,执法主体必须合法,即有资格对执法对象采取行政处罚等行为的执法主体必须是具有执法资格的国家公务人员,当场处罚时要出示执法身份证件。按照《国务院关于实施〈中华人民共和国行政处罚法〉的通知(国发〔1996〕13号)》第3条规定:"有的地方、部门聘用合同工、临时工从事执法工作,经费和其他保障条件不具备,导致执法人员的整体素质下降,影响政府形象……要……停止合同工、临时工从事行政处罚工作。"《国务院办公厅关于继续做好相对集中行政处罚权试点工作的通知(国办发〔2000〕63号)》也在其中要求"集中行使行政处罚权的行政机关的执法人员必须是公务员"。在《关于清理整顿行政执法队伍实行综合行政执法试点工作的意见》(国办发〔2002〕56号)中要求各地"全面清理行政执法机构现有人员,清退临时人员和借调人员"。根据2015年12月24日最新发布的《中共中央、国务院关于深入推进城市执法体制改革改进城市管理工作的指导意见》第12条的规定①,协管人员只能从事辅助性事务,而且数量不得超过在编人员。

基于现实合理性,摊贩依靠摆摊售卖在城市空间中生活着,协管人员通过执法在街头维持着秩序。看来,立法和政策对其合法性的否定并

① 该条规定:"规范协管队伍。各地可以根据实际工作需要,采取招用或劳务派遣等形式配置城市管理执法协管人员。建立健全协管人员招聘、管理、奖惩、退出等制度。协管人员数量不得超过在编人员,并应当随城市管理执法体制改革逐步减少。协管人员只能配合执法人员从事宣传教育、巡查、信息收集、违法行为劝阻等辅助性事务,不得从事具体行政执法工作。协管人员从事执法辅助事务以及超越辅助事务所形成的后续责任,由本级城市管理部门承担。"

没有将摊贩驱离街头,将协管人员的行为限定在辅助范畴。恰恰是立法和政策的否定让他们在法律和制度中没有存在的余地,却在法律和制度之外野蛮生长。摊贩群体通过"差序格局"式的连带关系陆续在城市立足,并通过"灰色化"的力量增长方式在街头扎根。基层城管部门间接地依靠协管人员采取多种非正式的执法方式控制摊贩群体的规模和影响。暴力执法和暴力抗法的戏码不断在街头上演,街头成为摊贩和协管人员的角力场。法外之人在法外之地做法外之事。

(二)制度实践与街头需求的矛盾

城管执法体制改革与相对集中的行政处罚权改革以及之后的综合执法改革相伴而行。改革的目的在于解决"多头执法、职责交叉、重复执法、执法扰民等问题",即厘清和理顺不同行政执法部门之间针对某一或者某些特定执法问题的权责关系,同时设置城管部门作为地方政府的一个行政机关,还意在解决其他行政执法部门膨胀的问题。但是在改革过程中,地方政府逐渐将市容环境卫生管理、城市规划管理、城市绿化管理、市政管理、环境保护管理、工商行政管理、公安交通管理等方面的一部分行政处罚权集中到城管部门。其中涉及摊贩的主要是工商行政管理方面法律、法规、规章规定的对无照商贩的行政处罚权和市容环境卫生管理方面法律、法规、规章规定的行政处罚权。① 当这部分权限从原部门划分出去后,原部门便不再拥有对相关事项的行政处罚权,但仍有

① 《国务院关于进一步推进相对集中行政处罚权工作的决定(国发〔2002〕17号)》中规定"实行相对集中行政处罚权的领域,是多头执法、职责交叉、重复处罚、执法扰民等问题比较突出,严重影响执法效率和政府形象的领域,目前主要是城市管理领域。根据试点工作的经验,省、自治区、直辖市人民政府在城市管理领域可以集中行政处罚权的范围,主要包括:市容环境卫生管理方面法律、法规、规章规定的行政处罚权,强制拆除不符合城市容貌标准、环境卫生标准的建筑物或者设施;城市规划管理方面法律、法规、规章规定的全部或者部分行政处罚权;城市绿化管理方面法律、法规、规章规定的行政处罚权;市政管理方面法律、法规、规章规定的行政处罚权;环境保护管理方面法律、法规、规章规定的部分行政处罚权;工商行政管理方面法律、法规、规章规定的对无照商贩的行政处罚权;公安交通管理方面法律、法规、规章规定的对侵占城市道路行为的行政处罚权;省、自治区、直辖市人民政府决定调整的城市管理领域的其他行政处罚权。"

配合的职责。①

这种权限划分方式导致城管部门的执法范围太广，严重超出其执法能力。即使通过招聘越来越多的协管人员依然难以应对。另外，城管综合执法的职能无序扩张，集中行政处罚权的领域横向延伸过宽，将一些毫不相关的行政处罚权捆绑集中，造成城管机构的不同职能之间关联度降低，城管行使的职能与其他部门行使的职能之间依存度增高，进一步加大执法的协调难度，增加执法成本，降低执法效果。② 虽然表面上理顺了各行政部门之间的关系，实际上是将棘手的问题统统集中到城管部门那里，导致这些问题难以有效解决。

可见，城管体制改革的目的是向内的，旨在厘清各行政执法部门的权责关系。这项改革并没有切实考虑到执法对象的利益，因此即使理顺了内在的逻辑和结构，也难以解决与执法对象的互动问题，保障执法对象的合法权益。执法部门与执法对象之间的关系并没有改进，执法方式依然如故，只不过执法主体从工商等部门换成了城管部门而已。也就是说，在解决“九龙治水”问题时，将重点放在了如何理顺“九龙”之间的关系上，而且是简单化地卸去其中“八龙”的职责，将一个麻烦的烂摊子丢给其中能力最弱小的一条“小龙”。如此“九龙”之间的问题看似解决了，可是“治水”的问题从根本上讲并未涉及，遑论解决。

摆在我们面前的事实是，摊贩治理问题是一个系统性问题。摊贩的占道经营行为不仅仅是占用公共道路，妨碍交通，还涉及无照经营、商品假冒伪劣、缺斤短两、有损市场公平竞争规则、食品不卫生不安全、污染公共场所环境卫生等问题，当摊贩与城管队员在街头发生冲突时，还涉及妨害社会公共秩序，侵害他人财产、人身安全的问题。因此，仅靠城管部门治理摊贩是难以奏效的，这需要系统的监管和执法机制。这套机制

---

① 《国务院关于进一步推进相对集中行政处罚权工作的决定(国发〔2002〕17号)》中规定“明确集中行使行政处罚权的行政机关与其他有关部门之间的职责权限，完善集中行使行政处罚权的行政机关与其他有关部门之间的协调配合机制。要结合相对集中行使行政处罚权的实践，推进电子政务的制度建设，实现集中行使行政处罚权的行政机关与有关部门之间行政管理信息的互通与共享，促进行政执法手段的现代化。”

② 王敬波：《相对集中行政处罚权改革研究》，载《中国法学》2015年第4期。

需要城管部门、工商部门、食品安全监管部门和公安部门等多部门的协作。

上述制度实践与街头需求之间的矛盾导致了基层城管部门在治理摊贩问题上捉襟见肘的窘境。基层城管部门凭一己之力无法完成法律赋予的权责和上层交代的任务,不得不依靠协管人员采取一些非正式的方式控制摊贩的规模和影响,同时也不得不依靠摊贩,特别是那些有一定实力的摊贩群的配合来应对各种检查、考核和监督。强硬执法情形下的暴力摩擦甚至暴力执法在所难免,由此导致的摊贩暴力抗法也无法杜绝,基层城管部门在一个"既互相看着不顺眼,又得一块儿过日子"的环境中努力维持着一种平衡,由此街头秩序陷入恶性循环。缺乏其他行政部门的执法协作令基层城管部门的处境雪上加霜,但是又能怎么办呢?公安、工商等行政部门好不容易摆脱了摊贩这个棘手的难题,怎么可能会再次轻易卷入其中呢?

(三)践行城市政府治理目标与规制城管执法行为的矛盾

对城管执法行为的规制根本上要求其执法过程具有正当性,主要包括程序合法与文明执法。就程序合法而言,在各项改革制度化的进程中,对法律程序的强调已成为共识。在行政执法过程中,执法者的自由裁量行为必须依照法定程序进行。具体到城管执法领域,城管部门执法人员必须严格按照法定程序进行执法,法定程序包括步骤、形式、顺序、时限等各项程序性要求。在对某一具体案件进行调查之前,城管部门执法人员应当依法表明身份,依法告知行政相对人在接受调查中的权利义务,依法进行管辖,依法制作笔录等。各地针对城管的地方性法规中均明确规定了城管部门执法的程序。以2013年施行的《昆明市城市管理综合行政执法条例》为例,该条例第三章相关条款明确规定了执法人员在从事行政执法活动时应当两人以上共同进行,并向当事人出示行政执法证件等程序性规范。

文明执法方面,近年来,为了回应社会舆论对城管暴力执法的遣责,加强对城管队员的规训,城管系统越来越强调文明执法。《昆明市城市管理综合行政执法条例》第5条规定:"城市管理综合行政执法部门及其工作人员应当坚持公正、文明执法，坚持执法与教育、疏导、服务相结合，注重对违法行为的纠正和对违法行为人的教育。"《昆明市城市管理综合行政执法督察规定》第4条规定的督察事项中包括："文明执勤、文明执法，遵守《昆明市城市管理综合行政执法人员五条禁令》和队容风纪规定的情况。"该禁令的第1条便是："严禁侮辱、殴打行政执法相对人。"可以说，针对摊贩的文明执法归结为一条，即不得侮辱、殴打摊贩。

但是，在日常执法中，关于程序合法与文明执法的要求几乎未被践行，相关规定成为一纸具文。实际上，城市政府的治理目标依然聚焦在为市民营造一个干净、整洁、舒适的城市环境上，治理模式依然只考核结果不关注程序正义。从城市政府到协管人员，均追求这一目标，达到该目的的过程和手段是否具有正当性并非最重要的考量。上文论及的检查和考评体系便是结果导向的，追求的并不是依法行政和文明执法，而是驱使整个城管系统，特别是基层城管部门完成上级政府交代的任务，取缔摊贩或者至少将摊贩控制在可容忍的规模，从而达到保持城市公共空间干净、整洁的目标。上层的命令和摊贩群体必然的"顽抗"导致基层城管部门不得不"软硬兼施"，双方又陷入上文提到的恶性循环中。

目前，城管部门陷入了"结果导向"与"过程导向"的矛盾之中，在上文述及的考核、检查、督查体系中，两种导向的相关规定同时存在。虽然过程导向并未占据上风，但依然对城管队员的执法产生影响。市综合行政执法局设有执法督察委员会，市综合行政执法支队督察大队在其领导下具体负责开展对全市各级城管部门的执法督察工作。区综合执法局设有督查中队，对全局的执法人员（含协管人员）的文明执法、依法行政情况予以督查。基层城管部门思维上依然是结果导向的，但是行动上受到了过程导向的限制，被束缚住了手脚。但是摊贩并没有受到这种限制，因此他们敢于运用暴力手段对抗城管队员。基层城管部门对上级部门的督查和社会舆论有所顾忌，不敢轻易选择"以牙还牙"的方式对待摊贩。

（四）重塑城管部门权威需求与摊贩群体对抗能力增强的矛盾

结构性暴力的结构是动态的。上述结构性因素之间的张力导致了城管部门与摊贩群体之间的天然对立,但这种对立并非一成不变,而是根据社会情势不断变化。长期以来,摊贩群体在社会底层谋生,被认为是盲流,对城市没有任何贡献,只有索取;他们占道摆摊的行为污染城市空间,堵塞道路,商品劣质,食品不卫生不安全,缺斤短两;摊贩大多没有文化,没有素质,无法沟通等。现阶段很多城市管理者依然持这样的看法。20世纪90年代,相关法制还不完善,摊贩群体还没有如此庞大,摊贩权利意识还未如此高涨,城管队员针对摊贩的执法中有很多不文明现象,辱骂、推搡甚至殴打的现象时有发生。这在某种程度上成为一种执法传统,通过一批批城管队员的"传帮带"延续至今。当然,正所谓"一个巴掌拍不响",摊贩群体也以同样不文明的方式对待城管队员。一开始,摊贩们还不得不逆来顺受。随着社会情境的变化和制度变化,摊贩群体逐渐掌握了舆论主动权,借助弱势地位对抗城管的手段运用得越来越娴熟,加之城管队员受到内部制度的约束以及来自内部和外部的压力,而不得不约束自己的行为,摊贩从而得以扭转局势,甚至具备了暴力抗法的能力。在这种情况下,双方与生俱来的地位、立场和利益的对立更加牢固,暴力既是双方对立的产物,也成为双方难以摆脱的交流方式。

伴随这一过程的是城管部门街头权威的消解。随着时代的进步,政府部门的权威不仅仅倚靠强力已成为共识,权威应当具有合法性与合理性的内核,这样才能使对象自愿服从。在官僚体制和行政法治的要求下,基层城管部门及其执法者应当成为街头秩序中的权威,他们拥有法律赋予的执法权,依照法定程序和规章制度开展日常执法工作,其日常执法行为应当具备合法性、合理性和正当性,裁量结果应当能够得到摊贩的自愿服从。对城管队员执法行为的规制便意在重塑城管部门的权威,但实行起来困难重重。

除了上述长期形成的观念外,基层城管部门的公务员还承受着来自上层的压力,同时陷于复杂的街头局面当中,许多时候不得不依靠协管人员采取强硬的手段控制摊贩群体的规模和影响,同时还要与摊贩"互通有无"以取得摊贩群体的配合,其中不可避免地会出现违法悖理的情况。协管人员虽然日复一日地在街头协助甚至代替公务人员执法,但是法律并未赋予他们执法的资格,他们也仅仅把协管当作一份普通的工作,并不认为自己在代表公权力机关执法,也不认同自己的日常行为具有权威内核。一些"灰色化"的摊贩群体敢于凭借强力与城管队员对抗,充分表明他们不可能自愿服从于基层城管部门的权威。派出所往往通过将此类暴力案件化约为一般法律主体之间的打架斗殴事件的方式屏蔽城管队员的执法属性。

五、重建街头秩序

现行城管立法宣示摊贩及其行为和协管人员实施执法行为非法,通过规定城管部门执法人员应当依法定程序,文明执法,推进形式上的法制化,但是却规避了街头实际存在的问题。① 城管制度改革和实践中,忽略了执法对象的利益,也未切实考虑到基层城管执法部门的需求。立法和制度实践与街头实践断裂了,立法和制度中设定的权威并未在街头的土壤中生根发芽,开花结果。这一断裂导致街头秩序臣服于结果导向的目标,街头逐渐成为依靠力量和策略的角力场,暴力氛围笼罩着城管部门和摊贩群体。

在这种结构性暴力中隐含双方之间根深蒂固的对立。重建街头秩序必须以消除对立为核心目标。目前有两种危险倾向亟须防备,以免强化双方之间的对立:第一,要警惕城管部门权力的扩张。一些研究倡导的城管部门正规化有扩张城管部门权力之嫌。② 当城管队员与警察一

---

① 王锡锌:《中国行政执法困境的个案解读》,载《法学研究》2005年第3期。该文以北京市1993年以来的"禁放烟花爆竹"的执法为例,指出执法困境的产生是因为大多数民众对该项法律规则所代表的政府立场本身就缺乏足够的认同。"禁止燃放烟花爆竹"作为政府立场通过立法昭示,通过投入大量资源的执法不断重申和强化,但是民众基于传统文化习俗则是以广泛的和持续的不合作行为予以应对,致使该政府立场在法律实践层面难以实现。

② 深圳市城管执法监察研究课题组:《深圳市城管执法监察工作研究》,载《特区经济》2012年第1期。本研究提出建立健全公安城管联合执法体制和设立城管法庭等措施。

样“武装”起来的时候,摊贩很容易就和“小偷一样狼狈了”。第二,要承认摊贩群体合理性的限度。摊贩的行为虽然具备合理性,但是这种合理性是有限度的。如何认识摊贩合理性的边界,进而将摊贩行为限定在该边界之内,是城市政府和城管部门在实践中要解决的问题。

近年来,我国许多城市开展的“空间分类”和“疏禁并举”的改革举措预示着消除对立的良好开端。广州市政府2008年起,开始调整政策,实施“重点路段和重点地区严禁,次主干严控,内街巷规范管理”的空间分类治理模式,并在市区适当地段建立摊贩管理疏导区。① 北京市政府2010年以来,在全市范围内设置289个大型活动游商疏导区。② 昆明市政府2014年开始采取区分绝对禁止区域、相对禁止区域和引导区域的政策,同时实施了“引摊入市”政策。③ 上述举措虽然仍处于初始阶段,实践中困难重重,但意义重大。这表明城市政府开始正视和接纳摊贩群体,基层城管队员的职能也从取缔和驱逐向监管和服务悄然转变。

也许在不久的未来,城市政府将通过解决“占道”和“无照”问题赋予摊贩群体合法地位,协管人员的工作内容转变为提供服务,城管部门的职能转变为监管,城管体制改革致力于完善监管体系,将商品质量和食品安全、公共场所环境卫生和市场公平竞争等方面纳入监管,以保障消费者的合法权益。如此,暴力发生的结构性根源得以消除,街头秩序从恶性循环转变为良性循环。

---

① 黄耿志等:《包容还是新的排斥——城市摊贩空间引导效应与规划研究》,载《规划师》2012年第8期。黄耿志等:《广州摊贩空间疏导模式及其成功效应的影响因素——基于沥滘村疏导区的实证研究》,载《人文地理》2013年第6期。

② 王雅琴等:《城市管理监察综合行政执法之理论与实践》,法律出版社2013年版,第113页。

③ 详见昆明市政府于2014年出台的《深入开展占道经营整治及引摊入市工作实施方案》。

《法律和社会科学》(2017)
第16卷第1辑,第173~200页

监控：基层土地执法的功用

甘霆浩*

摘要:将基层土地执法的功用预设定位于“消除违法”并不完整。结合理论支撑和执法实践来看,监控是基层土地执法的主要功用预设之一,与“消除违法”具有同等重要的地位。从保障法律实施以建构国家土地利用秩序的角度来说,作为执法内核的监控,根本上体现的是国家发现问题的能力,有助于信息的探查、储备与传递,能够为基层执法的有效实施提供行动依据,并对潜在的违法形成震慑与防控,进而,降低执法实施的成本与负荷,并在一定程度上满足国家对于官僚体系的监督需求。因此,这一补正有助于我们更为完整地理解、分析基层土地执法实践中的组织结构设计、资源配置、运行条件之需求,完善基层执法的理论内涵。

* 云南大学《思想战线》编辑部助理研究员、法治云南研究中心研究人员,法学博士。本文为国家社会科学基金项目“基层执法的困境与对策研究”(13BFX034)、云南省哲学社会科学规划青年项目“云南省基层土地执法的困境与对策研究”(QN2016017)、云南省教育厅科学研究基金资助性项目“云南省基层国土执法生态及其困境研究”(2016ZZX028)的阶段性成果。

一、问题与分析进路

在最近的几十年中,对于中国国家而言,土地不仅是财源汲取的重要保障,更是在土地革命之后,国家借以巩固权力基础合法性所依托的核心资源。无论是经济的增长,还是政府实力与话语权的增强,都离不开生于土地的财源和资源。但与此同时,围绕涉土利益所引发的诸类问题,比如,公权力的“寻租”、资本的唯利、民众的抗争,都让涉土法律法规的实施非常乏力。而相关的调研均显示,自20世纪90年代以来,面对涉土违法,监管的效果并不尽如人意。① 而在诸种土地监管机制中,基层土地执法②——对涉土法律法规实施状况进行监督检查的基础也陷入了困境。就此,实践中多用“执法难”“执法软”,乃至“形同虚设”予以概括。③ 而针对这种情况的成因及其破解,实务界基于工作中的体验,多从执法的社会环境压力、资源与权能配置错位、组织结构与体制运行不畅等角度,就基层执法过程中的困境进行了分析,并提出了

① 根据相关研究的统计,1999年时,违法用地的面积为28,099.69公顷,2014年时,这一数字上升到了4,091,9.00公顷,其中,案均的违法用地面积从0.18公顷上升到了0.50公顷,违法用地面积总体呈上升态势。参见饶映雪、戴德艺等:《从碎片化到整体性:土地违法治理模式的转向》,载《江汉论坛》2016年第2期;袁方成、王栀韩:《中国农村灰色土地市场的生成和发展逻辑——基于近十年〈国土资源统计年鉴〉的数据分析》,载《武汉大学学报》(哲学社会科学版)2014年第6期。

② 在此需要说明的是,本文中所指的执法,并非一般意义上的法律执行与实施,而是专指国家土地行政机构中的基层执法部门,即县(区)一级的执法大队,以及乡镇(街道)一级的执法中队(国土所)所实施的执法活动。

③ 为了更为系统地观察与理解问题,2015年4月、2015年8~9月,以及2016年3~4月,笔者分别到了我国西南D省国土资源厅执法总队,D省下辖的C市国土资源执法支队,C市的LS、NJ、HW、LP、SX 5个执法大队,以及HW大队指导下的PL执法中队(国土所)、LP大队指导下的LS执法中队(国土所)4个层级的土地执法部门进行了调查,调查形式包括了深度访谈、参与式观察,以及案例材料的收集等。“形同虚设”一词便是调查的NJ、LP执法大队对于基层土地执法绩效的评价。

相应的化解之策。① 而鉴于土地利用秩序于国家建设和稳定中的重要性越发凸显,以及调查介入程度的逐步深入,近几年来,从保障法律有效实施的角度,学界也就土地执法投入了一定的关注,这其中,除了与上述实务界大致相同的思考之外,②部分研究从公共行政、国家治理等角度,将中国的土地执法提炼为“嵌入式执法”③“弹簧上的行政”④等执法类型,就土地执法过程中的“时而有效时而失灵”“非正式规则对正式规则挤压乃至替代”等状况,从国家体制结构内在要求、国家制度运作的地方环境等视角,阐释了这些执法类型的形成动因。

而不论是实务界的经验呈现,还是学界的学理性阐释与提炼,都将关注点置于了执法的实施运作当中,且都在共用一个前提——基层土地执法的主要功用预设是“消除违法”。似乎,这是一个不言自明的道理与事实。然而,从实际情况来看,作为一种经由“消除违法”来建构土地利用秩序,进而回应国家建设与治理中核心需求⑤的机制,相较于国家土地行政部门实施的规划、计划、征转、储供等同样用于建构土地利用秩序之机制,显然,执法在建构土地利用秩序的过程中并不具有

---

① 参见李奇:《再谈执法监察体制改革》,载《中国土地》1999 年第 6 期;宋振榜:《土地立法和执法的几个问题》,载《中国土地》1996 年第 9 期;陈文村、陈国荣:《土地监察执法难的六大原因》,载《中国土地》1996 年第 11 期;吴俊生:《土地执法难问题》,载《中国土地》1999 年第 6 期;钟效光:《土地执法强制执行难》,载《中国土地》2001 年第 4 期;陈锡文:《土地执法 难!难!难!》,载《发展》2005 年第 1 期;朱新华:《“土地执法难”为哪般》,载《国土资源》2007 年第 7 期;国家土地督察济南局调研组:《执法为何不硬气——对山东省农村土地违法现状的调研》,载《中国土地》2010 年第 8 期;张维宸:《让土地执法之剑更锋利》,载《中国土地》2011 年第 1 期;赵展翔、陈友卉:《土地执法待补制度缺口》,载《中国土地》2015 年第 3 期等。

② 参见刘颖、蒋建秋:《关于我国土地执法困境与成因的再思考》,载《法学杂志》2009 年第 6 期;刘成良:《基层国土执法的困境与逻辑——以对制度性规则的制度化拒斥为视角》,载《北京社会科学》2015 年第 7 期。

③ 何艳玲:《中国土地执法摇摆现象及其解释》,载《法学研究》2013 年第 6 期。

④ 谢志岿:《弹簧上的行政——中国土地行政运作的制度分析》,商务印书馆 2015 年版,第 199 ~ 234 页。

⑤ 土地利用秩序建构所回应的国家建设与治理中的核心需求,集中于国家的汲取能力建设,以及国家权力基础的合法性证成。参见甘霆浩:《国家能力建设视角下的土地用途管制制度探析》,载《广西民族大学学报》(哲学社会科学版)2015 年第 5 期;《试论土地执法的合法性生成》,载《思想战线》2015 年第 5 期。

"唯一性"。并且,从累积执政绩效以巩固国家权力基础合法性的角度来说,[①]当这一需求投射到基层政府和基层土地行政部门时,如何配合、服务经济建设和社会发展成为首要目标,而这会极大地强化与提升"规划""计划""征转""储供"等土地管控机制的重要性,并将执法挤压到土地管控机制体系的"边缘化"位置。[②] 而退一步讲,即便强调"唯一性",将执法区别于其他机制的主要功用预设定位于"消除违法",那么,从基层执法实践中持续已久的"执法难""执法软""时而有效时而失灵"等并不稳定的执法实效,以及前述的违法势头持续来看,执法在消除违法中的功用是较为有限的。从这个角度来说,基层土地执法存在的必要性要大打折扣。然而,如果就此得出结论,认为基层土地执法存在的实际意义远不及其形式意义的话,则同样不甚全面。

因为,从实际情况来看,在县、区这一层级,虽然土地执法大队[③]的人员编制、经费资源供给、人事任免在很大程度上取决于同级的土地行政部门,但是,从功用独立的形式角度来看,执法大队与县区国土局(分局)的挂牌设立是并列而存的;而在乡镇、街道一级,作为县区国土局(分局)之派出机构的国土所,实际上与执法中队行的是一套人马,只不过同时挂了国土所和执法中队两块牌子。以此来看,基层执法在土地利用秩序的建构中仍具有重要意义。当然,针对基层执法机构的此种设立模式,通常的解释会将其归因于:强化执法机构与职能建设,

① "在现代,国家的合法性一般是基于意识形态、民主选举和绩效这三个层面。"其中,"绩效的合法性有三个维度:经济表现、道德表率和国家防御"。赵鼎新:《社会与政治运动讲义》,社会科学文献出版社2014年版,第129页。

② 从调查情况来看,在整个土地违法总量中,以一级政府为主导,或者具有政府背景的土地违法占到了非常高的比例。比如,在NJ县达到了70%以上。而在SX区分局的分管执法的副局长看来,政府对于执法并不重视,常常漠视法律并作为违法主体而出现。与此相对应,从国家建构土地利用秩序的考量来看,在1997年的《中共中央 国务院关于进一步加强土地管理切实保护耕地的通知》、1998年大幅修定的《土地管理法》、2004年的《国务院关于深化改革严格土地管理的决定》,及至2016年4月出台的《国土资源"十三五"规划纲要》等重要的政策文件和法律规定中,相较于土地管控中的其他机制,从文本的结构和阐述的顺序来看,虽都不同程度地论及执法,但都位列文本末尾。

③ 在国家的土地行政系统中,县(区)一级称执法大队,乡镇(街道)一级称执法中队(国土所)。

提升执法效能,以更加有效地"消除违法"。但是,倘若这样的说法完全成立的话,则难以解释长期以来的执法难与执法软,因为此种机构设计模式已持续数年,并非始于最近。[①] 并且,若按照此种说法中隐含的假设,将导致执法难与软的多重原因,简单归总于执法这一类机制的不畅,而忽略了建构土地利用秩序的其他机制,这从逻辑上是不能成立的。

所以,前述经验呈现和学理阐释中,将基层土地执法的功用预设聚焦于"消除违法"并不完整。同时,认为执法在很大程度上已流于形式的看法同样缺乏足够的依据。鉴于此,我们有必要追问,在国家土地利用秩序的建构中,除了干预、消除涉土违法之外,基层土地执法还具有怎样的功用预设?这种功用预设在整个国家的土地利用秩序建构扮演着怎样的角色,回应着怎样的国家治理需求与关系?实际上,无论是从基层土地执法机构、职能的生成与演变过程,还是从基层土地执法的实际运行来看,除了消除违法之外,基层土地执法的另一个主要功用预设是"监控"。围绕于此,结合文献资料和调查所得,接下来将从历时与共时两个维度,就基层土地执法之监控功用的理论支撑、现实需求、典型技术进行分析。

二、理论支撑与现实需求

(一)监控何以成为基层执法的重要功用预设

在组织社会学的新制度主义理论视域中,按照Benson的说法,"当资源和权力集中在少数有势力的组织网络中时,正式结构中某个要素

---

① 根据国土部与全国人大、中编办联合就国土资源执法监察队伍建设和体制改革问题调研形成的《关于国土资源执法监察队伍建设和体制改革问题调研报告》,此种执法机构格局在2003年前后就已经存在。同时,在所调查的C市,根据《C市年鉴》(2006)中的"国土资源管理"部分,该市在2005年就已经形成了此种执法机构格局。

的制度化在很大程度上依赖于这些组织是否赋予其合法性”。[①] 而在系统理论的代表人物帕森斯看来,“在社会结构下的专门化子系统,为了合法地获得稀缺资源,所追求的目标就应该与更大的社会价值保持一致,同时,一个组织的价值体系必须依据其为上级系统的目标达成所能贡献的功能重要性而获得合法性”。[②] 换句话说,任何组织的存在与发展都要以相应的资源作为基本保障,而为了满足这样的需求,组织都会努力地向周在环境证明其存在的价值与意义,展示其不可或缺的特征,以此作为资源获取的主要依据。这一点,具体到基层土地执法亦不例外。若将国家视为“投资人”,在所能够用于建设与治理的资源有限的前提下,基层执法之所以能够被吸纳为国家建构土地利用秩序的专门化、正式化机制之一,正可说明基层土地执法满足着国家治理的特定需求与目标,承载着特定的国家能力。从这个意义上说,国家能力的研究,可以为理解基层执法的功用预设提供了有益的视角。

就国家能力的研究而言,斯考克波等人所掀起的“回归国家”热潮,引发了学界对国家能力的关注。其中,虽然国家能力的概念可以帮助我们去理解一些宏大的议题,但是,正如斯考克波所指出的:“关于国家能力的最富成果的研究似乎都集中于特定的政策领域。”[③]易言之,我们不能空泛地讨论“国家能力”,而必须关注更为细致的国家能力,并在具体的环境和实践中予以勾勒和分析。就此,作为研究国家能力的代表,米格代尔认为国家能力包括渗入社会、调节社会关系、提取资源、配置或运用资源四个方面。[④] 而在20世纪90年代的中国,王绍光和胡鞍钢发表了《中国国家能力报告》,论及了国家能力的4个方

---

① Benson, J. Kenneth, The interorganizational network as a political economy, in *Administrative Science Quarterly*, Vol. 20, 1975, pp. 229 – 249.

② Parsons, Talcott, *Structure and Process in Modern Societies*, Glencoe, IL: Free Press, 1960, p. 21.

③ [美]彼得·埃文斯、迪特里希·鲁施迈耶、西达·斯考克波:《找回国家》,方力维、莫宜端、黄琪轩等译,生活·读书·新知三联书店2009年版,第22页。

④ [美]米格代尔:《强社会与弱国家——第三世界的国家社会关系及国家能力》,张长东、朱海雷、隋春波、陈玲译,张长东校,凤凰出版传媒集团/江苏人民出版社2009年版,“导言”第5页。

面,分别是汲取、调控、合法化以及强制能力。[①] 此后,王绍光在论及国家的转型目标与路径问题时,再次对国家能力进行了阐释,认为"国家能力指国家将自身意志转化为现实的能力",并在此基础上,将国家能力的表现归结为合法化、社会控制,以及实施社会经济政策的能力3个方面,[②]之后,在论及转型中的国家治理与国家能力的关系时,根据迈克尔·曼对于国家权力的划分,王绍光进一步将国家治理的能力细化为8个"基础"方面,分别是强制、汲取、濡化、认证、规管、统领、再分配、吸纳和整合。[③] 而综观这些国家能力的阐述可以发现,其中的一个重要维度都指向了国家对于个人、团体的行为予以规范和管理,以及对于社会关系的调节。比如,在论及国家何以让社会民众遵守规则时,米格代尔就强调了国家机构对社会的渗透、国家恰当地分配资源并规制人们日常行为的能力;[④]在阐述社会控制能力问题时,王绍光强调了国家"对属民外在行为的约束",[⑤]之后论及"规管能力"时,他阐释道:"规管是规管人们的外部行为。不管你内部信念如何,外部行为如果违反了某些规矩的话,你就得被规管。规管的意义就在于改变个人和团体的行为,使他们的行为符合国家制定的规则。尤其是在工业化、城市化、商业化的背景下,信息的不对称和权力的不对称使得国家在规管现代社会当中变得非常重要。在现代国家,规管几乎无所不在。"[⑥]由此看来,其一,无论是国家的规制能力、社会控制能力,还是规管能力,虽然提法不一,但都包含了规则规矩对于个人、团体之行动的约束与改

① 王绍光、胡鞍钢:《中国国家能力报告》,辽宁人民出版社1993年版,第6页。

② 王绍光:《安邦之道——国家转型的目标与途径》,生活·读书·新知三联书店2007年版,第5页。

③ 王绍光:《国家治理与基础性国家能力》,载《华中科技大学学报》(社会科学版)2014年第3期。

④ [美]米格代尔:《强社会与弱国家——第三世界的国家社会关系及国家能力》,张长东、朱海雷、隋春波、陈玲译,张长东校,凤凰出版传媒集团/江苏人民出版社2009年版,第272页。

⑤ 王绍光:《安邦之道——国家转型的目标与途径》,生活·读书·新知三联书店2007年版,第5页。

⑥ 王绍光:《国家治理与基础性国家能力》,载《华中科技大学学报》(社会科学版)2014年第3期。

变。其中显见的是:作为一类规则体系的法律制度,[①]正是实现此种能力的重要依托;而从保障法律规则有效实施的角度来说,执法无疑是一种基本且重要的方式。其二,要实现此种规管与调节,克服信息不对称所带来的障碍是一个非常关键的环节,或者说,掌握充分的信息是实施有效规管与调节的基础保障。

于此,就国家实施此种规管与调节的动因来说,吉登斯关于信息与信任需求关系的阐述,为我们提供了重要的启示。他认为:“信任与时间和空间中的缺场有关。对于一个行动持续可见而且思维过程具有透明度的人,或者对于一个完全知晓怎样运行的系统,不存在对他或它是否信任的问题。信任过去一直被说成是‘对付他人自由的手段’,但是寻求信任的首要条件不是缺乏权力而是缺乏完整的信息。”[②]实际上,面对社会中的高度分化,以及在此基础上更为普遍的陌生关系,对于国家的运行与稳定而言,经由相互间的信任而形成的分工与协作至为重要,而信息不对称恰是制约有效信任关系构建的一个核心要素。所以,要建立起足够的信任关系,就必须有相应的信息保障,降低因信息不对称所致的行为难以预判,及其引发的国家治理风险。解决此类问题,一个重要的手段就是建立起稳定的组织、制度、技术,并以此作为获取有效信息并做出决策的实体依托,以此遏制、规避行为无法预期所可能导致的治理风险,降低治理的成本。而正是在此意义上,从理解现代国家的角度,吉登斯阐述了“监控”的问题,他首先强调:“没有哪个前现代国家能够哪怕只是接近民族国家中发展出来的在行政管理上的协调性控制水平。如此程度的行政集中化,反过来也依赖于那些大大超越于传统文明特征的监督能力的发展。而且,同资本主义和工业主义一样,

---

① 基于法律人类学的视角,王启梁教授曾指出,相较于民间规范,现代的国家法律即是一套安排秩序的分类体系,此种类型化的体系旨在解决国家所遇到的实际问题。参见王启梁:《法律是什么?——一个安排秩序的分类体系》,载《现代法学》2004年第4期。

② [英]安东尼·吉登斯:《现代性的后果》,田禾译,凤凰出版传媒集团/译林出版社2011年版,第29页。

监督机器成了与现代性兴起相关的第三个制度性维度。”①“‘监控’指两类互为关联的现象,其一是积累‘业经整理的信息’,这样可被用于管理个人的活动,它所积累的正是有关个人的信息。在此,重要的不仅是信息的收集,而且还有信息的储存……另一个意义的监控是,居于权威位置的个人对另一些人的活动实施直接的监管。在具体明确边界的情境中展开的活动集中过程,很大程度上强化了支配者对这些活动所进行的‘监视’乃至控制。”②可见,吉登斯对于监控的理解,首先来自对现代性的多种制度维度——民族国家间建立关系的理解之上,对于当今的民族国家而言,监控是不可或缺的基本制度,而伴随技术升级而实现的监控大幅度的延伸,则是现代社会与传统社会的主要区别之一;其次,监控的前提和方式之一,是以信息的累积、存储和整理作为基础和保障的;再次,收集信息的过程实际上也是一种监控的过程。而关于监控功用的、更为直观和形象的刻画,在福柯笔下的城市瘟疫控制中得到了这样的呈现:“监督不停地进行着。到处都是机警的监视目光:‘一支由可靠的军官和富人指挥的民兵队伍’,在各个出入口、市政厅和各个区进行警戒,以确保民众的服从和长官的绝对权威,‘还严防一切混乱、偷盗和勒索’。在每个城门应设一个观察站,在每个街口设几个哨兵。每天,区长巡视所负责的地区,了解里长是否履行了职责、居民是否有不满之处。他们应‘监视他们(居民)的行动’。每天,里长也深入所负责的街道,在每所房子前停下,让所有的居民都在窗户路面(住在面对院子方向的居民应分得一个面向街道的窗户,只有他们可在露面时使用)。他呼喊每个人的名字,了解每个人的状况——‘因有死刑的威胁,居民会被迫说出真实情况’……这种监视建立在一种不断的登记体制的基础上:里长向区

① [英]安东尼·吉登斯:《现代性的后果》,田禾译,凤凰出版传媒集团/译林出版社2011年版,第50~51页。

② [英]安东尼·吉登斯:《民族—国家与暴力》,胡宗泽、赵力涛译,王铭铭校,生活·读书·新知三联书店1998年版,第14~15页。

长报告,区长向市长报告……”①在福柯看来,规训和官僚监控是现代资本主义的本质特征,并且,监控已经超出了官僚组织内部,包含了社会中的各种监控关系,是一个巨大的监控网络,社会中无所不在的监控形成了被规训的社会。② 在这个规训的过程中,监控渗透进了整个社会之中。监控关系网络即福柯眼中的权力网络,监控的效应产生了权力效应。

综上看来,首先,对于一个现代国家来说,建立有效的监控体系以获得信息,并以此作为规管、调节个人与社会团体时的决策依据是至为重要的。其次,监控本身作为一种国家权力,其所具有的抑制、消除越轨的能力是潜在却“无处不在”的,经由监控所形成的、弥漫于一定时空中的权力网络,让随时随地发现逾越规则的行为成为可能,试图越轨者但有风吹草动,即面临暴露并受到责罚的可能,从而让潜在的或已经发生的越轨行动者难以隐瞒,并因此产生畏惧与焦虑。因此,本文认为,在理论预设上,从保障法律实施以回应国家能力建设需求的角度来说,监控是执法所应有的功用需求,监控在根本上强调的是国家探查信息、发现问题之能力,其对于执法的重要性在于两个方面:第一,及时有效地搜集、传递、处理与运用信息,为如何有效执法提供决策和行动的依据。第二,形成一张弥漫时空的权力网络,让欺骗与隐瞒变得困难,让那些试图逾越规则者随时随地感受到一股潜在的、强烈的、置身其中却又难以逃脱的压迫力量,从而达到抑制违法与防控风险的目的,从总体上减轻执法所背负的资源成本。

(二)监控何以回应基层土地管控的需求

从前面的分析来看,在一般意义上,监控是内含于执法的重要功用预设,或者说,监控是作为执法的内核而存在的,而执法则是国家实施监控的一种表现形式。因此,我们可以以执法作为分析的载体和线索

① [法]米歇尔·福柯:《规训与惩罚》,刘北成、杨远婴译,生活·读书·新知三联书店1999年版,第220页。

② 同上。

来理解监控的功用。在此前提下，当我们具体到执法在国家土地管控领域的实施时，相应的问题是，作为众多执法类型中的一种，基层土地执法究竟回应了怎样的、特定的国家需求。

就此，从时间上来看，1998年《土地管理法》修订的一个重要变化，即是明确了执法作为土地管控基本制度的地位。而国家之所以在此时作出这样的制度安排，是有着特定的治理需求与背景的。

我们知道，任何一个国家的存续、运转、治理都要以一定的财源作为基础，其中，经由土地来汲取财源是一种核心的方式。在1949年之后的中国，从20世纪50年代~70年代末，国家在开辟新的财源时，通过工业化建设累积工业利润是其中最为主要的一条途径，而在当时，这种工业利润的获取主要是依靠农业利润的反哺来实现的。然而，由于对农村土地收益的汲取幅度过大，长期累积下来，已经超越了社会，主要是农村社会的承载能力，并由此危及到了国家的合法性基础，因此，国家不得不在20世纪70年代末对土地的使用制度做出了让步，将一部分涉土利益重新划归农村社会所有。而这种让步，导致了20世纪70年代末~90年代初，国家整体和中央政权的财源汲取能力持续下降，并促成了1994年始实施的分税制改革。①

而在分税制改革②所释放出来的影响中，就土地收益的形成和分配而言：③第一，从地方政府的财政状况来看，作为一种财政分权的国家治理模式，分税制着眼于调整中央与地方政府的关系，主要是中央的集权和地方的削权。而作为这种改革的结果，由于中央政权提升并加强了预算内所得的份额，使得分税制实际上导致了基层政权，主要是县、乡两级政权的财政吃紧。而为了解决财政吃紧的问题，各级地方政

① 具体的过程描述，参见甘霆浩：《国家能力建设视角下的土地用途管制制度探析》，载《广西民族大学学报》（哲学社会科学版）2015年第5期。

② 关于分税制财政管理体制的主要内容，见《国务院关于实行分税制财政管理体制的决定》（国发〔1993〕85号）。

③ 本段论述中的“土地财政”“诸侯割据”等观点，参见周飞舟：《分税制十年：制度及其影响》，载《中国社会科学》2006年第6期；《生财有道：土地开发和转让中的政府和农民》，载《社会学研究》2007年第1期；孙秀林、周飞舟：《土地财政与分税制：一个实证解释》，载《中国社会科学》2013年第4期。

府开始谋求以土地出让为主要构成的预算外收入,因为这部分收入中央是不参与分配的。亦因此,才有了所谓的“土地财政”一说。第二,从土地财政运作的核心机制来看,在以地生财的过程中,地方政府之所以能够从土地的征转和开发中获得高收益,一方面源自征地,且主要是征用集体土地时的低价补偿;另一方面,则源自政府对于土地出让一级市场的垄断地位。在这样的情况下,站在政权核心(中央政权)巩固统治地位的角度,如果地方政府可以从“土地财政”中获得巨大的预算外收益,且不必与中央分享,则可能因地方政府财力脱离控制的疯狂扩张,而导致“诸侯割据”的潜在统治危机;而就征地中的低价补偿而言,站在被征地者的角度,则意味着因不满而可能引发的抗争,对国家而言,是一类潜在社会风险和不稳定因素,这一点,从若干年来因土地征转而引发的恶性、群体性事件,以及涉土上访等问题中可以看到,而这同样会动摇国家得以稳固的社会基础。

因此,经由执法来监控各级地方政府的涉土活动,以信息畅通传递和平衡为基础,预防与震慑地方政府的不当行动,才是实现有效财源汲取,并同时维护国家与社会之稳固,降低国家治理风险和危机的前提所在。正是在这样的逻辑中,我们才会看到,就在《土地管理法》二次大幅修订的前一年,在1997年4月1日的《人民日报》中,有这样一篇报道——《邹家华在全国土地管理厅局长会上强调采取最严格措施管理土地保护耕地》,①其中专门强调“我国现行土地管理法律、法规不健全,执法手段软弱,难以控制对农地的随意征用,地方政府的土地违法行为难以查处,不适应社会主义市场经济体制的需要……我国现行‘多卖地,多得益’的土地收益办法,是耕地大量减少的经济诱因。中央决定,今后农地转为非农建设用地的土地收益全部上缴中央”。紧接于此,1997年4月15日,中共中央、国务院发出《关于进一步加强土地管理切实保护耕地的通知》,开篇即强调了地方土地管控的失序,以及这对国民经济发展和社会稳定产生了不良的影响。在此基础上,又反复

---

① 资料来源:“人民日报图文数据库(1946—2016)”,http://58.68.146.102/rmrb/20160629/1。

强调了各级地方政府在土地宏观管理、建设用地审批、城市建设用地规模控制、农村集体土地管理、国有土地资产管理中的责任，并且，单列第六部分“加强土地管理的执法监督检查”，提出“建立和完善土地执法监察制度，强化土地管理的执法监督工作”。由此可见，就国家土地利用秩序的建构而言，以中办和国办的名义共同发文，并就执法监察工作提出了具体的要求，反映出中央—地方在土地利用与管控问题上的意愿、行动步调并不完全一致，存在一定程度的紧张状态。① 也正是在上述原因的共同作用下，在1998年修订的《土地管理法》中，一方面确立了土地用途管制作为国家涉土管控的基本制度；另一方面，除了继续强化并上收审批、规划权力之外，一个重要的变化即是稳定了执法在土地管控中的地位与作用。

在这样的前提下，具体到基层土地执法来看，其点多面广的格局与功能预设，在国家土地利用与管控秩序的建构中，发挥着基础性的作用。② 从执法机构与土地行政机构数量对应的角度来说，根据有统计的数据，全国省、市(地)、县(区)级国土资源管理机构数分别为32个、440个、2853个，换算之后的比例约为1∶14∶89；再者，从2010年全国土地违法案件数量来看，其中，当年共发现违法66,373件(45,124.28公顷)，其中，涉及省级机关的63件(522.44公顷)，涉及市级机关的72件(486.86公顷)，涉及县级机关的570件(2940.95公顷)，涉及乡级机关的771件(1512.22公顷)，涉及村组集体的3309件(2155.18公顷)，涉及企事业单位的12,105件(28,451.19公顷)，涉及个人的49,483件(9055.45公顷)。③ 而根据《国土资源行政处罚办法》第二章的一般性规定，“国土资源违法案件由土地、矿产资源所在地的县级国土资源主管

---

① 就分歧与紧张的问题，可参见张清勇：《纵向财政竞争、讨价还价与中央—地方的土地收入分成——对20世纪80年代以来土地收入的考察》，载《制度经济学研究》2009年第1期。

② 正因如此，在2016年4月国土部出台的《国土资源“十三五”规划纲要》中，就强调了要转变执法监管方式，推动执法重心下移。中华人民共和国国土资源部网站，http://www.mlr.gov.cn/zwgk/zytz/201604/t20160414_1402256.htm。

③ 国土资源部史志办公室：《中国国土资源年鉴》(2011年)，中国国土资源年鉴编辑部2012年版，第898页、第906~909页。

部门管辖,但法律法规以及本办法另有规定的除外”,①不难看出,在整个国家土地利用秩序的建构中,区县一级及其以下的执法机构承担了巨大的执法负荷。然而,与此相脱节的是,在以资源支出为主要支撑的基层执法中,人力、财力、物力不足一直是棘手的问题。以执法中队(国土所)为例,早在2010年《国土资源部关于加强乡(镇)国土资源所建设的指导意见》(国土资发〔2010〕24号)中,就专门从基础建设与保障能力、沟通协调与履职落实等角度,倡导省一级的国土部门“积极争取当地党委、政府支持,切实加强乡(镇)国土资源所建设,特别是要进一步理顺基层国土资源行政管理关系,建立健全机构,落实人员编制,改善工作条件,确保乡(镇)国土资源所有独立的办公场所、必备的办公设备和用于执法巡查的车辆,切实解决基层国土资源管理部门工作经费和设备不足问题”。而从调查的情况来看,虽然2004年以来实施了省以下的土地行政系统垂管,但时至今日,与所对应的县(区)一级的国土局(分局)、乡镇(街道)的国土所的处境相同,在县(区)一级的执法大队和乡镇(街道)的执法中队,仍面临着执法事权与资源供给相互脱节的窘境。② 因此,经由基层执法中的有效监控,正是防控、震慑违法发生,进而缓解执法负荷、降低执法成本,提升土地执法的总体绩效的一条有效路径。

---

① 参见《国土资源行政处罚办法》(中华人民共和国国土资源部令第60号),2014年5月7日。

② 在现行的土地行政管理体制下,执法中队(国土所)领导、区县执法大队领导,以及县区土地部门领导的任免主要取决于垂管的土地行政系统内部,而经费和人员编制核定则主要取决于相应层级的地方政府。其中,市辖区与县的情况还有所不同。按照土地行政系统内部的说法,即“系统内管帽子,地方管肚子”,脱节由此而生。而在地方政府“将强化执法监管视为加大资源保障力度的对立面”(国土资源执法监察研究课题组:《新常态下国土资源执法监察工作的思考与对策》,载《中国土地》数字报2015年第8期)的情况下,执法所需的资源供给更难获稳定保障,脱节由此加剧。在所调查C市的SX、LP两个市辖区,以及C市的NJ县,3位执法大队长都不约而同地强调了基层执法面临的人力、财力和物力匮乏问题。

三、典型的监控技术使用

（一）技术一：监控机构体系的搭建

伴随1986年《土地管理法》的出台实施，如何确保法律实效成为一个关键性的问题，这其中，稳定的组织机构是基本前提。由此，1987年7月，国家土地管理局监督检察司发出了《关于开展土地监察试点工作的通知》，开篇述及实施此一试点的动因时，首先强调的即是“许多违法案件，因不能及时发现和处理，造成了财产的损失和恶劣的影响，究其原因主要是没有强有力的执法队伍，土地管理仍处于不同程度的失控状态……从目前的情况看，土地的监察工作比较薄弱，不能及时发现和查处违法占地事件……”而在述及土地管理部门的监督检察机构、队伍的主要任务时，则先强调了“组织巡回检查，对本辖区土地的利用、开发、保护和权属变更及费用收缴进行监督”，然后才提及“调查和处理违法用地案件”。在试点基础上，1988年6月，国家土地管理局转发了《保定地区土地管理局关于监督检察机构改革情况的报告》，其中的经验部分即重点强调了土地监控纵向体系的建设：“从纵向看，全区已经形成了县、乡、村三级土地监察网。”紧接于此，《国家土地管理局关于确定第二批土地监察试点单位的通知》中再次强调：“第二批土地监察工作联合试点的市、县土地管理部门，务必于今年九月底之前完成以下工作……（二）配齐乡（镇）土地管理员，将县、乡（镇）、村三级监察网建立起来……”

之后，经过10年左右的摸索与经验累积，针对土地违法的发现与查处，1999年11月，即土地执法入《土地管理法》后的第二年，国土资源部在《关于在土地执法监察工作中实行动态巡查责任制有关问题的通知》中，就经由“巡查”实施基层执法进行了强调，其中，就监控这一执法的功用预设而言，述及如下方面：第一，明确了“巡回检查是土地执法监察的有效形式”。第二，将“巡查”职责的主要内容定位于：“及时发现和制止各种土地违法行为，并对拒不停止土地违法行为和已形成土地违法事实的,及时报告有行政处罚权的土地行政主管部门立案查处,同时对土地管理各项规章、制度贯彻执行情况进行监督检查。通过切实履行巡查职责,确保及时发现土地违法行为并将其消除在萌芽状态,维护土地管理秩序和土地所有者、使用者的合法权益……巡查周期要适应及时发现并制止土地违法行为的需要。"第三,明确了承担"巡查"职能的主体为:"实施动态巡查的主体是县(市)土地行政主管部门的执法监察机构和所属执法监察专业队伍,日常巡查任务主要由执法监察专业队伍承担……基层土地管理所可以加挂执法监察队的牌子,以执法监察队的名义执行巡查任务,其工作人员原则上都应承担巡查任务。"第四,就"巡查"履职中的主要考核与奖惩依据做了概述:"上级土地行政主管部门要把实行动态巡查,及时发现和制止土地违法行为情况,作为考核下级土地行政主管部门执法监察业务的首要指标,并根据考核情况予以奖惩……对于在巡查中认真履行职责,能够及时发现、及时制止、及时报告,其巡查责任区内土地违法发案率明显降低,形成违法事实、需要强制执行的土地违法案件明显减少的,予以奖励;对于不认真履行职责,不能及时发现,发现后不制止、不报告并造成一定后果的,予以惩戒。"

此后的2003年,根据全国人大四次会议上部分代表提出的《关于加强国土资源执法监察工作的建议》,国土部与全国人大、中编办联合就国土资源执法监察队伍建设,以及体制改革问题进行了调研,在《关于国土资源执法监察队伍建设和体制改革问题调研报告》中,论及执法监察的特点及存在问题时,就首先强调:"资源国家所有和地方分级管理带来的局部和全局、当前和长远利益冲突相当突出,国土资源执法监察的任务十分繁重和艰巨,表现在:(一)国土资源执法监察担负着资源保护和资产监护双重使命……(四)违法后果严重,易发生,难处理。土地无所不在,违法行为的发生具有广阔的空间。土地违法一旦形成事实,就具有不可逆性。耕地一旦道到破坏就难以恢复。而且法律规定对土地案件查处非常严厉,往往是拆除建筑物,财产损失相当严重;对于违法责任人,属于国家公务人员的,还要给予行政处分,触犯刑法的,要移送司法机关追究刑事责任,因此处理难度非常大。"不难看出,鉴于土地违法事实形成后所具有的不可逆性，以及违法发生后难以挽回的经济、社会效益损失等特征，经由富于效率的监控，及时地发现并处理土地违法，无疑具有非常重要的意义。此外，报告中重点强调了执法监察机构和队伍隶属土地主管部门，而主管部门隶属同级政府的“属地化”管理体制导致的执法困境具有普遍性。正是在这样的情势下，接下来的2004年，关于省以下国土行政垂管体制和省以下国土部门干部垂管的政策先后出台。①

之后的2008年9月，在国土部《关于建立健全土地执法监管长效机制的通知》中，论及涉土违法的发现与查处问题时强调：“进一步落实土地执法监察动态巡查责任制。地方各级国土资源行政主管部门要进一步明确和细化各自的巡查责任，并严格纵向监督。进一步完善土地执法监察动态巡查责任目标考核体系，量化考核标准，严格落实巡查责任……县级国土资源行政主管部门要积极采取措施，加强乡(镇)国土所建设，落实人员、经费和工作装备，健全完善土地执法监察责任制度，构建‘横向到边、纵向到底’的执法监察网络。”之后的2010年2月，国土部出台了专门针对国土所的《关于加强乡(镇)国土资源所建设的指导意见》，就作为执法末梢的国土所(执法中队)之职责、工作重心再次定位。其中论及“建立健全机制，强化执法监管”时，即强调“乡(镇)国土资源所要进一步落实执法巡查职责，建立报告制度，及时向县(市)国土资源行政主管部门报告辖区内的国土资源违法行为及态势”……“要进一步建立健全执法监察信息员、协管员制度”，目标则指向了“对违法行为早发现、早报告、早制止、早处置”以及形成“横向到边、纵向到底”的执法监察网络。

此后，在国土部2013年6月的《关于建立土地利用动态巡查制度加强建设用地供后开发利用全程监管的通知》中，突出了通过动态巡查制度的改进，来强化对建设用地供后开发利用的过程监管，节约和集约用地，这其中，对于基层执法机构的巡查责任主体地位予以了专门强调：

① 分别参见《国务院关于做好省级以下国土资源管理体制改革有关问题的通知》(国发〔2004〕12号)，中组部《关于调整省以下国土资源主管部门干部管理体制的通知》(组通字〔2004〕22号)。

“各地要将动态巡查嵌入日常工作链条,明确责任单位,落实专岗专人,健全巡查队伍,保障工作条件,形成动态巡查责任体系。市、县国土资源主管部门是土地利用动态巡查工作的责任主体。部门内设机构要设立土地利用动态巡查专岗,主要负责动态巡查任务的分配、督察和结果反馈……基层国土所或国土资源分局是现场核查的责任主体。实地核查人员负责按照动态巡查的内容和上级部门所分配任务,适时开展土地利用动态巡查,记录巡查结果,并按时反馈给专岗工作人员。”①而最近一次强调基层土地执法的问题,则是在2016年4月的《国土资源“十三五”规划纲要》中,在论及加强国土资源执法监察的有限篇幅中,重点强调了“将违法行为发现在初始,解决在萌芽”。

在笔者所调查的C市,就基层土地执法而言,1988~1990年底,市和9个县(区)的土地管理部门建立了法规监察机构,其中的38个乡镇建立了土地管理所,部分县(区)的办事处、村社一级也确定了兼管土地工作的干部,初步形成了自上而下的监察网络。此后的1997年,经市政府批准,C市土地管理局监察队升格为监察大队,同时,各县(市)区先后成立监察中队,强化土地执法力度。至2000年,当时全市14个县(市)区建立了土地监察中队,并实施了特邀土地监察员制度。至此,C市建立起市、县、乡、村4级土地监察信息网络。

此后的2004年,《中共C市委、C市人民政府关于进一步加强国土资源执法监察工作的意见》出台,强调了执法监察工作坚持预防为主、预防和查处相结合的方针。至今,C市土地执法的监控格局为市支队、县(区)大队、乡镇(街道)中队3级体系。同时,通常在村一级,设国土资源信息员。在此,我们用图1来呈现这种格局。②

---

① 而国土所的这一主要职责也在笔者的调查中得到了验证,这种对于动态巡查的强化,从调查的情况来看,实际上是通过层层划定的巡查责任机制来完成的。(后文将做专门论述)

② 根据《C市国土资源局HW区分局执法监察工作制度》(C市国土资HW区〔2009〕15号)、《C市国土资源局LP区分局执法监察工作制度》《C市国土资源执法监察工作的实施办法》(C市国土监〔2013〕118号),以及在C市执法支队、HW区执法大队、LP区执法大队、PL执法中队、LS执法中队调查的资料所整理。

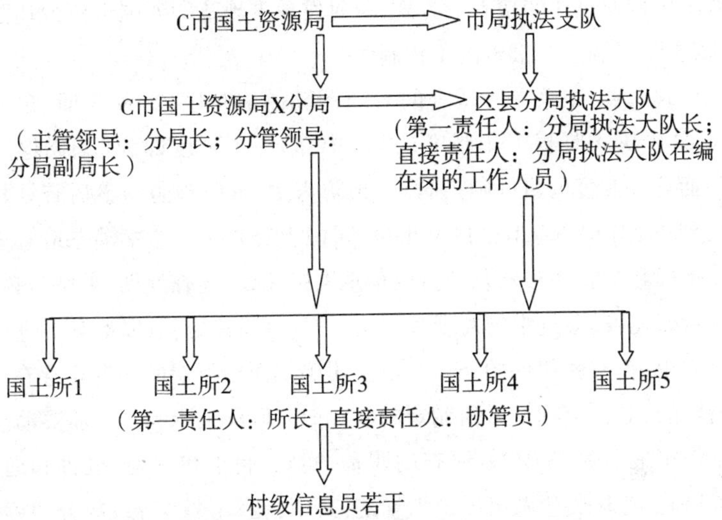

图1　基层国土资源管理执法工作网格化监管暨动态巡查职责划分示意图①

由上,在很大程度上,基层土地执法机构的演变过程首先是一个基层土地监控机构体系的建设过程,反映出中央于地方、国家于社会两个维度的土地监控意愿。其次,为了满足监控的需求,及时有效地搜集信息,日常监控的实施主体逐渐下移,同时,经由2004年的土地行政垂管体制改革,强化了信息上传下达之渠道的畅通。

(二)技术二:巡查与报告

1. 巡查

从前一部分的论述来看,与基层执法监控机构体系的搭建同步进行、相辅相成的,是国家对于监控职能之有效实施方式的探索。这其中,"巡查"是一个被反复提及与强调的关键机制。就执法中的巡查来说,国土部丁2009年即出台了《国土资源执法监察巡查工作规范》(试行)(国土资发〔2009〕127号),其中,就巡查的目标强调了"提高执法效能,早发现、早制止、早报告",并将巡查解释为"国土资源行政主管部门及

① 根据《C市国土资源局HW分局执法监察工作制度》(C市国土资HW〔2009〕15号)、《C市国土资源执法监察工作的实施办法》(C市国土监〔2013〕118号),以及在C市执法支队、HW执法大队和LP执法中队调查的资料所整理。

其派出机构通过巡回检查的方式,及时发现本规范所列国土资源违法行为,依法予以制止和报告的工作制度”。

与此一致,在笔者所调查的C市所辖的HW区,2009年时,出台了《HW分局执法监察工作制度》,①其中,第一个制度即为“动态巡查制度”,而这一制度的目标则指向了“预防为主,事前预防与事后查处相结合”,到了2012年时,HW区又出台了《国土资源执法监察动态巡查工作考核指标和奖惩办法》,从巡查的信息网络建设,巡查计划、类型与频率,巡查台账建设、巡查中的发现率与制止率、协调查处、上报备案等进行了量化的规定,并就奖惩的条件予以了明确。而相类似的情况也存在于C市所辖的LP区,在LP区所制定的《C市LP区国土资源执法监察动态巡查工作实施细则》②中,就巡查的职责、实施、制止和查处、报告和通报、保障措施、考核奖惩做出了详细规定,其中,在“考核奖惩”部分明确了:考核结果是年度评先、奖惩、干部任用等的重要依据,开展巡查工作、及时发现和制止违法违规用地情况,是考核国土所(执法中队)执法监察工作的重要指标……对国土资源巡查工作考核不合格的国土所(执法中队)负责人,由分局领导进行约谈,限期整改……填写巡查台账或录入巡查信息弄虚作假的,按照有关规定追究责任。③ 同时,对巡查发现的国土资源违法行为已切实依法履行制止和查处职责,并按规定报告,但仍制止无效、查处无法实施的,视为已经履行监管职责。

而在作为基层土地执法末梢的执法中队(国土所),其首要的工作内容即是“执法动态巡查”。从调查的情况来看,巡查占据了相当大的一部分工作量。每周的5个工作日当中,累加起来,至少有3天的时间是用于巡查的。而为了达至“预防为主,事前预防与事后查处相结合”的目标,巡查所涉具体内容包括:第一,制订巡查月计划;第二,划定巡查的层次;第三,巡查台账的建立;第四,巡查后的报告制度。

---

① 《C市国土资源局HW分局执法监察工作制度》(C市国土资HW〔2009〕15号)。

② 《C市LP区国土资源执法监察动态巡查工作实施细则》(C国土资LP通〔2014〕9号)。

③ 这些规定的依据主要在于《中华人民共和国土地管理法》,以及由监察部、人社部和国土部联合发出的《违反土地管理规定行为处分办法》(第15号令),2008年6月。

在基层土地执法中,此种监控方式的重要性在于:其一,由于土地所固有的不可移动、用途改变后的不可逆性,以及土地所具有的资产性等特征,站在保护整个社会资源的角度而言,一旦违法用地未被及时发现,待违法事实形成后,根据《土地管理法》第七章的相关规定,无论是采取拆除、没收或者罚款等方式消除违法状态,作为事后的补救,其所能够挽回的、土地作为资源与资产的损失都是有限的,或多或少都会造成社会资源整体的损失。并且,由于涉及切身的重大利益,待违法成为事实后再予查处,于基层执法者而言,压力、阻力和潜在的社会稳定风险都是巨大的。站在降低执法综合成本的角度来看,"亡羊补牢"的事后执法,相较于事前的主动监控及其基础上的"防微杜渐",无疑是缺乏效率与效益的。其二,从有效执法的角度来说,一个至为重要的前提是充分地"掌握情况、心中有数、拿捏尺度",包括一块土地的归属、使用现状,历史遗留问题等情况,以及所涉及的国家和地方政府的政策、制度规定、各方关系与利益瓜葛等。只有厘清楚了这些问题,才可能准确地把握导致违法的症结所在,明了孰轻孰重、孰急孰缓,所采取的执法措施才可能有针对性,才有利于疏导和化解违法行为,否则,不仅执法的阻力大,且风险会非常高,甚至陷入被动之中。其三,通过巡查对辖区内的土地的利用、变化状况熟谙于心之后,才能够有效地应对各类执法活动。例如,在卫片执法中,①虽然卫片的精度很高,但是,其也有不能及的地方,且鉴于土地利用的动态变化情况,具体的问题仍然需要从人工巡查的角度,以更为清晰的呈现。同时,在每一年的卫片执法中,对于基层执法来说,执法有着双重的含义:即一方面对核实确定的违法用地的查处整改,提出意见和建议;另一方面,则需要证明相当一部分"图斑"的合法性,而要有说服力地证明这些"图斑"的合法性,需要整理和提供的资料信息不在少数,比如,土地的性质、权属、登记、使用变化等状况,而这些信息的搜集和掌握,如果不能够经由日常的巡查而有效储备的话,一旦卫片执法启动,在短时间内是难以有效搜集的。而如果不能有信服力地解释这些

① 关于卫片执法的相关论述,可见下文。

“图斑”的合法性,对于基层执法者而言,会因区域的土地管理秩序混乱,而被认定为履职不到位;而一旦违法用地数量与性质达至3部委15号令①的问责起点,无论是对于属地政府,还是对于基层土地部门而言,都会形成巨大的心理压力与问责风险。

2. 报告

在基层土地执法中,紧接于巡查的一个监控环节即报告。在所调查的C市,按照相应的规定,②通常以5个工作日即一周为限,执法中队(国土所)需要定期向上级土地行政主管部门,以及执法部门报告巡查中发现的问题,即便无问题也要报告,同时,重大事项实行专项报告。以此为基础,区县执法大队,分别会在每个月的巡查工作结束后,将土地的违法态势、违法占用耕地的面积和比例、防范与处置意见报同级政府和上级国土行政部门。

从执法的需求来看,如果监控仅仅止步于巡查发现,而缺少了向上报告的配合,则不足以引起违法者的畏惧,是难以形成对于违法的有效震慑与压迫的。在基层土地执法中,发现违法后,“报不报”“如何报”当中的“尺度”,通常会成为执法博弈的焦点所在,是非常微妙和敏感的问题。就此,我们着重从基层执法与属地政府机构之间的互动来分析。之所以切入于此,原因在于:在基层执法的上报中,通常情况下,虽然并无直接而明确法律规定要求,但是,从维系与属地政府间关系,并以此作为土地部门有效运转保障的角度出发,基层在上报所发现的违法用地情况时,不论违法的主体是否牵涉政府,都会先告知并听取属地政府的意见,尔后才进行上报。因此,在上报这一监控机制的实施过程中,属地政府实际上是一个关键性的节点,基层执法中搜集到的违法用地信息在这里汇聚,并经由属地政府的筛选、干预,直接且强力地影响着“报不报”“如何报”的监控实施。

---

① 参见监察部、人社部和国土部联合发出的《违反土地管理规定行为处分办法》(第15号令),2008年6月。

② 《C市国土资源执法监察巡查工作实施办法》(C市国土资监〔2013〕28号);《C市国土资源执法监察工作的实施办法》(C市国土监〔2013〕118号)。

比如,在C市LP区的LS街道,设有LS执法中队(国土所),当国土所越过属地政府机构,直接将巡查发现的违法用地报至上级土地执法部门时,街道办作为基层政府机构的焦虑和不安便凸显了出来,并且,会实施反监控,以此来牵制监控的力量。[①] 先看"报不报"的问题:在LS国土所,一次未听取属地街道办意见的上报,就让国土所长P招致了属地街道办纪委书记的"谈话"。谈话过程中,LS街道办的纪委书记H就强调了这样问题:其一,国土所不听从街道办的话,擅自将三宗违法用地上报LP区分局,是严重的无组织无纪律的表现;其二,这一上报给办事处工作带来了极大的被动,否定了办事处所做的工作;其三,今后上报时务必要听取街道办的意见,国土所也是在LS街道办的领导下工作。对此,国土所长P的回答包括了这样几个方面:其一,国土所是按照自身工作职责,严格按照规定巡查、发现、制止、上报违法用地行为;其二,将违法用地上报分局执法大队,目的是及早制止违法用地行为,避免形成违法事实后,卫片执法整改造成更大损失,给各级领导带来被问责的风险;其三,国土所每天都有巡查台账记录,要接受检查,不敢虚报瞒报。[②] 而在这次谈话的后段,国土所长P提出,今后,国土所会在办事处办公会上讲一下每周巡查情况,哪些违法用地是要上报的,哪些是街道办不让上报的,国土所都会做一个记录。就此,街道办纪委书记表示同意,并强调今后有类似情况时要多征求办事处的意见。[③] 而这种情形,正反衬了报告这一监控方式所能够产生的震慑和压迫力量。

---

① 实际上,有监控,就不可避免地存在反监控的存在,而我们所要关注的,正如戴维·莱恩所强调的:"监视研究必须超越一般性的(甚至全面性的)规诫或控制理论,进而观察具体的行为方式,即这种或那种组织是如何被牵涉到监视中的,以及由于监视对象的服从或拒绝,监视是如何得到调整的。"[加拿大]戴维·莱恩:《监视理论的阐释:历史与批判视角》,刘建军译,载《政法论丛》2012年第1期。

② 资料来源:LS国土所的调查。

③ 资料来源:LS国土所的调查。国土所越过同级的基层政府机构上报违法,对违法者或一级政府来说,可能产生的后果是多重的。但从监控的角度来说,一个最为直接的结果就是让"隐瞒和欺瞒"变得日益困难。而实际上,这正是国家最为在乎的。一个具有代表性的例证是,在监察部、人社部、国土部联合发出的《违反土地管理规定行为处分办法》第3条中,专门对"隐瞒不报、压案不查"的政府部门领导人的责罚予以了明确,与此相对应,在第16条中,同样对"应报告而不报告"的土地行政部门的责罚予以了明确。

再来看“如何报”的问题:在一次LS国土所办公会上,[①]由于应报100余宗而实际只报了10余宗违法用地,所长P受到了所属分局的严厉批评与警告,在此情况下,说及违法用地的上报问题时,所长P非常恼火地重申:其一,违法用地该上报的必须上报,只告知街道办,但不必征求街道办的意见;其二,不要侥幸认为分局不知道,分局对LS区域的情况一清二楚,该报不报就会给自己惹麻烦;其三,作为国土所的工作人员,不要给街道办出意见,类似此次百余宗的违法用地只上报十多宗的情况,出了问题国土所肯定要承担责任。[②] 这其中,一个更能够展现问题的情境是,就在办公会进行期间,P不止一次地给所里的另一名工勤身份的“资深工作人员”L[③] 布置工作,然而,对于P的问话和要求,L基本上不予理睬。在L看来:如果有多少宗违法用地,就上报多少宗的话,会招致属地政府的不满与怨恨,进而,不予支持国土所的执法工作,极不利于国土所的执法实施。因为面对100余宗的违法用地,街道办如果不予出手相助的话,仅靠国土所的四五个人,及其在属地所能够动用的资源、关系、设备,并不太可能完成对百余宗违法用地的整治。这样一来,国土所就会将自己的工作带入困境之中。

由此看来,巡查与上报作为监控的重要技术运用,第一,满足了执法中的信息平衡需求,从国家有效获取与传递信息的角度来说,打破了因时空阻隔所造成的地方性的信息优势,在此基础上,为有效地处理与运用信息,并采取有针对性的执法行动提供了依据。第二,虽然巡查与上报本身并不具有直接的消除违法功能,但是,以前述的监控机构体系为基础,经由巡查与上报所建构出来的弥漫时空的监控网络,让欺骗与隐瞒变得困难,而这实际上意味着违法的被整治与责罚的几率大大提升。正因如此,在C市的基层土地执法中,就巡查履职的考评而言,主要内容包括了“应当却未能发现违法,发现违法但制止不力,应当报告而未报

① 资料来源:根据2016年4月的一次LS国土所办公会的过程整理。

② 同上。

③ L作为一名资深的基层土管所工作人员,在LS工作9年有余,对于当地的涉土违法情况非常熟悉,在当地的人际关系也较之所长更为复杂。对于其中相当一部分违法用地应该如何解释与规避风险,他的经验丰富。

告、报告不及时，巡查台账弄虚作假”几类情况。而对于巡查发现并履行了制止和查处职责，并按规定报告，但仍然制止无效，查处无法实施的，则视为已经履行了执法职责。同时，在总分值为100分的C市的国土资源执法监察巡查工作考核指标及评分标准中，“发现违法”与“报告情况”两项分别单列，并且，“发现违法”与“制止”“查处”都被赋予了相同的15分。[①] 由此看来，监控能够起到抑制与震慑违法的功用，于执法绩效的提升，具有独到而重要的价值。

（三）技术三：卫片执法机制

从基层土地执法存在的价值和意义来看，得到国家法的确认，仅仅是国家对于执法之价值的一种预判，之后其存续价值的评判，则取决于执法实效能否满足国家建构土地利用秩序的需求，这才是执法能否得到存续所需的主要依据。而正是为了回应国家的此种需求，作为一项常规和基础性的机制——土地卫片执法[②]经由监控规则与技术的深度互嵌，[③]在执法乃至整个土地利用秩序的绩效累积中，发挥了非常关键的作用，以此提升了执法系统的存续价值。这一方式主要是通过卫星遥感监测、地理信息系统等技术手段，对一定区域的土地利用情况进行监测，制成遥感影像图，将同一地域前后两个不同时点的遥感影像图进行“叠加”对比，从而呈现出该区域内的土地利用的地表变化情况。比如，某一地块在原来的影像中是耕地，一旦被占用或破坏后，就可以在新的影像图片资料中反映出来，这即是所谓的“图斑”。通过此，执法的一系列机制，比如，“违法案件查处”“行政行为处分”“耕保责任目标考核”“年度计划执行考核”才获得启动的依据。目前，中国所有的县（市、区、旗）都

① 资料来源：《C市国土资源执法监察工作的实施办法》（C市国土监〔2013〕118号）。

② 下述卫片执法的相关问题与内容，根据国土资源部执法监察局：《土地矿产卫片执法检查手册》，地质出版社2012年版；《D省土地矿产卫片执法检查工作实务》，D省出版集团公司/D省科技出版社2011年版。

③ 站在新制度主义关于组织结构与行动关系的角度来看，组织的技术条件强调的是效率，而规则化与制度化作为组织的一种存在形式，其设定除了效率的考量之外，还关涉组织体系的合法性问题，目的在于使得组织得以确保自身的稳定与连续。参见张永宏：《组织社会学的新制度主义学派》，世纪出版集团/上海人民出版社2007年版，第24~38页；周雪光：《组织社会学十讲》，社会科学文献出版社2003年版，第74~75页。

被纳入这一监控体系之中。

作为一种技术手段,提升土地监控效率是卫片执法的首要目标。卫片执法与人工巡查是相互配合与补充的,二者的核心目标都指向了土地监控体系的建构。这其中,卫片采取的是拉网式的检查模式,就每一个“图斑”进行对照检查,对所涉及的区域而言,需要对每个“图斑”进行说明:经过审批的拿出相关材料予以证明,未经过审批的则需要解释说明是否属于违法用地,以及是否已经依法处理。由此,对于土地违法行为,卫片执法可以强化监控的有效性,进而为一个地区的土地管控秩序评判提供较为直观的总体性依据。正是通过此种技术手段的运用,经由与人工巡查模式的结合,在相当程度上弥补了巡查模式中的漏洞,比如,巡查中的人为欺瞒问题,以及地理地势条件对于巡查活动范围的限制,等等。由此,于国家希望充分掌握土地利用的真实状况,以及有效地消除违法而言,卫片执法体现出了富有效率的一面。

实际上,卫片执法建构起了一种跨越空间地域和时间分割的执法模式,为国家从时空整体把握土地使用情况,并强制启动执法流程提供了技术保障和直观的图文数据,而不论地方执法部门与属地政府情愿与否。通常情况下,根据法律的要求,要使用一块土地,是有着复杂的审查与复核程序的,并因不同的土地用途与面积而关涉不同层级的政府。因此,当违法用地被发现后,在卫片所呈现的图斑、数据面前,用地主体、批地的相关主体、执法部门都会面临巨大的压力,隐瞒变得日益困难,解释的成本也日益提高。如果解释缺乏足够的说服力和法律依据,那么,责罚机制将会启动,并关联至将来的建设用地使用指标的审批等系列的土地管控措施之中。于此,在经过了十余年的调适后,卫片执法逐步从一种执法技术、执法工具转变为执法制度与技术的综合体。在卫片发现的违法图斑和数据的基础上,一轮围绕图斑和数据之合法与否的拉锯就此展开。大体而言,这一过程包括了“质疑—核实—解释与申辩—研判—定论—整改查处—违法排名—究责—验收—奖惩”诸个环节。从实施的主体来看,纵向上,从国土部至基层国土所,各层级的国土管理与执法部门都被纳入其中;横向上,土地系统内的执法、信息采集、地籍管理、勘测规划、地质调查、耕地保护、土地利用在内的诸个土地管理机构,以及各级属地政府都参与其中。并且,当违法的事实被认定后,按照《土地管理法》的规定,除了用地业主之外,属地政府将承担首要的主体责任。由此我们说,卫片执法作为一种系统的监控模式,经由制度与技术的深度交融,显示了土地执法的存在价值与功能。

四、结语

在中国,有序的土地利用是国家有效汲取财源,并维护国家与社会之稳固的基础所在。然而,长期以来,由于基层土地执法的难与软,无法有效地遏制与震慑违法,成为土地利用秩序不佳的原因之一。就此,若仅仅强调基层执法的"消除违法"功用的话,即便经由执法消除了违法状态,而土地的物理属性并不容易恢复,同时,也会增加执法的综合成本,这种情况,无论是于国家降低土地问题之治理风险、危机与成本的目标实现,还是于背负着巨大负荷的基层土地执法运转而言,都非理想状态。换言之,如果仅仅寄希望于基层执法的"消除违法"功用,来达至震慑与抑制违法的目标,进而构建起土地利用秩序的话,效果是较为有限的。而从基层土地执法的实施来看,监控作为国家建构土地利用秩序的执法技术内核,相较于执法的消除违法功用,具有同等重要的地位。其体现的是国家探查信息、发现问题,并以此为基础来防控风险,震慑并抑制违法的一种基础能力,基层土地执法中的有效监控,能够在一定程度上缓解执法资源配置的不足,降低执法的成本负荷。同时,由于土地使用的审查与复核程序中,会因不同的土地用途、面积而关涉不同层级政府的权力行使状况,或者说,一块土地的使用状态变化承载了相应的政府权力运行状况,因此,在国家的土地利用秩序建构过程中,经由基层土地执法所实施的监控,实际上蕴含了国家对于官僚体系运行情况的监督。而这样的认识,将有助于我们更为完整地剖析基层土地执法实践中的组织结构设计、资源配置、运行条件等方面的需求,并以此来完善基层执法的理论内涵。

《法律和社会科学》(2017)
第16卷第1辑,第200~222页

乡村土地执法中的共谋与竞争

印　子*

摘要:既有理论对土地执法实践的分析缺乏"嵌入社会关系"的视角。浙北田野经验显示,土地管理经历了由国家政治、基层治理向行政执法的法治化演进。在常规执法中,地方政府与地方社会在土地上各取所需,构成共谋关系,执法不严遂成常态;在专项整治中,违法者的另一重身份是乡村社会中的富人群体和体制精英,执法者与执法对象之间一贯的"互惠"关系减少了执法冲突,便利了国土执法。土地执法摇摆的背后,隐藏着深厚的社会机制密码:国土运动式执法中村庄富人群体调动底层农民进行执法举报,在打击政治对手的同时,为地方政府提供了执法目标。基层国土执法模式不可能脱离具体的历史语境,国土执法从来都嵌入行政集权体制之中,社会关系对国土执法行为的形塑之力巨大,这是基层法治研究必须认真对待的基本事实。

* 中南财经政法大学法学院讲师,法学博士。本文为国家社会科学基金重点项目"国家治理能力视野下的乡镇执法权配置与运行研究"(15AFX008)的研究成果。

一、问题的提出

对土地执法实践的解释是当前执法理论探讨的热点。在土地管理法颁布前后,土地管理无法可依或土地执法并未依法实行,而社会转型期的执法不严亦是常态。近年来之所以存在土地违法行为大量发生、屡禁不止的直观感受,并非违法行为陡然激增,而是由于土地法律制度剩余立法不断完备和执法权配置的不断强化,照亮了长期处于执法弃权状态的法治空白地带。[①] 也就是说,土地执法大致经历了前法治时期、法治初期和法治化时期三个阶段。基于此种判断,本文集中讨论在这三个阶段"地方政府—地方社会"的互动关系中,乡村土地执法的社会机制。

大多数执法理论聚焦于法律制度设计和法律执行不到位的缘由,法律不完备、[②]选择性执法、[③]执法嵌入行政体制、[④]基层执法的国家能力困境[⑤]成为具有代表性和解释力的理论观点。

"不完备法律理论"的理论预设是所有的法律制度都是不完备的,这种内在的不完备性对以法律完备为立论预设的被动执法制度模式提

---

① 为了便于讨论,按照法律不完备理论对法律制度的区分,本文将由全国人大审议通过并不断修正的《土地管理法》视为初始立法权配置下的法律,而将由国务院、国务院办公厅、国土资源部下发或出台的相关制度视为剩余立法权和执法权配置下的法律。参见:《土地管理法》(1986 年、1988 年、1998 年、2004 年);《关于加强土地转让管理严禁炒卖土地的通知》(1999 年);《关于深化改革严格土地管理的决定》(2004 年);《关于加强农村宅基地管理的意见》(2004 年);《关于建立国家土地督查制度有关问题的通知》(2006 年);《查处土地违法行为立案标准》(2008 年)。

② [美]皮斯托、许成钢:《不完备法律》,汪辉敏译,吴敬琏主编:《比较》第 3、4 辑,中信出版社 2002 年版。

③ 戴治勇:《选择性执法》,载《法学研究》2008 年第 4 期。

④ 张莉、徐现祥、王贤彬:《地方官员合谋与土地违法》,载《世界经济》2011 年第 3 期;何艳玲:《中国土地执法摇摆现象及其解释》,载《法学研究》2013 年第 6 期。

⑤ 陈柏峰:《城镇规划区违建执法困境及其解释——国家能力的视角》,载《法学研究》2015 年第 1 期。

出挑战,认为在标准化能力和预期损害程度足够大的前提下,作为享有剩余立法权与执法权的监管者应该被设置出来。① “不完备法律理论”具有强化西方金融市场监管的经验基础,但其理论分析框架对于理解我国土地执法问题具有重要意义:土地法律制度的内在不完备要求设立国土执法系统。现今的土地管理法律制度之所以日趋完善,显然源于国家对土地剩余立法权和执法权配置问题的不断重视。

曾有学者指出,土地违法现象频发的重要原因是国家土地督查制度权力不足,土地执法监察体制过于地方化。② 这种法治改革思路希望进一步强化剩余立法权和执法权,建立更加细致、完备而强有力的土地执法监管体系。中央国土执法部门并非缺乏土地执法权。从2006年开始,国土部对地方土地违法行为长年开展督察,只是国土部的权力限于调查权、审核权、纠正权和建议权,缺少对土地违法行为的行政否决权。③ 土地执法存在央地关系上的弹性空间,意味着尽管国家上收了土地管理部门的人事权,但只要土地财政依然是地方经济发展的核心动力机制,④地方经济对土地要素过于倚重,⑤土地管理部门就不可能实现彻底的垂直管理。⑥ 分税制改革后,土地财政成为地方政府获取预算外收入的重要途径。⑦ 如果一味提高中央剩余立法权和执法权,地方政府将很难获得发展动力。

---

① [美]皮斯托、许成钢:《不完备法律》,汪辉敏译,吴敬琏主编:《比较》(第3、4辑),中信出版社2002年版。

② 李名峰、胡继亮:《不完备法律理论对完善我国土地管理法治的启示》,载《理论月刊》2010年第2期。

③ 陈阳:《论我国土地督察制度良善化进路——以中央与地方关系为视角》,载《东方法学》2017年第2期。

④ 赵燕菁:《土地财政:历史、逻辑与抉择》,载《城市发展研究》2014年第1期。

⑤ 折晓叶:《县域政府治理模式的新变化》,载《中国社会科学》2014年第1期。

⑥ 在地方治理实践中,国土部门在很大程度上是作为地方政府构成部门而存在的(通常被称为“市直部门”),地级市一级的国土局局长(正处级)可兼任市长助理,国土执法监察支队支队长(副处级)可以担任市纪委派出市直单位纪检组组长,这无疑体现了地方政府对国土部门的政治统合能力。

⑦ 参见周飞舟:《以利为利:财政关系与地方政府行为》,上海三联书店2012年版,第218~230页。

与“不完备法律理论”相比，由于将执法主体对总体利益和特定政治因素的综合考量纳入分析框架，选择性执法理论显然更接近执法实践的真实世界。这种特殊的选择性执法理论认为，在那些事前有规定、但没有得到很好执行的行为中，存在决定是否执行、如何执行的“剩余执法权”。① 从土地执法体制的宏观架构和微观运作来看，选择性执法理论能够解释土地执法历史实践的整体差异，例如土地执法过程中的执法风暴，以及为了发展地方经济而实行的执法不严；但无法有效预判并解释执法后果形成的核心要素和相关机制。比如，该理论认为，由于对上级激励的依赖，执法代理人迫于执法指标的压力而倾向于选择“互惠”关系薄弱的执法对象开展执法。② 这显然为现实的土地执法经验所证伪：如果地方政府与土地违法群体之间存在紧密的“互惠”关系，违法主体并不敢对抗政府。在土地运动型执法中，违法主体反而配合政府专项执法，积极拆除违法建筑。之所以选择性执法理论存在分析结果与实际执法经验之间的张力，是因为偏向经济学的思考路径难以将复杂的行政体制运作和社会关系状况纳入分析框架中。

与土地执法直接相关的嵌入式执法理论存在广义和狭义之分。狭义嵌入式理论着眼于行政体制对具体执法行为的影响：纵向层面，“由于信息不对称，中央政府需要依赖地官员监管本辖区的土地违法行为，但各级地方官员均面临发展辖区经济的共同目标，下级地方官员通过合谋更容易实现土地违法供给，发展辖区经济，上级地方官员放松监管以降低下级地方官员被查处的可能性，最小化违法成本的同时实现发展辖区经济的目标，从而合谋成为一个均衡”。③ 横向层面，“在中国国家体系中，土地执法部门被深深地嵌入在集中体制及其建构的中心工作中；在中心工作完成过程中，土地执法部门真正完成的并非其职能目

① “剩余执法权”与传统的最优执法经济学中的被动执法相区别，间接执法成本和间接损害构成了执法主体确定剩余执法权运作的核心变量。参见戴治勇、杨晓维：《间接执法成本、间接损害与选择性执法》，载《经济研究》2006 年第 9 期。

② 戴治勇：《选择性执法》，载《法学研究》2008 年第 4 期。

③ 张莉、徐现祥、王贤彬：《地方官员合谋与土地违法》，载《世界经济》2011 年第 3 期。

标,而是集中体制的目标”。① 广义的嵌入式执法则认为,“城管执法活动嵌入特定的执法空间及一定的社会形势和体制环境中,深受执法空间、社会形势、体制环境的影响,形成了嵌入式执法结构”。②

广义嵌入式执法理论所涉及的执法互动属于公共行政学中的街头官僚理论范畴,公共行政学街头官僚理论讨论的重点是合法行为的有效性问题,作为政策制定者的街头官僚,其自由裁量权被严格限定在“合法”行政行为范畴之内。③ 执法自由裁量权问题则主要涉及执法主体的趋利动机,即作为代理人的执法寻租,属于渎职或腐败的经济学理论范畴,其并未考虑执法代理人的自由裁量权问题。④ 在实际执法过程中,合法行政范畴的自由裁量和执法自由裁量权实践时常共同发生,国家能力分析框架将两者实现整合,指出体制、执法结构和执法人员素养等多种因素构成了影响执法实效的形塑力量,这进一步扩展了对执法困境的解释力。⑤ 不过,执法国家能力理论虽关涉社区空间对执法实效的影响,但并未从微观机制层面展开执法经验的机制分析。

总体而言,法律不完备理论为理解土地执法制度的建立和完善提供了帮助,而嵌入式执法理论、选择性执法理论⑥和执法国家能力理论则构成了本文的重要基础。本文希望在“嵌入”分析的道路上,将土地执法问题的理解推进得更远一些。任何法律实践都真实地“镶嵌”在

① 何艳玲:《中国土地执法摇摆现象及其解释》,载《法学研究》2013年第6期。

② 刘磊:《街头政治的形成:城管执法困境之分析》,载《法学家》2015年第4期。

③ 参见Lipsky, M, 2010, *Street-level Bureaucracy: Dilemmas of the Individual in Public Service.* New York: Russell Sage Foundation;叶丽娟、马骏:《公共行政中的街头官僚理论》,载《武汉大学学报》(社会科学版)2003年第5期;汪广龙:《研究综述:街头官僚的自由裁量权》,载《中山大学研究生学刊》(社会科学版)2011年第1期。

④ 参见Becker, Gary S. and George J. Stigler, 1974, Law Enforcement, Malfeasance and Compensation of Enforcement, *Journal of Legal Studies*, 3, 1-18。

⑤ 陈柏峰:《城镇规划区违建执法困境及其解释——国家能力的视角》,载《法学研究》2015年第1期。

⑥ 从某种意义上讲,选择性执法理论以执法行为自身所包含的剩余执法权来解释法律被执行的程度,实质上也是一种嵌入式执法的理论思维。“剩余执法权”可以将上述两类嵌入式执法理论进行有效吸纳,狭义嵌入式执法更靠近“选择性执法”中决定执法政策的行政体制因素,而广义嵌入式执法则更接近于“选择性执法”对执法情势的整体判断。

社会之中，执法行为尤其如此。从某种意义上讲，执法行为也可以理解为基层执法模式在具体执法情景中的展现。有学者认为，“基层执法机构是执法系统中的一线，在执法过程中既有一定的能动性和裁量权，也受到执法系统内外各种因素的制约，基层执法模式就是一线执法者的能动性和诸种制约的产物，是执法体制在基层社会运作的典型样式”。[①] 一线土地执法中，街头官僚的执法决策所面临的工作环境不仅包含了执法体制环境和来自上级行政部门的控制与管理，同时也包含了执法行为所必须面对的社会关系网络。从某种意义上讲，即便是一线执法者，也无法真正了解社会内部运作的细致情况，而社会内部关系的结构性要素却在很大程度上构成了法律执行过程的重要面向。所以，执法嵌入分析需要将经验观察和理论分析的重心进一步下沉。本文将汲取上述执法理论中的营养，尝试从“嵌入社会关系”的视角分析土地执法的社会机制。

二、理论基础与分析进路

社会关系是土地执法实践的内在构成，成为形塑基层执法机制的重要变量。从历史语境和社会关系的角度深化嵌入式执法理论，考察不同历史阶段中土地执法结构中不同主体之间的关系形态及其对执法实践的影响，是土地执法嵌入分析的核心。

新经济社会学家马克·格兰诺维特提出的“镶嵌理论”认为，“行为和制度深深受到社会关系的限制”，[②]“行动者的行为被视为导源于他们的角色位置和角色集合……却缺少这些角色明目之外自主性个人的人际关系内容……他们具有目的性的行为企图实际是嵌在真实的、

---

① 参见陈柏峰：《基层执法的模式与机制》，2016年未刊稿。

② ［美］马克·格兰诺维特：《镶嵌：社会网与经济行动》，罗家德译，社会科学文献出版社2015年版，第1页。

正在运作的社会关系系统之中的”。[①]“人类的行为策略,尤其是经济行为,并不是一种高度社会化或低度社会化的,而是镶嵌在社会网之中,具体的社会关系,例如信任、圈子、以及关系网络中的个人野心、社会地位和政治联盟,时时刻刻地形塑着个人行为和社会结构。”[②]

以此观之,执法行为也“镶嵌”在复杂的社会关系之中。如果将执法视为一种社会过程,是社会结构的组成部分,那么对于基层执法而言,执法者与违法者之间的关系及其在执法实践中的角色位置并未被法律制度严格锁定,而是存在更为复杂多变的社会关系形态。在动态的地方执法环境中,执法行为受到地方社会关系的直接影响,社会关系由下而上地形塑执法实效。将社会关系视为执法实践的重要机制,这不仅颠倒了既有执法分析的理论视角,扩展了执法嵌入社会的深度和广度,并对类似于土地执法摇摆、土地执法风暴等执法行为的解释更加贴近真实世界。本文企图将执法行为与社会关系结合起来进行考察。从某种意义上说,这更加接近“镶嵌理论”的初始意涵。相比于已有理论解释,执法“嵌入社会关系”的分析进路具有以下优势和创新之处:

首先,将土地要素视为理解执法体制环境的基础。土地执法涉及国家对地方经济发展的整体调控,不同历史时期的土地要素具有不同的经济意涵和社会意涵,进而在土地执法实践中扮演了不同的基础性角色。本文尝试在土地要素不断资产化、利益化的历史脉络中理解土地执法过程,并重点分析当前土地执法的实践机制。然后,从违法主体层面分析土地执法官僚的趋利执法行为。本文不仅从体制层面对执法趋利行为进行分析,更重要的是在乡村两级关系和村庄精英替代的逻辑中,展示土地执法的灰色利益链条,以及作为“执法者—执法对象”法律角色之外的“乡镇干部—村委干部”角色之间的互惠性关系对土地执法的影响。最后,在社会关系层面解释土地执法实践的机制。宏

① [美]马克·格兰诺维特:《镶嵌:社会网与经济行动》,罗家德译,社会科学文献出版社2015年版,第6~7页。

② 同上,第25页。

观层面的分析着眼于执法后果上摇摆的行政体制根源;但社会关系层面的分析在更为微观的层面刻画出执法选择性行为究竟是如何在社会中完成的。

浙北农村被作为本文表述的经验蓝本,主要出于以下三点考虑:第一,土地执法问题的讨论需要以特定地方经济发展模式为经验基础,浙江民营经济模式起步并发展于乡村工业,其土地执法问题在全国具有典型性。第二,土地执法问题涉及地方政府与乡村关系的互动,浙北经济发展过程中的地方保护主义,构成了土地违法的体制环境,因而浙北农村的执法经验更有利于嵌入式执法分析的展开。第三,浙江省近年推行"三改一拆"行动,①其直接背景是产业升级转型过程中对土地要素资源利用的紧约束。地方政府开始对土地执法的方向进行调整,其中执法机制的微观变化亟待理论解释。

作为一项非常初步的研究工作,本文并不企图对土地执法历史进行整体性解释;而是认为,在整合现有执法理论的基础上,以"嵌入社会关系"的视角来叙述和解释土地执法经验,本身重要而有意义。本文秉持以问题为中心的研究进路,既有嵌入式执法理论和乡村执法分析中所涉及的空间问题,本文暂且不予讨论。② 文章结构为:首先,概览乡村工业化早期阶段的土地执法经验,提供一个土地管理的历史背景;其次,在互惠性的社会关系结构中考察国土执法官僚的趋利问题;然后,揭示运动式执法中地方政府选择执法目标的派性政治实践机制;

---

① 《浙江省人民政府关于在全省开展"三改一拆"三年行动的通知》(浙政发〔2013〕12号)。

② 空间本身就构成了一种社会关系,用"乡土空间"指涉影响基层执法的社会关系形态,无疑对本文具有巨大的启发意义。不过,街头官僚理论中所指的"社区空间"与"乡土空间"存在很大差异,无法互通使用:"社区空间"强调公民对空间领地的权力,背后存在过强的"国家—社会"二元分析框架思维,其经验基础更靠近具有市民社会性质的城市街区空间;"乡土空间"对执法行为存在形塑之力,但其内在逻辑却与由斯科特所提出的"支配—反抗"式的国家/社会关系理论模型存在本质差异。相关研究参见何雪松:《社会理论的空间转向》,载《社会》2006年第2期;于龙刚:《乡村社会警察执法"合作与冲突"二元格局及其解释——"互动—结构"的视角》,载《环球法律评论》2015年第5期;韩志明:《街头官僚的空间阐释——基于工作界面的比较分析》,载《武汉大学学报》(哲学社会科学版)2010年第4期;[美]斯科特:《弱者的武器》,郑广怀等译,译林出版社2011年版。

最后,结合前文的分析,给出一个简要的结论。

在研究方法上,本文属于法律经验研究的机制分析,强调从法律现象中提出问题,辨明影响法律实践的因果关系与经验机制。① 为了便于研究的展开,力图实现土地执法经验的"饱和",②笔者与所在研究团队于2013年9月、2016年10月,赴浙江省绍兴市D镇6村开展了共计两个月的调研,D镇是全国重要的"五金"加工基地,经济总量在浙江乡镇中名列前茅。研究团队采取集体作业的方式,以土地和土地执法问题为核心,对浙北农村的社会性质、工业经济、乡村治理、基层政权运作等诸多方面进行了全面访谈并收集了相应的文件资料,访谈对象主要集中于乡镇干部、国土所土管员、村两委干部、家庭企业主和普通村民。为了实现田野个案表述的完整性,文章以D镇Z村的执法经验为主体,同时参照其他5个村庄的访谈报告。③

三、乡村工业化初期的土地分类治理

浙江省自古以来是商贸重地。新中国成立后,即便是合作化时期和"文革"时期,浙江省的民营经济也一直得到保留。改革开放后,浙江省开始实行出口导向型发展战略,民营经济快速发展,"家家点火,户户冒烟"是浙北乡村工业兴盛时期的经典图景。浙江乡村工业由人民公社创办,当时的工业生产能力薄弱,产品质量并不理想,为了发展经济,很多农户开始利用宅基地经营家庭作坊,大量的"资本主义的尾巴"为人民公社所默许。

在人民公社时期,国家权力具有鲜明的全能主义色彩,国家权力一竿子插到底。④ 由于法治并未兴起,当时违建行为的管理被政治逻辑

① 陈柏峰:《法律经验研究的机制分析方法》,载《法商研究》2016年第4期。

② 贺雪峰:《饱和经验法》,载《社会学评论》2014年第1期。

③ 按照学术惯例,文中地名、人名均进行了相应处理。

④ [美]邹谠:《二十世纪中国政治:从宏观历史与微观行动角度看》,牛津大学出版社2012年版,第257~268页。

所主导。公社体制是政社合一的集权体制,[1]"高度集权的权威模式确保了制度的稳定、政令的贯彻、体制的单一和计划的执行"。[2] 作为政法工作和群众路线工作的重要组织载体,农村社会中的基层党支部统管一切,生产队党支部履行违建治理的功能,集中体现了"代理型政权经营者"维护上级利益、统管一切的特征。[3] 当时,违建行为的发现主要依靠社员的举报。从贯彻群众路线的角度来看,公社必须认真对待群众的来访。对违建的拆除需要召开党支部大会,如果支部委员一致同意拆除,再由生产队请示公社并批准后,公社副书记便带领公社干部,拆除违建房屋。

在人民公社体制中,拆违行为被认为直接体现了生产队支部工作的战斗力。为坚决贯彻公社政策,绝大多数违建都会被生产队拆除。在拆违行为中,村庄治理具有明确的政治原则,尽管村民也会向公社告状,表示生产队的干部侵犯了自己的利益,但被告状的生产队干部不仅没有受到处罚,反而成为违建工作中的先进典型,并在公社政法系统会议上发言,介绍先进的工作经验。

在全能主义国家面前,乡村社会中的情理和人际关系被压制。当时人民公社执行的是"党和国家的政策",凡是发现违建户,直接拆除院墙的很多。只是,这种土地管理模式既非法治模式,也不是社会治理模式,而是一种国家权力直面乡土社会的政治权力统摄模式。

改革开放之后,中央政府开始推行"财政包干制",地方政府纷纷兴办乡镇企业。戴慕珍用"地方政府公司主义"来描述地方政府以经济利益最大化为指向的行为特征。[4] 不过,浙江地方经济发展与政府办企业的模式有所不同,政府更多地采取了鼓励人民发展私营经济的

---

① 于建嵘:《岳村政治:转型期中国乡村政治结构的变迁》,商务印书馆2001年版,第259～283页。

② 张乐天:《告别理想:人民公社制度研究》,上海人民出版社2012年版,第177～184页。

③ 杨善华、苏红:《从"代理型政权经营者"到"谋利型政权经营者"——向市场经济转型背景下的乡镇政权》,载《社会学研究》2002年第1期。

④ Jean C. Oi, 1992, Fiscal Reform and the Economic Foundation of Local State Corporatism in China, *World Politics*, 45(1).

政策,并积极减少对企业的干预。[1] 人民公社体制终结后,乡村工厂里存在大量的销售员,后来集体企业纷纷倒闭,这些销售员开始利用自己的市场经验创办家庭企业。

浙北农村的家庭企业真正发展于20世纪90年代,以家庭劳动力为主体的手工作坊成为最普遍的乡村工业化形态。浙江乡村工业化浪潮中,地方政府对家庭作坊的发展采取放任态度,工商、公安、税务、司法等行政管制领域被广开绿灯,家庭作坊被地方政府戴上了"红帽子"。[2] 家庭企业主一开始利用自己家的房屋开设工厂,从小型的机器开始,后来随着机器的增加,利用附属房加盖厂房成为普遍现象。尽管国家早在1986年就颁布了《土地管理法》,但土地执法不严却是常态。在地方政府放手发动民营经济积极性的经济政策下,土地法律制度几乎处于"悬浮"状态,无论是国土部门还是民营经济个体户,都并未将《土地管理法》当作一回事。

在乡村治理语境中,违建问题其实属于村级治理问题,是社会纠纷的组成部分,村庄共同体成为解决违建纠纷的重要社会控制机制。乡村违建纠纷以土地违法举报的形式表现出来并主要涉及三种情形:1.村民对乡村公共土地的侵占并直接侵犯到周围邻居的生活利益,邻居不堪忍受而向村干部举报;2.公然大面积违建成为乡村社会的公共事件,村民纷纷举报,如果不予以制止将导致更多违法建设;3.邻居之间发生激烈的日常纠纷而将举报违建视为一种报复手段。具体而言,村庄对占用土地、违法建设的治理区分为三种类型:

第一,普通村民违建与日常权威治理。中国农村社会是典型的情理社会,村干部享有体制性的权力,因而在日常纠纷的调处中享有权威,村民不仅需要给村干部面子,也不能挑战村干部的权威。[3] 对普通

---

① 郑永年:《中国的"行为联邦制":中央—地方关系的变革与动力》,邱道隆译,东方出版社2013年版,第28~41页。

② 潘维:《农民与市场:中国基层政权与乡镇企业》,商务印书馆2003年版,第230~235页。

③ 翟学伟:《人情、面子与权力的再生产》,北京大学出版社2013年版,第197~216页。

村民的宅基地违建,村干部会主动找其进行谈话,主要是摆事实、讲道理,最后的目的是希望其能够自行拆除违建的房屋。村民大多会听村干部的建议,其原因无非是邻居已经举报到村干部这里,违建成为不争的事实;而村干部的主动谈话其实是一种给面子、讲情理的处理方式,如果违建户不给村干部一个面子,不尊重村干部的日常权威,那么以后在村子里有事就无法再找村干部。当然,为了发展家庭企业,村干部也会手下留情,只要举报行为不激烈,对微小的违建也大多“睁一只眼闭一只眼”。

第二,裙带关系户违建与连带责任治理。裙带关系户是指与村干部关系密切的违建户,这些村干部被称为关联干部。就违建治理方式而言,关联干部会向村民把话说透,“国家对宅基地有法律规定,现在有人已经举报了,那么事情就一定要解决,躲是躲不过去的”。现在不如自己拆掉,免得到时弄的大家脸上都不好看。这里其实也是一种通过熟人社会实现乡村治理的逻辑,村委主要干部不出面,而有意将涉及社会关系的工作向关联干部转移,进而通过村庄治理中的连带责任机制进行治理。不过,这种关系也可能演化为一种基于特殊关系的庇护主义,最后往往是与村干部具有特殊关系的违建户成为村庄中的逍遥法外者。

第三,违建钉子户与矛盾上移。村庄违建中的钉子户是村庄社会的治理机制无法对其进行有效治理的少数群体。对违建钉子户,村干部的办法是将矛盾上交,即将村庄中的违建钉子户作为村庄社会中的违建违法案件上报至镇土管所。在乡村土地管理的分类治理模式中,违建钉子户通过村庄治理机制被选择出来,由村级组织将其作为执法对象呈现在国家执法主体的面前。

在乡村工业化早期,土地的财富价值尚未完全凸显。举报行为大多被视为社会纠纷的发生,村干部需要做的是尽快解决纠纷。在村庄治理语境中,举报无疑是一件得罪人的事情,违法举报制度很难在“不走极端”的乡土熟人社会中顺利施行。[①] 总体而言,乡村工业化初兴时期的土地执法模式是村庄内部举报制度和土管部门巡视制度的结合。当时乡镇土管所执法力量单薄,20世纪90年代的乡镇土管所也只有一名没有执法资格的土管员,之后不少退伍军人和村干部进入土管所,成为土地管理协管员。土管所当时的土地管理策略偏向于执法弃权,只要举报行为局限于乡村社会共同体内部,正规的土地执法就无法启动,国家正式的执法行为并不愿深入乡土社会。

四、乡村精英替代后的国土趋利执法

(一)国土官僚的趋利执法

现今的国土官僚由正式的乡镇国土所干部和半正式的国土员构成。国土员属于编制外成员,不享有国土执法权,但能够对村庄的房屋违建情况进行巡视,如果发现违建行为,国土员需要向乡镇国土所汇报。由于乡镇国土所执法能力的不足,处于半正式行政位置的国土员,却具有重要的位置,享有很大的执法权力,构成了正式执法制度的替代。按照街头官僚理论的经典定义,我国基层执法中半正式执法人员也应该被称为街头官僚。[②] 只是,这些街头官僚的身份、执法行为及其权力性质,缺乏法律的充分支撑,因而按照有的学者的研究,可以说这种半正式的执法模式处于“灰色治理”的状态。[③]

在2005年之前,工业发展速度快,土地需求量大,百姓建房行为急剧增加。为了获得更多的土地指标和更方便地拥有建设用地指标,村干部纷纷向国土所施惠。乡镇国土所的执法策略一直由上级执法部门整体调控,执法部门趋利行为占据了基层执法的主要面向。根据国土

---

① 陈柏峰:《熟人社会:村庄秩序机制的理想型探究》,载《社会》2011年第1期。

② Lipsky, M., 2010, *Street-level Bureaucracy: Dilemmas of the Individual in Public Service*. New York: Russell Sage Foundation, pp. 3 ~ 4.

③ 吕德文:《灰色治理与城市暴力再生产——鲁磨路“城管”实践的机制分析》,载《开放时代》2015年第4期。

所的执法档案显示,2001 年、2003 年两个年度的国土执法实行以罚代批,2005 年以后,上级执法部门加强了对国土所的行政监管,以罚代批的手段被限制使用。2005 年、2007 年两个年度开始实行罚租结合,以租代批成为主要执法手段。所谓以租代批,不同于缴纳罚款后便不予后续查处的执法策略,而是意味着违建行为的违法事实将一直为乡镇国土所或执法分局所关注,只要上级监管机构不开展专项执法,违建房屋就不会被强制拆除。①

无论是以罚代批还是以租代批,都存在一个所谓的有效期限,凡是被处罚或是缴纳了租金的违建户,两年之内不会再接受执法。尽管以罚代批和以租代批的执法政策并不符合法律规定,相比于彻底的执法弃权而言,国土所却能够在一定程度上保持对土地违法事实的管理状态,对于乡村工业发展过程中的土地违法状态做到了如指掌,针对违建房屋出台的"土政策"客观上记录了乡村工业土地违法的基本信息,不同时间、面积、情形的土地违规信息成为日后严格执法的信息库。

在日常国土执法中,国土所的土管员或稽查员显然同样遵循激励不足、规则依赖、选择执行和一线弃权等街头管理的行动逻辑。② 国土官僚在进行土地稽查过程中享有执法自由裁量权,能够选择性地确定违法情形并接受不当利益。更重要的是,国土执法中的行政裁量在互动中无可避免,上级行政管理者对行政裁量权的行使无法有效监控。③乡村工业化背景下的土地违法与一般性的社区违建存在较大不同,前者的违建行为体量巨大并且涉及显而易见的商业利益,土地执法中的街头官僚不太可能被传统的"建筑自由"理念所俘获,④反而容易受到

① 这种由行政执法者收取行政违法者的罚款后放任行政违法者继续实施违法行为,而不予纠正的特殊行政执法方式,广泛地存在于我国一线行政执法中。参见黄锫:《"以罚代管"行政执法方式生成的制度机理研究——以公路货运"治超"执法领域为基点的社科法学分析》,载《政治与法律》2016 年第 5 期。

② 韩志明:《街头官僚的行动逻辑与责任控制》,载《公共管理学报》2008 年第 1 期。

③ [美]罗森布鲁姆、克拉夫丘克:《公共行政学:管理、政治和法律的途径》,张成福等校译,中国人民大学出版社 2002 年版,第 386 页。

④ 关于一般性社区违建执法的研究,参见陈柏峰:《城镇规划区违建执法困境及其解释——国家能力的视角》,载《法学研究》2015 年第 1 期。

市场利益的捆绑,这些执法官僚不仅向执法部门隐瞒真实的土地违建信息,而且在一线执法中与执法对象实现利益结盟。

乡镇国土所对村庄的土地执法采用包片式执法,每个土管员管理4个村庄。在土地执法上,市国土局设执法大队,下辖的执法中队专门负责乡镇的土地执法。由于执法信息不对称,执法中队的执法常常需要土管员的指引,在进行土地执法时,一般由土管员负责,在需要拆除违建房屋时,国土所、乡镇、村干部和执法大队共同联合执法。现在村庄的很多房屋都是在土管员的弃权状态下盖起来的,有的土管员甚至直接贩卖土地执法信息,以为村民盖房提供方便。在Z村,朱新阳和土地稽查员关系密切,土地稽查员告知朱新阳第二天国土所要下村查房,朱新阳一晚上便将房基建好。在执法不严的执法状况下,只要房屋的地库建好,就算被认定为违建,也很难进行拆除。

在以罚代批的执法环境下,村民纷纷利用执法信息和执法不严的执法方式为自己获得法律之外的建造空间。Z村有五金微型企业70余家,更有不少家庭手工作坊,其大多在宅基地院墙内搭设工棚。通过向违建者收缴罚款,不仅无法有效控制违建,反而形成了缴纳罚款后即可违建的执法印象。在村民眼中,只要缴纳罚款就等同于获得了国家某种认可,违建不仅没有得到遏制,反而开始疯狂生长出来。这样一来,以罚代批进一步助长了土地违法的事实。

在剩余执法权较大的前提下,乡镇国土所对村庄中的违建行为采取的是以罚代批的执法策略。以罚代批的理论基础是违法经济学,即通过增加违法者的违法成本来控制违法市场,以压制潜在的违法者并治理现行的违法者;①但在土地执法中,国土执法中的罚没行为如同放水养鱼,一方面为国土行政部门提供了必要的行政经费,甚至为国土执法官僚提供了私人利益;另一方面为土地违法行为提供了广泛的运作空间,客观上为地方经济的迅速发展提供了保障。

---

① Becker, G. S. 1968. Crime and Punishment: An Economic Approach. *Journal of Political Economy* 76:169 ~ 217.

(二)乡村精英替代对趋利执法的形塑

村民的家庭企业对土地产生巨大需求,导致土地利益不断密集化,土地价值不断增加,村庄的违建行为屡禁不止。在违建行为中,违建体量最大的是从家庭企业主中分化出来的富人群体。村庄富人群体以家庭企业起家,利用宅基地来建造家庭工厂,通过加工五金来获取利润。当地是全国最大的五金加工基地,在产业升级的背景下,面对激烈的市场竞争,家庭企业只有通过薄利多销,每年才能保持数十万元乃至上百万元的经济收入。于是,村庄富人群体对土地存在强大的需求,而扩大厂房面积就必然会涉及对土地的非法占用。

与此同时,村庄经济精英开始走向政治舞台。村干部产生的途径来源于村民自治制度,一旦村干部完全由富人群体垄断,那么村庄的精英替代就实现了。这种乡村精英替代以社会分化及其所生产出来的阶层分化为基础,新的村庄精英快速地替换掉旧有的村庄精英,并在新的村庄精英内部形成角色转化。①

乡村政治发生精英替代,形式上表现为村庄富人群体对体制性权力的激烈争夺,最终村民自治制度演化为贿选政治。② 富人群体积极开展对村庄体制性权力的追逐,原因有三:第一,村干部谋利空间巨大。浙北农村属于利益密集型地区,经济发展主义主导了地方政府的运作逻辑。地方政府借助村干部征地拆迁,村干部可以从中获取丰厚的利益回报。第二,村干部身份为家庭企业发展提供政治庇护。富人群体以家庭企业经营作为经济来源,企业用地违法、偷税漏税严重,一旦成为村干部,便可以更加顺畅地处理与政府的各种关系,在较为宽松的执法环境中降低被政府部门执法的可能性。第三,博取政治资本、社会声誉,提高企业发展水平。村干部的头衔是政治精英的象征,村干部能够强化和扩展企业关系,提高企业的市场竞争力。

---

① 关于精英循环论和精英再生产论的分析,参见杨善华:《家族政治与农村基层政治精英的选拔、角色定位和精英更替——一个分析框架》,载《社会学研究》2000 年第 5 期。

② 关于农村基层选举中的贿选现象,参见吴思红、李韬:《村两委选举中派系贿选现象研究》,载《政治学研究》2015 年第 1 期。

基层政权对新型乡村精英的制度性需求为精英替代的发生提供了体制空间。对于地方政府而言,土地开发离不开村干部,由于村干部熟悉村庄社会情况,"行政包干制"能够摆平村庄内部的各种利益,协助地方政府以最快的速度实现征地拆迁,并能够有效降低行政风险。[①]正因如此,在村庄社会中,最符合地方政府实现行政目标的村庄体制性精英是村中的富人群体。就富人群体的素质而言,这些人长年经商,具备极强的个人能力,善于处理各种关系。村干部虽然不是正式国家干部,却具有体制性身份,对村庄事务具有决定性权力,尤其是在土地资源稀缺的前提下,村干部在很大程度上履行了宅基地申请的初级审批权,普通村民压根不敢得罪村干部,反而凡事有求于村干部。

土地执法中街头官僚的趋利执法根源于地方性行政体制环境,国土执法部门内部的罚没式管理导致一线执法者获取灰色利益常态化。执法体制环境下的趋利执法导向是一方面,更重要的是,村庄内部经济分化后土地利益群体纷纷崛起,由此形成了村庄政治场域的精英替代;[②]同时,地方政府主导下的能人型基层治理模式,对富人型村干部产生制度化需求,两者的叠加,推动执法者与被执法者之间形成复杂的互惠性关系,并使得土地执法中的趋利行为更加稳定、牢固并不断再生产。

这种执法结构所产生的结果是,在国土行政执法的过程中,以罚代批等并不合法的执法策略长期存在,而难以恢复原状的违法利用土地,成为日后土地运动式执法中难以根除的历史遗留问题。一旦村干部开始成为攫取土地利益的地利群体,[③]村级组织反而成为侵蚀国土执法队伍的主要力量。

在中央对地方分权、激发地方活力的背后,蕴藏着体制性的执法不

① 郭亮:《土地征收中的"行政包干制"及其后果》,载《政治学研究》2015年第1期。

② 就此而言,这种精英替代的逻辑完全不同于资源输入型农村社会的精英替代中"新代理人"得以上台的原因。关于后税费时期中西部农村精英替代的逻辑,参见李祖佩:《"新代理人":项目进村中的村治主体研究》,载《社会》2016年第3期。

③ 刘锐:《农村宅基地有偿取得与土地分利集团的崛起——以浙北D镇为考察对象》,载《北京社会科学》2016年第4期。

严。尽管国土法律不断完备，但地方政府始终成为土地执法具体体制环境的主导者。村庄的治理逻辑与地方政府的发展逻辑本质上一体两面，执法不严根源于地方政府与地方社会在土地利用上的深度“合谋”。[①] 乡村工业蓬勃发展之后，土地市场价值快速显化，一旦土地执法名实分离，处于最基层的国土执法官僚便在执法自由裁量中为自己获利，而这又必然导致土地违法规模的激增。

五、国土运动式执法的派性政治实践

基层执法中的利益结构并不稳定，很容易被来自上级的行政压力改变。运动式执法能够打破行政部门的常规运作，实现行政资源的有效整合，对违法行为进行有效查处。[②] 不过，即便在趋于严格的执法环境中，国土执法运动似乎很难运动起来，有研究发现，传统的“运动式执法”在现阶段仅仅流于形式、话语和口号，“专项治理”已经具有科层化的典型特征。[③] 本节将论证，在高度行政化的执法实践中，执法对象是如何在社会关系结构中被筛选出来的。

2008 年后，国家开始强化国土执法，但由于行政执法资源的约束，为地方政府主导的国土执法行为很难全面展开。2013 年，浙江省开始在全省范围内开展“三改一拆”行动。根据地方政府颁发的《“无违建”百日攻坚专项行动实施方案》的规定，“三改一拆”运动执法的对象并不针对所有违法建筑，只有属于特定情形的违法建筑才必须予以拆除：(1)严重影响消防安全的；(2)建筑质量存在严重安全隐患的；(3)侵

① 执法经验中政府与社会的“共谋”广泛存在，国家或有意放任违法行为，或在遭遇民众拒斥后向违法行为妥协。参见徐昕：《国家的态度：民间收债和私力救济的表达与实践——以华南一个民间收债个案为例》，载《中外法学》2004 年第 1 期；王锡锌：《中国行政执法困境的个案解读》，载《法学研究》2005 年第 3 期。

② 唐皇凤：《常态社会与运动式治理——中国社会治安治理中的“严打”政策研究》，载《开放时代》2007 年第 3 期。

③ 刘杨：《“专项治理”科层化的实践机制与制度前景——以鄂中 X 镇食品药品监督管理所的执法工作为个案》，载《法商研究》2017 年第 1 期。

犯相邻权益的;(4)不符合规划补办条件或业主原因逾期不补办的;(5)上级交办、被上级主流媒体曝光等存在必须拆除情形的;(6)以农业设施用地建造住宅、别墅及其他附属设施或用于出租、工业生产的;(7)2012年12月31日后新发生的。①

按照上述土地执法方案,即使存在土地违法的情形,比如本文所指的利用宅基地发展工业的情形,大多数违法行为都可以通过补办审批手续而实现后续补救,或者只要持有被罚款的发票而不属于上述情形的,便可免于拆违。其原因在于,科层化的执法模式天然具有惰性,基层国土部门在执法运动中动力不足。乡镇国土所升格为国土分局后,国土分局在工资、编制、人事上归市国土局,但是在行政事务上由乡镇管理。国土所需要对接到县国土局的土地利用科、供给科、地籍科等多个科室,需要完成上级布置的日常性土地管理和土地信息收集工作,相对于土地行政管理工作,土地执法仅仅构成了附属性的行政工作。

国土分局在违建行为中很难单独执法,需要在获得市人民政府的委托下,由国土执法监察大队、乡镇人民政府、国土分局和住建分局联合执法。按照法律规定,国土执法并没有行政强制执行权,如果需要对违建房屋进行拆除,需要得到县级人民政府的授权或向人民法院申请强制执行。一旦对房屋拆迁,国土所需要参与一线执法,不仅工作量大,而且容易发生执法冲突。在媒体聚焦的环境下,征拆事件很容易成为缺乏中立性的媒体的负面报道,传媒媒介动员极有可能引发社会运动,给基层政府带来巨大的治理压力和政治压力。② 地方政府的运作始终处于压力型体制之中。③ 在国土执法运动型治理的沉重行政压力下,原先国土执法中的举报制度开始发挥作用,地方政府开始利用举报制度来选择执法目标:凡是接收到党员、干部违建的举报,一律从重从严从快处理,对于普通百姓的违建行为,也依法依规处理。

---

① 《××市"无违建"百日攻坚专项行动实施方案》(×政办发〔2016〕119号)。

② 吕德文:《媒介动员、钉子户与抗争政治:宜黄事件再分析》,载《社会》2012年第3期。

③ 荣敬本等:《从压力型体制向民主合作体制的转变:县乡两级政治体制改革》,中央编译出版社1998年版。

更重要的是,执法行为究竟如何与相关的违法对象连接。事实上,村庄社会阶层关系互动中所生成的执法举报,客观上构成了地方政府选择执法目标的实践机制。执法举报行为的社会基础是村庄社会的对立性阶层关系。① 对立性阶层关系源于社会经济分化后的阶层分化,以经济收入来初步计算,浙北Z村可以划分为强富阶层、富裕阶层、中产阶层、普通阶层和贫弱阶层五个阶层群体。就浙北农村社会的阶层关系而言,普通阶层和贫弱阶层在村庄社会中容易受到社会排斥,特别是村庄中的边缘户和底层群体,他们总是在建房中受到村庄强富阶层、体制性权威的排斥。

村庄中违建面积最大的是村庄中的富人群体,富人群体由强富阶层和富裕阶层共同组成,他们利用经济资源获取宅基地,扩建厂房,并进一步增加自身的经济实力。在个体经济高度发达的浙北农村,富人群体几乎是村干部候选人的唯一来源。② 在土地指标极为有限的前提下,村干部倾向于通过市场化的方式来配置土地指标。由于稀缺的宅基地指标采取竞标的方式进行分配,最终形成了"富人住宅林立,穷人无立足之地"的居住格局。③

派性政治最大的特点是,为了实现对利益的攫取,在村庄选举中形成相互竞争、攻击的两派,两派中的领袖人员构成了村庄选举中开展激烈竞争的主体。④ 派性政治不仅体现在村庄选举中,而且体现在选举之后的村治权力运作之中。一般而言,村庄中容易出现两派,一派当选为村干部,一派为竞争者,在野派在日常治理中不断给当权派制造矛盾,当权派则不断压制在野派。更为复杂的情形是,两派分别占据村支

① 杨华:《农村阶层关系研究的若干理论问题》,载《人文杂志》2013年第4期。

② 贺雪峰、谭林丽:《内生性利益密集型农村地区的治理》,载《政治学研究》2015年第3期。

③ 印子:《对宅基地使用权初始取得市场化的反思》,载《天津行政学院学报》2014年第6期。

④ 关于派性政治的研究,参见贺雪峰:《乡村选举中的派系与派性》,载《中国农村观察》2001年第4期;贺雪峰:《新乡土中国》(修订版),北京大学出版社2013年版,第25~29页;谭林丽:《派性政治——城镇化中农村基层民主机制研究(1999—2014)》,华中科技大学2015年博士学位论文。

书和村主任的位子,这种类型的村庄大多由于两委关系的不可调和而陷入治理困局。

但是,群众上访的对象几乎都是村干部,而地方政府全然知晓村干部的所作所为。地方政府与村干部之间的关系是动态的,尽管地方政府和村干部之间存在利益关联,但整体上地方政府处于强势地位,村干部群体处于弱势地位。一旦迫于上级政治压力,需要完成相应的土地执法指标,地方政府必然敢于拿村干部开刀;而村干部有大量把柄在地方政府手中,面对地方政府的咄咄逼人,村干部只能束手就擒。

经济诉求是村庄政治权力角逐的主要原因,这得到了村庄政治经验的印证:村庄富人群体在成为村干部之后,宅基地违建面积大量增加,不仅在宅基地指标分配中具有优先竞价权,而且对村庄中的土地直接侵占,为扩大面积的厂房建造新的加工场和职工宿舍。土地资源具有稀缺性,村庄政治权力和经济利益的争夺产生派性政治。派性政治对土地执法最重要的影响在于,派性之间容易收买底层群体,一方面是为了压制底层群体针对自身的上访;另一方面可以利用上访来压制政治对手。尤其是在"三改一拆"的执法背景下,一旦地方政府严格执法、公事公办,村干部就很可能成为被执法的对象。

在阶层排斥的格局中,底层人物积攒下大量阶层怨气,这种阶层怨气在平日的大量具体事件中产生和累积,一旦爆发出来,就具有明确的矛盾指向性,即通过不断向地方政府上访,要求地方政府解决住房和宅基地问题。① 村庄社会中的底层群体向地方政府上访反映宅基地分配不公,构成了近年当地基层政权信访的重要内容。面对堆积如山的群众来访,地方政府遵循"不出事的逻辑"。② 底层群体纷纷开始向地方政府进行违建举报。底层群体向地方政府举报主要有三种类型:一是由于居住空间紧张而引发的邻里之间的相互举报;二是国土执法后底层群体不满而自发针对富人群体的举报;三是派性政治竞争中富人群

---

① 田先红:《阶层政治与农民上访的逻辑——基于浙北C镇的案例研究》,载《政治学研究》2015年第6期。

② 贺雪峰、刘岳:《基层治理中的"不出事逻辑"》,载《学术研究》2010年第6期。

体为争夺村干部而利用底层群体来举报竞争对手。其中第三种执法举报类型是理解国土执法实践的社会机制的关键。

举报制度是地方政府提高执法能力的制度工具,村干部为了打倒政治对手,利用村庄中的阶层冲突来启动土地执法举报制度。对于村庄政治而言,作为政治斗争手段的举报行为,客观上构成了地方政府打击违建行为、完成执法指标的有效方式。在日常性治理中政治派别之间的公然叫板,是派性政治竞争的一种重要表现形式,而国土执法的运动型治理则为派性政治创造出新的竞争形式。如果村庄政治中的两派利用底层社会群体,相互举报对方,那么村庄中的土地执法就呈现出快速推进之势。最终,在村庄政治语境中的土地执法,反倒减少了执法冲突,提高了执法指标完成的效率。

六、结论

伴随国家立法的不断完备,浙北乡村的土地执法经历了由国家政治、基层治理向行政执法的法治演进。不过,相比于国家层面的土地法制建设而言,地方政府与地方社会在土地利益演化过程中的互动关系,最大化地决定了土地执法的实际过程。

国家政治时期,地方政府与地方社会并没有形成明显的分界,这个时期的地方政府和国家高度融合,乡土社会的政治化程度非常之高,政治的逻辑压倒了社会治理的逻辑,强大的国家专断性权力压缩了土地管理上利益主体的互动空间。基层治理时期,国家处于高度分权状态,地方政府主导了基层上地执法的体制环境,基层国土执法机构往往成为县乡经济大发展的服务者。在这个阶段,浙北农村社会最大的变化是因经济分化而带来的社会分化和基层民主政治参与的精英化。村级体制性精英群体与土地利益捆绑之后,土地违法群体丛生;在宽松的土地执法环境下,土地执法官僚更容易被土地利益所侵蚀,进而强化土地执法的不规范,并促进乡村社会进一步的经济分化、社会分化和政治权力固化。在运动式土地执法中,土地执法部门和地方社会原本牢固的土地利益共同体被打破,土地执法逐步进入行政法治时期。

不同阶段的土地执法具有完全不同的历史特点。早期的土地执法实质上是具备浓厚政治色彩的土地管理。土地管理遵循阶级话语下的政法逻辑,群众路线和人民专政的意识形态与工作方法发挥了配置土地资源的作用。改革开放初期的土地违法具有社会纠纷的意涵,村干部对土地违建的治理类似于调解乡土纠纷,面子人情、连带责任和矛盾上移等治理机制,具有典型的乡村社会秩序内部控制的特征。基层治理时期的土地执法主要表现为地方政府与乡村体制精英之间的深度合谋,即在土地利益上各取所需,对国家土地法几乎视而不见。行政法治时期国土执法的严格并不源于中央层面土地管理制度的完善,而是基于地方政府经济发展战略的主动调整,而村庄派性政治实践客观上构成了地方政府在运动式执法中选择执法目标的手段。

值得注意的是,基层治理时期的土地执法并非完全摒弃了土地管理法,而主要是存在普遍性的执法弃权和"以罚代管"的执法行为,所以基层治理时期更多地充满了宽松执法环境下利益主体之间的互动和博弈,具有典型的有法可依却不依法行政的法治初期特征。本文所指的行政法治时期也仅仅是土地执法领域依法行政的开端,所以当前的土地执法依然与土地管理法的规定存在相当大的差距。即便土地执法趋于严格,土地执法模式的法治化其实是被动的,执法行为在专项治理的语境中充满了选择性。这种国土执法模式的特点不完全在于对违法历史事实的全面纠正,而在于宣告乡村工业土地利用法治时代的来临,乡村体制精英再也难以从国土执法官僚那里获得庇护。归结而言,基层国土执法模式不可能脱离具体的历史语境,国土执法从来都嵌入行政集权体制之中,社会关系对国土执法行为的形塑之力十分巨大,这是基层法治研究必须认真对待的基本事实。

《法律和社会科学》(2017)
第16卷第1辑,第223~251页

乡村食品安全监管执法困境及其解释
——治理能力的视角

徐　凯*

摘要:既有的研究进路难以全面有效解释乡村食品安全治理困境。从治理能力的视角看,乡村食品安全监管执法困境反映了基层治理能力不足,表现在日常监管与专项治理两个层面。日常监管的困境表现为:监管规模过大、监管组织体系断裂、法律法规与乡村脱节以及外部性因素介入;专项治理的困境表现为:片面的集中整治和松散的联合整治。面对日常监管困境,乡镇食品监管部门从制度与行动两个层面予以解决,然而,由于治理能力的不足,效果不佳。日常监管的乏力催生了专项治理,循环往复,对专项治理形成路径依赖,日常监管缺位。有效治理乡村食品安全,根本上在于提升基层治理能力。在资源一定的条件下,鼓励社会协同、公民参与,是有效提升基层治理能力的基本选择。

---

* 中南财经政法大学法治发展与司法改革研究中心博士生。本文为国家社会科学基金重点项目"国家治理能力视野下的乡镇执法权配置与运行研究"(15AFX008)的研究成果。

一、食品安全治理困境及既有解释

既有的有关食品安全治理困境分为如下几种研究路径:第一,制度主义研究路径。制度主义的基本观点是由于法律、体制等方面的原因,导致食品安全治理出现困境,进而需要完善立法、改革体制来解决食品安全治理困境。立法完善主义取向的基本思路是当前食品安全治理困境原因在于我国的食品安全法律体系不完备,需要通过不断地立法修法,进而保障食品安全。王虎通过梳理我国食品安全立法实践,发现“从我国近年来这些立法实践看,以立法完善主义为中心的法律完备化努力成为我国食品安全治理改革的主要取向”。① 体制改革主义取向的基本思路是当前食品安全事件频发的根源在于我国食品安全监管体制存在弊端,需要通过改革食品安全监管体制,进而实现食品安全事件的有效治理。例如,宋强、耿宏认为,“导致中国食品安全事故频发的主要原因在于监管体制中多头分散管制模式的弊端和社会性参与的缺失,所以,改革现有的监管体制成为解决食品安全问题的核心所在”。② 第二,现代治理研究路径。食品安全现代治理研究路径更多发端于政治学、行政学,该研究路径主要通过引进西方的治理理论来分析我国的食品安全问题。这种研究路径的核心主张是通过多中心治理解决我国的食品安全问题,其认为传统的依靠监管的模式难以有效应对食品安全新挑战,政府必须转变理念,实现从监管到治理的转变。例如,刘刚、郭利认为,“面对日益复杂的食品安全问题,我国的食品安全须从传统监管到现代治理的理念转变和制度创新”。③ 在此基础上,他

---

① 王虎:《不完备法律理论下我国食品安全治理改革——从立法完善主义到合理分配剩余执法权》,载《公共管理学报》2009年第2期。

② 宋强、耿宏:《关于构建中国大食品安全监管体制的讨论》,载《求实》2012年第8期。

③ 刘刚、郭利:《从监管走向治理:食品安全实现逻辑的转变》,载《江苏农业科学》2017年第5期。

们构建了一个政府、企业、消费者共同治理食品安全的协同治理模式。刘飞、刘谭君认为,“根据西方的经验,除了要更进一步优化国家在食品安全治理中的作用外,市场与消费者这两大主体的作用也是不容忽视的。只有充分发挥国家、市场与消费者这三大主体的积极性与能动性,食品安全的善治才有可能”。① 第三,执法研究路径。食品安全执法研究路径更多发端于法学学科,该研究路径认为我国当前食品安全执法存在诸多困境,并从制度、立法、执法人员素质、执法不规范等方面解释执法困境,并认为规范执法是解决食品安全问题的关键。例如,刘津平认为,“目前我国食品安全的执法在整体上存在着缺陷,多头执法、重复执法、执法空缺、执法不力等现象大量存在,而‘有法不依、执法不严、违法不究’也是我国食品安全执法中的一个顽疾,由此整合现有的执法资源、构建科学的执法体系,已经成为解决食品安全的重要课题之一”。② 王虎认为,公共执法模式难以有效应对食品安全危机事件,主张“合理化地构建私人执法模式来对食品安全执法进行有效的制度设计与重构”。③ 也有部分研究者从食品安全执法实践出发,从体制性、社会背景等层面思考食品安全治理困境,例如,刘杨认为,基层执法具有多元性,食品安全执法的专业化困境不仅受制于制度层面的原因,而且与体制性、社会原因有关。④

以上几种研究路径从不同的研究视角出发,从不同侧面、运用不同的理论解释当前的食品安全治理困境,对于我们理解食品安全治理困境都有一定意义,但是,每种视角又都具有一定局限性,难以有效解释我国的食品安全治理困境。

制度主义研究路径认为当前食品安全治理困境主要是由于法律体

---

① 刘飞、刘谭君:《食品安全治理中的国家、市场与消费者:基于协同治理的分析框架》,载《浙江学刊》2013 年第 6 期。

② 刘津平:《整合执法资源——构建我国食品安全的执法体系》,载《教育教学论坛》2010 年第 20 期。

③ 王虎、李锌淦:《整体主义视野下我国食品安全私人执法模式研究》,载《华中科技大学学报》2013 年第 5 期。

④ 刘杨:《基层执法专业化的实践困境及其解释——兼论基层执法的多元性》,载《华中科技大学学报》(社会科学版)2016 年第 5 期。

系不完备所导致的,故而主张通过建立健全食品安全法律体系。然而,在立法主义理念指导下我国不断推进食品安全领域的立法,已经形成了一批相对完备的食品安全法律法规体系,但是,并没有有效减少食品安全事件的发生,我国的食品安全治理形势依然严峻,尤其在乡村食品安全领域,法律与乡村社会脱节、有法难依的情况很普遍。现代治理研究路径认为,当前的监管模式难以有效应对食品安全问题,须引入治理理念,建立协同治理机制治理食品安全问题。"治理"是从西方引入的概念,自20世纪80年代西方公共管理变革以来,备受我国理论界的大力推崇,似乎找到了公共治理变革之道。然而,受传统行政管理模式的影响,治理理念并没有真正落实,以行政为主导的管理模式仍然是我国公共管理的常态。执法研究路径区别于制度主义研究路径和现代治理研究路径的地方在于,执法研究路径开始关注食品安全法律法规贯彻落实问题。然而,既有的食品安全执法研究主要停留在抽象思辨分析的层面,对策性研究倾向明显,而且也没有对食品安全执法实践展开实证研究,以至于既缺乏理论基础,也缺乏经验基础,因而难以有效解释乡村食品安全治理困境。

虽然现代治理研究路径和执法研究路径难以全面有效地解释乡村食品安全治理困境,但对本文的研究具有很大的启示,构成本研究的重要基础。"'国家的本质就是执法',法律是国家意志的规范性表达,但国家意志能否贯彻于社会,则依赖于国家能力",①因而,法律实施的效果与国家能力相关,"国家治理能力影响着国家治理绩效"。② 既然治理能力影响执法绩效,那么,如何研究执法更能有效反映治理能力对其的影响呢?由于"法律在执行过程中会经历与社会的磨合,它发生在执法机构与社会的基础面上",③因而,通过观察执法在社会中的实践过程,"在地化"地理解乡村食品安全执法实践及其方式是考察执法绩

① 陈柏峰:《城镇规划区违建执法困境及其解释——国家能力的视角》,载《法学研究》2015年第1期。

② 丁志刚:《论国家治理能力及其现代化》,载《上海行政学院学报》2015年第3期。

③ 陈柏峰:《城镇规划区违建执法困境及其解释——国家能力的视角》,载《法学研究》2015年第1期。

效的有效方法。据此,本文主要根据执法在社会中的实践,从治理能力的视角,①运用治理能力的相关理论考察其对食品安全监管执法绩效的影响。

本文的经验材料来源于笔者及其所在研究团队于2016年在湖北省江汉平原X② 乡镇食品药品监督管理所的两次社会调研和2017年在河南省华北平原L乡镇食品药品监督管理所的社会调研。X乡镇为区域中心镇,是附近几个市的交汇处,总人口10.4万人,总面积190平方公里,下辖45个行政村、5个社区居委会,交通便利,服务业相对发达,X镇食品药品监督管理所7个人在编,对其管辖区域实行网格化加片区制管理。L乡镇位于省道沿线,总人口4.6万人,总面积64平方公里,下辖24个社区、行政村,交通便利,经济水平一般,X镇食品药品监督管理所3个人在编,对其管辖区域没有明确分工。

二、理论基础与分析框架

治理理论起源于20世纪80年代末期,其实践来源是西方国家政府一元化管理模式越来越无法有效应对社会事务的复杂性与多样性所带来的挑战。于是,一种区别于传统政府统治的治理理念开始出现,治理理念更强调治理主体的多元化、治理机制的多样化。治理理论传入中国之后,一些学者结合中国治理实践,做了一些本土化研究。包国宪、霍春龙认为,“总体而言,中国学者对政府治理的界定大致包含两层意思:其一,从狭义角度来说,政府治理意味着政府内部的治理,这包括政府体制改革、政府管理创新、政府管理价值理念的创新等诸多内容。其二,从广义上说,政府治理意味着政府对人们行使属于社会的权

① 本文的治理能力主要指基层政府治理能力。虽然国家治理主要是政府治理,但是,政府具有层级性,不同层级的政府其治理能力强弱不同,因而必须区分不同层级政府的治理能力。

② 依据学术惯例,文中出现的地名、人名一律经过技术处理。

利。政府代表社会施政,从社会获取权力以促使全体社会成员履行自己的社会义务并使他们服从法律。同时,它也意味着政府及其公职人员切实履行社会契约规定的条件,即保障社会利益、促进社会公共意志的实现”。[①]

政府治理涉及政府治理绩效问题,而政府治理能力是判断政府治理绩效的重要指标。李文彬、陈晓运认为,“治理能力是个综合性概念并具有多元结构,贯穿价值孕育、资源整合、网络构建、机制重塑、政策输出等方面。因此,所谓政府治理能力,是指政府遵循治理的理念,在治理理念价值目标的塑造、动员和濡化,资源的挖掘、培育和整合,参与、协同、自治网络的构建,政府流程再造、依法履职、回应社会问题及需求等方面所体现出来的素质。总的来说,治理能力包括价值塑造能力、资源集聚能力、网络构建能力、流程创新能力和问题回应能力”。[②]胡鞍钢、魏星认为,“治理能力反映的是政府治理行为的水平和质量,是对政府治理模式稳定性、有效性和合法性的直观度量”。[③] 汪基强、王诗宗认为,“工商行政管理能力是各级工商行政管理机关在既定的宪政框架内,为实现组织使命和目标,运用国家赋予的公共权力或称公共行政权力,最大限度地动员、汲取、分配、整合和运用社会资源,即权力资源、财力资源、人力资源、文化资源、权威资源、信息资源和制度资源等,通过正确制定和有效地执行市场监管公共政策,恰当地实施反垄断、反不正当竞争和维护消费者合法权益等行政执法职能,以取得组织合法性和发展动力的能力”。[④] 王敬尧研究总结发现,“关于治理能力的构成要件,有几种代表性意见:一是从资源获取和能力运用角度分为政府集体行动的能力和政府获取资源的能力,包括社会汲取能力、合法

① 包国宪、霍春龙:《中国政府治理研究的回顾与展望》,载《南京社会科学》2011年第9期。

② 李文彬、陈晓运:《政府治理能力的现代化评估框架》,载《中国行政管理》2015年第5期。

③ 胡鞍钢、魏星:《治理能力与社会机会——基于世界治理指标的实证研究》,载《河北学刊》2009年第1期。

④ 汪基强、王诗宗:《政府工商行政管理能力的内涵、结构及评估》,载《中共浙江省委党校学报》2007年第3期。

性能力、政治强制能力、社会干预能力、改革适应能力等。二是按照能力的性质分为权利能力、政策能力、权威能力、组织能力。三是分为汲取财政能力、宏观调控能力、合法化能力、强制能力。四是从国家和社会关系角度分为深入能力、汲取能力、商议能力”。[①]

专家学者从不同视角提出的治理能力都有一定说服力，然而，很少有学者从治理实践出发，提取治理能力的构成要件，就各个治理能力如何发挥作用以及影响这些治理能力发挥作用的因素展开具体分析。中国作为一个单一制大国，存在中央与地方的划分，地方政府又分为省市县镇政府，因而各级政府治理能力不可能一样大。此外，地方政府中，东中西部各级政府治理能力又不一样。可见，政府治理能力既具有层级型，又具有区域性。此外，从政府治理事务的角度看，有的事务专业性比较强，有的事务综合性比较强，政府在治理不同类别社会事务时治理能力又会有差别。执法是政府治理事务的重要组成部分，“国家的本质就是执法”，[②]因而，执法能够体现政府治理能力。王敬尧认为，“治理能力是判断地方政府治理绩效的重要指标。从方法或技术上讲，判断政府的能力有多种路径，可以针对面板资料展开历史性分析，可以现场观察政府行为进行现场估计，还可以通过逻辑推理进行应然性期待。既可以正面褒奖政府能力强大，也可以从负面论证政府能力的不足；既可以定性地进行价值评判，也可以量化地开展绩效评估”。[③]据此，执法困境是政府治理能力不足的表现。因此，可以从政府治理能力的角度去解释执法困境。具体来说包括如下几个问题：基层执法人员如何应对执法困境，基层治理的哪些能力不足导致了基层政府难以有效应对执法困境，哪些因素导致基层治理的这些能力不足，进而无法应对基层食品安全治理困境。

---

① 王敬尧：《县级治理能力的制度基础：一个分析框架的尝试》，载《政治学研究》2009年第3期。

② ［美］弗朗西斯·福山：《国家构建：21世纪的国家治理与世界秩序》，黄胜强、许铭原译，中国社会科学出版社2007年版，第6页。

③ 王敬尧：《县级治理能力的制度基础：一个分析框架的尝试》，载《政治学研究》2009年第3期。

相关理论分析建立在以下分析框架上,即"日常监管——专项治理"循环治理结构。已有的研究充分表明,中国的国家治理兼具日常治理和专项治理,食品安全治理也不例外。周雪光认为,权威体制与有效治理之间的矛盾是中国政体内部的一个深刻矛盾,集中表现为中央管辖权与地方治理权间的不兼容,中央管辖权过于集中,权力、资源就会流向中央,从而削弱地方政府解决实际问题的能力。① 即通常说的"一管就死"。中央管辖权的过分集中,以至于地方缺乏自主性,是基层政府治理能力不足的根本原因。基层政府治理能力不足导致乡村食品安全治理的日常监管乏力,突出表现为无心监管、无力监管、无法监管等,以至于国家的食品安全法律法规政策无法通过日常监管执法贯彻落实下去,常规的食品安全问题得以累积,等等。面对基层政府治理的偏差、失效,中央政府治理的一个重要应对手段就是运动型治理(专项治理),即"通过政治动员的运动型方式和渠道来贯彻落实自上而下的政策意图"。② 然而,食品安全专项治理实践表明,由于基层政府治理能力的不足,专项整治亦不能实现有效治理。专项整治机制的产生是为了应对基层政府治理能力不足的问题,然而,由于集中整治的片面性和联合整治的松散性,导致专项整治亦不能有效弥补日常监管的漏洞。于是,乡村食品安全治理陷入了双重困境,呈现日常监管困境与专项整治困境共存的治理状态。

日常监管困境的描述与解释建立在治理的基本要素基础上。丁志刚认为,对于治理的构成要素,任何治理活动至少需要考虑四个问题:其一是谁治理;其二是治理什么;其三是为何治理;其四是如何治理。对这些问题的理论概括,就构成了治理的基本要素,即治理主体、治理客体、治理目标和治理方式。③ 彭贤鸿认为,社会治理的主要要素包括

① 参见周雪光:《权威体制与有效治理:当代中国国家治理的制度逻辑》,载《开放时代》2011年第10期。

② 周雪光:《权威体制与有效治理:当代中国国家治理的制度逻辑》,载《开放时代》2011年第10期。

③ 丁志刚:《论国家治理能力及其现代化》,载《上海行政学院学报》2015年第3期。

治理主体、治理客体、治理目标和治理依据等。[①] 综上，笔者认为，治理是特定主体在特定空间范围内，依据一定模式、方式和方法，运用一定规则处理社会事务的活动与过程。治理的各个要素会制约治理能力，带来治理困境，进而影响治理绩效。治理能力的提高，有赖于各治理要素作用的充分发挥。从治理的基本要素看，日常监管的困境至少表现为如下几个方面：第一，监管规模过大。监管范围大、监管事务多决定了监管规模过大，其与人力不足之间存在深刻的矛盾，为了有效应对这对矛盾，催生了网格制、片区制以及选择性执法，网格制难以真正落实、选择性执法范围有限，最终导致监管留有空隙。第二，监管组织体系断裂。日常监管中，由于非正式人员的积极性没有被充分调动起来，以至于正式人员与非正式人员未能有效传递信息，进而导致监管组织体系［食品药品监督管理所与村（居）委会］并未运转起来。第三，法律规范与乡村脱节。作为治理规则的法律规范与基层食品经营业的现状不相适应，以至于法律法规操作性不强，削弱了执法人员适用法律的能力，导致基层执法人员变通执法。第四，外部性因素干扰执法。执法的过程是一个互动的过程，地方性因素、风险规避等外部性因素影响执法者果断执法，以至于执法具有一定协商性，不能完全严格执法。这四个层面折射了基层政府治理能力，基层政府治理能力的提高会在日常监管中体现出来。

专项治理困境的描述与分析建立在专项治理的实施方式基础上。专项治理的实施方式包括集中整治和联合整治，其是专项治理的重要机制。从专项治理的实施机制看，专项治理的困境表现为如下两个方面：第一，集中整治的“片面性”。由于集中整治只能就某一个区域、某一方面的食品安全问题展开整治，再加上日常监管对集中整治的依赖性，导致集中整治具有片面性，无法面面俱到。第二，联合整治的“松散性”。联合整治通过整合条块力量，试图发挥各自职能，然而，现实执法过程中，联合执法动员起来困难，执法过程中也是各司其职，难以

① 彭贤鸿：《社会治理的要素分析》，载《中共南昌市委党校学报》2008 年第 2 期。

实现执法的整体效果。这两个层面亦折射了基层政府治理能力,基层政府治理能力的提高会在专项治理中体现出来。

三、日常监管的困境

食品安全风险的日常监管,即特定的组织或执法人员在特定的社会空间展开市场巡查,并依据一定的法律法规对违反食品安全法律法规的行为进行处罚的过程。然而,食品安全风险的日常监管是实践性很强的行政活动,而不是仅仅依据法律文本执法的过程。执法实践的复杂性决定了食品安全日常监管执法困难重重,可以概括为如下四个方面:监管规模过大、监管组织体系断裂、法律规范与乡村脱节以及外部性因素介入。

(一)监管规模过大

食品药品监督管理实行属地管理,不同层级的食品药品监督管理部门负责其所在行政区划的食品药品监管。因而,乡镇一级的食品药品监督管理所具体负责乡镇的食品药品监管。上文已经阐述过,基层食品药品监督管理所的人员编制少。但是,其管辖范围大、监管事务多。因而,基层食品药品监督管理部门需要面对的一个核心问题是监管人员少与监管范围大、监管人员少与监管事务多之间的双重矛盾。监管范围、监管事务决定了监管规模,“治理规模指国家在统领、管理、整合其管辖领土及其生活于其上民众的空间规模和实际的内容”,①而监管规模过大与人力资源不足之间的矛盾会限制治理能力。

为了有效应对与缓和监管人员少与监管范围大的矛盾,基层食品药品监督管理部门通常实行网格制与片区制相结合。例如X镇食品药品监督管理所。乡镇的地域范围那么广泛,学校、超市、小卖部等遍布乡镇各个行政村(社区),如何实现监管范围最大化,不留有监管死

① 周雪光:《国家治理规模及其负荷成本的思考》,载《吉林大学社会科学学报》2013年第1期。

角？X镇食品药品监督管理所将责任明确到个人,一人负责一块。由于镇上与农村具有一定差别,镇上的经济活动相对活跃,食品经营业丰富多样,往往比较密集,分布在各个街道,比较琐碎凌乱,小餐饮、小作坊、小超市、食品加工企业相对较多,因而其花费的时间与精力较多,为了有效监管食品安全风险,在镇上实行网格制,一人一网格,将责任落实到个人,尽量减少监管的漏洞。片区制本质上属于网格制,但是,其区别于网格制的地方在于片区范围较大,而网格比较精细,其范围较小。因为农村地区监管事务相对较少,但是,农村的区域范围比乡镇范围大得多,所以实行划片管理。

为了有效应对监管人员少与监管事务多的矛盾,基层食品药品监督管理部门往往采取选择性监管,通过“以点带面”的方式实施监管。选择性监管内涵比较丰富,具体包括如下几个方面:(1)监管地点的选择性。例如,城区与农村重点不同;城区和农村又分重点区域与非重点区域,重点区域重点监管,其他区域附带监管。(2)监管时间的选择性。例如,平时监管力度小,节假日监管力度大;检查前监管力度大,日常监管力度弱。(3)监管事务的选择性。例如,重点监管超市、小餐饮、学校食堂,而对小摊贩、小卖部、小作坊监管力度小。

网格制与片区制的制度设计意在明确分工、明确责任,实现定格定岗,定岗定责,进而避免出现监管空白的现象。应当肯定的是,网格制与片区制是在执法人员少的现实条件下的最优管理方式,是提升治理能力的一种方式。然而,网格制与片区制并不能够实现“处处监管、事事监管”。虽然网格制实现了定格定岗,但是,由于以下几点原因,导致网格制与片区制难以有效落实:(1)具体网格的责任人无法有效监督,一个人负责一个网格其自由裁量权太大,并不能保证严格执法,正所谓“一人为私,两人为公”。(2)乡镇食品药品监督管理所办公条件有限,一个所只有一辆公车,所以也只能轮换使用。选择性监管,客观上讲在于人力资源不足、执法保障不够,难以有效应对监管范围大、监管事务多的情况,所以只能有多少人干多少事、有怎样的条件办怎样的事。(3)欠缺运行机制。食品药品监督管理虽然实现了定岗定格,但是,缺乏保障网格化治理运行的机制,“没有运行机制,网格化治理就难以发挥系统特定的功能和作用”。①

网格制与片区制作用无法充分发挥、选择性监管这些问题,除了客观性原因之外,还在于懒政现象比较突出,监管人员的积极性没有充分发挥出来,限制了一线执法人员的能力,“网格化管理具有高效率特点,但网格化只是一种技术,关键还要靠掌握技术的人的资格和能力”。② 许多乡镇行政事业单位工作风气不是很好,例如,迟到早退、怠工现象非常普遍。不按时上下班,上班后,又不好好工作,而在那里聊天、上网等。这个问题本质上就是没有纪律、不讲纪律。如何客观看待这些不讲纪律的行为呢?这是由多方面的原因造成的,包括:(1)基层的行政环境确实不好。基层行政事业单位工作人员,没有形成一个良好的工作环境,这会对每个工作人员产生不良影响。(2)乡镇一级的公务员,几十年如一日地待在基层,干了这么多年,事务重复性高,没有新鲜感,对业务就会缺乏热情。(3)晋升机会少。晋升机会少,导致干不干都差不多,没有积极性,就会涣散、懒散。(4)队伍老化。一支年迈的工作队伍,基本意味着在仕途上没有多的指望,在基层多年,也会沾染社会各种不良习气。(5)基层工作人员往往比较务实,将更多精力集中在家庭琐事上,而在工作上不用心。这些综合因素,决定了基层行政事业单位整体上不讲究纪律,队伍比较涣散,人心不齐。因而,即使有了网格制与片区制,其作用也无法有效发挥。对于繁杂的监管事务,也不可能面面俱到,只能“以点带面”、选择性监管。

网格制、片区制以及选择性监管是食品药品监督管理所缓和监管范围、监管事务与人力不足之间的矛盾,也即缓和监管规模与人力不足的矛盾,提升基层政府在治理食品安全领域治理能力的制度设计与行为选择。然而,这些效用并没有被充分发挥出来。此外,由于

---

① 竺乾威:《公共服务的流程再造:从“无缝隙政府”到“网格化管理”》,载《公共行政评论》2012年第2期。

② 何瑞文:《网格化管理的实践困扰》,载《苏州大学学报》(哲学社会科学版)2016年第1期。

治理规模、编制限制的制约以及基层执法人员的素养欠缺,限制了食品药品监督管理所的治理能力,削弱了其管制能力,导致监管留有缝隙。“规管的意义在于改变个人和团体的行为,使他们的行为符合国家制定的规则。”[①]已有研究证明,编制和治理规模是影响规管能力的重要因素。例如,王绍光认为,“现在中国出太多的问题都跟规管不到位有关,而这跟编制很可能有关系。比如,国家的煤矿安全,中国煤矿最高时期有数十万个煤矿,但中国整个的煤矿安全的监管机构的人员,可能也就是几千个人,根本没办法监管好煤矿的安全生产”。[②] 周雪光认为,“中国国家治理面临的一个重要挑战是其治理规模以及由此产生的治理负荷”,并认为国家的治理规模取决于物理空间、人口规模以及治理内容。[③] 基层食品安全的监管范围大、监管事务繁杂决定了其监管规模过于庞大,而执法人员少,无法有效应对过于庞大的监管规模,进而限制了食品药品监督管理所的规管能力,导致监管留有空隙。

(二)监管组织体系断裂

乡村食品安全风险监管的主要部门是食品药品监督管理所,但是,乡村食品药品监督管理所人员有限,例如,X镇食品药品监督管理所人员编制有7个人,L镇食品药品监督管理所人员编制只有3个人。与执法人员不足相对的是管辖范围广大、管辖事务繁杂,因而,仅仅依靠食品药品监督管理所的人员去监管食品安全问题,基本上是力所不及。“在科层制底端,为回应治理需求,在专业化体制之外形成多种非专业体制,弥补非正式制度治理能力的不足”,[④]因此,乡村食品风险监管实践过程中,非正式人员被吸纳进食品安全监管队伍,辅助正式人员监管

---

① 王绍光:《国家治理与基础性国家能力》,载《华中科技大学学报》(社会科学版)2014年第3期。

② 同上。

③ 周雪光:《国家治理规模及其负荷成本的思考》,载《吉林大学社会科学学报》2013年第1期。

④ 于龙刚:《法治与治理之间——基层社会警察“解纷息争”分析》,载《华中科技大学学报》(社会科学版)2016年第3期。

食品安全。非正式人员通常是村委会(居委会)的村干部,由他们协助食品药品监督管理所监管其所在行政村(社区)的食品安全问题,充当食品药品监督管理所的信息员。

据此,乡村食品安全监管的组织体系由两部分构成:作为正式人员的食品药品监督管理所的工作人员与作为非正式人员的村委会(居委会)村(社区)干部。乡村食品药品监督管理所的工作人员主要履行以下职责:(1)为办理食品经营许可证提供服务。食品药品监督管理所作为食品药品监督管理局的派出机构,其并没有发放食品经营许可证的权限,主要是收集相关材料,送局里审批。(2)食品安全的日常监管。食品药品监督管理所日常监管的重点区域、对象包括:乡镇上的超市、小餐饮,全镇的学校(中小学)、幼儿园的食堂、机关事业单位的食堂,农村地区的集体用餐、学校周边的小卖部等。(3)依据局里的工作计划、专项行动等,结合其所在地区的实际,贯彻落实上面的文件精神。(4)参加镇政府的中心工作。那么,非正式人员主要履行什么职责呢?依据基层调研经验,其主要履行发现信息、传递信息的职责。具体来说,信息员所要处理的事项包括如下:(1)报告红白喜事聚餐信息。行政村(社区)办红白喜事,都要备案,备案的内容包括:从业人员的健康证明、聚餐规模、购买食品的凭据、食品留样等。例如,X镇食品药品监督管理所建了一个QQ群,将其管辖范围内各个行政村(社区)的信息员全部加入这个群,其所在村(社区)如果有红白喜事,就在这个QQ群里面汇报。(2)报告流动摊贩的信息。在我国农村地区,还存在一定数量的流动摊贩,特别是在北方地区,相对更多。流动商贩销售的食品也可能存在食品安全风险,因而,也将其纳入管辖范围之内。(3)宣传食品安全法律法规和食品安全常识。食品药品监督管理所会向村干部(信息员)发放一些食品安全宣传手册,由村干部(信息员)在行政村(社区)进行宣传教育。

“在作为单一治理的主体的政府无法回应多元化需求的情况下,扩大治理主体的范围,实现政府与其他主体的合作,就成为治理工作回应多元利益诉求的有效选择”,[①]非正式人员辅助正式人员监管食品安全,能有效弥补正式人员的局限性与短板。正式人员的人力不足、信息闭塞等问题,通过非正式人员可以实现一定程度的弥补。由于村干部(信息员)的加入,充实了食品安全监管队伍,进而一定程度上解决了正式人员的人力不足的问题,行政村(社区)内的食品安全风险隐患都可以由村干部(信息员)去排除,也解决了正式队伍由于人力不足所导致的信息获取能力不足的问题。因为村干部(信息员)生活在其所在村庄内,对其所管辖的范围更熟悉,所有情况一目了然,可以及时有效地报告信息。

现实的食品安全监管执法实践中,非正式人员的作用并不能够有效发挥,其信息员的功能没有被充分发挥出来。可见,建立信息员制度看似是一个良好的制度建设,但是,其制度实践效果却并不明显。尽管我们列举了信息员的功能定位,但是,功能定位是一回事,其能不能够有效发挥作用又是另外一回事。为什么村干部(信息员)的功能定位很难发挥出来呢?原因可以概括为如下几点:(1)村干部(信息员)并不是专职,而是由村干部兼职。从地方财政的现状看,乡镇府及食品药品监督管理所根本没有能力实现信息员的专职化,而只能通过乡政府层面,联通村级组织(社区组织),进而由村干部来兼职信息员。(2)兼职信息员没有报酬,激励机制不够。正是因为地方财力不允许,才致使兼职现象的产生,当然更没有多余的钱来进行报酬支付,哪怕是适当的补贴也没有。此外,食品药品监督管理所与村干部又没有直接的工作往来,无法建立其工作关系或私人关系,村干部很难尽心尽力当好信息员。(3)食品安全工作在乡镇党委政府中并不属于中心工作,乡政府没有动力机制去协助食品药品监督管理所动员村干部(信息员)参与到食品安全治理工作中来。(4)村干部认识不到位。在村干部眼中,红白喜事聚餐根本不存在所谓的食品安全风险,大家一直以来都是这么搞的,从没出现过问题,没必要那么麻烦,每次聚餐都向食品药品监

---

① 李梦侠:《半专业化群众组织与合作治理——以S镇林业管理工作为中心的考察》,载《湖北社会科学》2016年第8期。

督管理所汇报。

根据以上描述与分析,尽管食品安全监管组织体系看似很完整,从乡镇一级到行政村(社区)都有人员参与进来。运用非正式人员参与治理是我国政府治理的一大特色,在各个治理领域中都有所体现,其是政府从人事制度层面解决治理规模过大、治理内容过多而带来的治理负荷难题的一个举措,也是政府提升其治理能力的重要方式。但是,这套组织体系并没有充分地运作起来,该制度的功用并没有充分发挥出来,因而从组织人事制度层面提升政府治理能力的制度建设效果并不好,在食品安全治理领域主要表现为监管组织体系断裂。监管组织体系断裂即乡镇的正式人员与非正式人员并没有建立起有效的衔接沟通、信息传导机制,以至于出现信息无法传导、沟通无法进行。

监管组织体系断裂对执法的直接影响包括:(1)一些食品经营业、食品安全事件出现无人监管的难题。(2)相关的食品信息事件无法进入食品药品监督管理所的议程内,更无法进一步向上传达。从治理能力的角度讲,乡镇食品药品监督管理所食品安全信息认证能力被削弱。"信息是行动的基础和前提,国家必须要掌握有关社会事实的信息,才能进行决策、执行、控制以及评估等活动",①获取信息的能力是治理能力的基础。虽然影响获取信息能力的因素很多,例如,管辖范围、人口规模、人口流动、信息技术等,但是,监管组织体系的断裂是其中一个非常重要的因素。因为一个健全的、运行畅通的组织体系是治理的前提要件。

监管组织体系的断裂反映了食品安全执法人员并不能有效动员非正式人员参与食品安全治理,动员能力匮乏,在乡村食品安全监管治理领域内并没有建立起有效的动员机制。可见,健全的、运行畅通的组织体系建立在乡镇食品药品监督管理所有一定动员能力的基础上。乡镇食品药品监督管理所的动员能力可以从组织间关系层面解释,在食品药品监督管理组织系统内部,食品药品监督管理所位于食品药品监督

① 韩志明:《在模糊与清晰之间——国家治理的信息逻辑》,载《中国行政管理》2017年第3期。

管理组织体系的最低端,这决定了其资源有限、权力有限,以至于自主性不高,完全是贯彻上面文件的执行机构,限制了其动员非正式人员的能力。从条块关系上看,食品药品监督管理所有效发挥职能需要获得乡政府的支持,从制度文本看,食品安全工作被纳入乡政府年度考核计划内,以此来动员乡政府支持食品药品监督管理所的工作,提高食品药品监督管理所的工作效能。然而,在乡镇工作实践中,食品安全问题更多是“喊得多,做得少”,乡政府并不是特别重视食品安全工作,在实际工作中,也没有将其作为中心工作推动下去,村(居)委会也就不会上心,食品药品监督管理所动员起来就困难。

(三)法律法规与乡村脱节

我国《食品安全法》第4条第2款规定:食品生产经营者应当依照法律、法规和食品安全标准从事生产经营活动,保证食品安全,诚信自律,对社会和公众负责,接受社会监督,承担社会责任。据此,食品生产经营者从事生产经营活动,既需要遵守法律、法规,也需要遵守食品安全标准,这是对我国食品生产经营者从事生产经营活动应当履行的义务的一般性规定。除了一般性规定,《食品安全法》对食品生产经营者应当履行的积极义务与禁止性义务都作了详细规定与说明。例如,《食品安全法》第26条明确规定了食品安全标准事项的具体内容,为食品生产经营者履行义务提供了规范指引。再比如,《食品安全法》第33条和第34条,分别规定了食品生产经营者的积极义务与消极义务。《食品安全法》的法律责任部分,对违反食品安全法律法规与标准的生产经营活动,也制定了非常高的处罚标准。总体来说,我国的《食品安全法》为了规范食品生产经营者的行为,制定了完善的食品安全标准、严苛的食品生产经营活动义务、相对完备的监管制度以及严厉的处罚标准。按理说,《食品安全法》为保障我国的食品安全提供了制度支撑,但是《食品安全法》实践效果一般,表现为:(1)守法层面。《食品安全法》并没有有效规范食品生产经营者的行为,基层食品安全风险隐患还是有很多,表现为:基层的食品安全生产经营环境脏乱差、生产经营设施基础不行、违规的食品生产经营活动普遍多发。(2)执法层面。

虽然基层执法人员有法可依,但是,一线执法人员难以做到有法必依、执法必严,变通执法的现象很普遍。

乡村食品生产经营的不规范行为、风险隐患与基层食品经营业态有关系。那么,基层社会的食品经营业的生态特征是怎样呢?(1)基层社会中,乡镇的食品经营业主要是小超市、小餐饮、小作坊、流动摊贩,农村的食品经营业主要是小卖部。可见,基层食品生产经营规模小;而且具有流动性。规模小意味着经济体量小、小本买卖,生产经营收入不高,例如,L镇一个镇的生产经营者年收入在6~10万元,而且一般是在6万元左右,10万元很少。此外,就是流动性强,小摊贩多。(2)小规模经营由本地的经济水平与消费水平决定,这就导致当地的食品经营者销售不知名品牌的产品以及高仿产品。在中国的广大乡镇及农村地区,可以看见各种眼花缭乱的小品牌。比如,以牛奶品牌为例,大型超市一般都是蒙牛、伊利和光明为主导,而在乡镇,经常看见一些小品牌,从来没有听说过。其他的小袋装的零食,产家更是眼花缭乱。为什么这些不知名的企业和品牌广泛地在中国广大乡村地区盛行呢?在大城市的超市,商品陈列柜都是大厂家、大品牌,值得信赖。然而,一些小企业,却占领了中国的广大乡村地区,这些乡村地区的经济发展水平为这些小企业的生存与发展提供了一定的基础。这些小企业、小作坊的产品无法进入大城市的大超市,却在乡村大行其道。(3)全国各地的小作坊、小企业,市级的批发市场,乡村的小超市、小卖部,形成一条产业链。这条产业链分上下游,全国各地的小作坊、小企业是这条产业链的生产商,而市级的批发市场是批发商,而小超市、小卖部就是普通的经销商。现代交通物流技术的发展,使全国各地的小商品批发市场流动性更强、更活跃。

基层社会的生产经营业态决定了基层食品生产经营者的生产经营观念与行为,基层食品生产经营活动的最大特征就是小本买卖、利润不高。因而,为了最大限度地缩减开支,增加收入,对于小超市来讲,就需要在进货渠道上下功夫,只能进那些本地居民(村民)消费得起的食品,而这些食品大多数都来自小作坊,其生产的食品难以达到《食品安全法》的标准。对于小餐饮来讲,无法按照《食品安全法》要求的生产环境与设备及操作规范进行作业,一切尽量从简,成本尽量求低。基于这些考量,必然导致食品生产经营者无法严格遵守《食品安全法》的相关规定。

从执法层面讲,《食品安全法》与乡村食品经营业态的矛盾又导致执法困难。执法困难突出表现为:(1)日常监管中,难以严格贯彻落实《食品安全法》规定的要求和标准。《食品安全法》规定的食品生产经营的基础设施、卫生要求、食品安全标准等,不符合乡村食品生产经营业态的现状。在广大乡村地区,以小作坊、小餐饮、小超市居多,其根本达不到《食品安全法》的标准和要求。例如,L 镇食药监副所长讲,“街上做凉菜的,按照法律法规,有各种各样的食品卫生要求和标准,如果完全按照这个要求做凉菜,花生米的价格比牛肉还贵”。(2)执法弹性不好把握。执法弹性不好把握,即对当事人食品生产经营违法行为到底处罚多少不好把握。这是由多方面的原因决定的,X 镇的食品药品监督管理所所长讲,“《食品安全法》处罚标准最高达到货值金额的 30 倍,处罚弹性很大。在农村,一个小店,整个店的货品才值 3000 元。按照法律标准,全部没收,处 30 倍。一个农村店子没那么大的承受能力。但是,我们处罚 3000 元就是渎职。所以,弹性不好把握”。执法弹性不好把握,并不是执法人员对法律标准难以拿捏,其难在处罚标准与现实状况的矛盾,即罚多了,拿不出来;罚少了,又是渎职。

虽然执法困难,但是又不能不执法,这个时候只能变通执法,变通执法的形式多种多样,但是,不管执法如何变通,其都遵循两个基本原则:(1)底线执法。底线执法,即在食品安全监管过程中,保证不出现食物中毒。L 镇食品药品监督管理所副所长讲,“我们只能保证不出现食物中毒,这是我们的执法底线。不可能按照国家标准来,食品安全不仅靠监管,也靠经营者的良心”。(2)适度执法。适度执法,即执法主要把握好一个度,在处罚与生存中寻求平衡,法律法规是处罚的基本依据,但是,又要适当考虑食品生产经营者的实际情况。L 镇食品药品监督管理所副所长讲,“农村杂货店按照食品标准,统统关门,但是,我们不能这么搞。整个店子的东西不值2000元,处罚5万元,合适不?”

当前乡村食品安全领域的守法困境与执法困境,反映了食品安全法律规范与乡村社会脱节,现行食品安全法律制度层面存在的缺陷在程序、规范和标准中均有所体现。① 显然,《食品安全法》更是一部针对城市社会的法律规范,针对大型的食品生产经营者的法律规范,而对于基层社会的食品生产经营业存在一定的矛盾冲突,与基层社会的现实经济条件不相适应。“政策变通现象的产生,往往也跟政策内容本身有欠科学性和合理性有关”,②法律规范与乡村社会脱节,致使法律操作性不强,基层执法人员只能变通执法,而不能完全严格执法。变通执法作为基层执法人员应对法律规范与乡村社会脱节矛盾的一种执法策略,其会影响执法效果,这表明国家意志并没有被完全贯彻落实,其是基层政府在食品安全领域治理能力不足的表现。“‘治理体系’是‘治理能力现代化’的前提和基础,‘治理能力现代化’是‘治理体系’的目的和结果,要想实现真正的治理能力现代化,首要任务是建立健全一套完整、合法、有效的‘国家治理体系’”,③法制作为治理体系的重要内容,“国家能力的发展,离不开规范体系(包括公共政策和法规)的建立和推行”,④其是治国理政的基本方式,也是治理能力现代化的前提和基础。治理效果的最大化依赖于法律的适应性,反映社会现状又具有可操作性的法律规范是提高治理能力的制度保障。

(四)外部性因素介入

食品安全治理是特定主体在特定区域范围内,依据一定的法律法规就食品生产经营活动实施监管的活动。食品安全治理的过程也是执法者与食品生产经营者互动的过程。因此,在阐明监管规模、组织体系

---

① 参见刘杨:《基层执法专业化的实践困境及其解释——兼论基层执法的多元性》,载《华中科技大学学报》(社会科学版)2016年第5期。

② 刘鹏、刘志鹏:《街头官僚政策变通执行的类型及其解释——基于对H县食品安全监管执法的案例研究》,载《中国行政管理》2014年第5期。

③ 陶希东:《国家治理体系应包括五大基本内容》,载《学习时报》2013年12月30日。

④ 陈柏峰、刘杨:《基层基本公共卫生服务和卫生监督执法的实践及解释——以滇中S镇为例》,载《湖北社会科学》2016年第8期。

以及监管依据对食品安全日常监管的影响之外，还须进一步探讨食品安全执法与社会互动的过程，“执法发生在法律系统与生活世界的过渡地带，受到法律世界与生活世界的双重影响”，①因此，须分析生活世界对执法的影响。

食品药品监督管理所的工作人员是“街头官僚”，其监管执法具有社会性，需要与监管对象面对面互动，多重外部性因素“介入”干扰执法，影响一线执法人员的执法效果。执法者除了依据法律之外，还必须应对这些外部性因素。具体来说，这些外部性因素包括多个层面：

第一，执法对象层面。一线执法人员与执法对象直接打交道，执法对象会影响执法人员执法，执法过程中执法对象并不是被动等待执法，而会主动影响执法，其行为和身份都是影响执法的重要因素。从行为方面看，执法对象影响执法者的方式如下：首先，以不知道事实或法律为由逃避执法；其次，逃避无效的，就以诉苦、求情、攀交情、托关系等方式试图减轻处罚；再次，如果矛盾激化的话，有时甚至会暴力抗法。这些方式的运用具有一定递进性与交叉性，而且与执法对象身份、性格及处境有一定关系。从身份方面看，执法对象的社会地位、与执法人员的关系亲疏、关系网等都是影响执法的重要因素。例如，L镇的一名超市经营者，被知假买假者举报，其食品经营违法行为在网上平台公布，并且区局受理，要求下面督办。这名超市经营者就找到L镇食药监所的副所长，试图走关系解决。“在执法过程中，执法者与民众有多种关系模式”，②执法对象的身份与行为会不断塑造关系模式，并且不同关系模式之间会切换。执法对象的身份对其行为方式的选择有很大的影响，有一定身份、关系网复杂的执法对象有一定资源，因而，其行为方式选择更加体面，通常表现为走关系。相反，执法对象关系网简单、社会地位一般，其资源有限，更多选择诉苦、求情、抗法等方式。执法对象的行为方式和身份特征对执法人员的影响效果由多种因素决定，最终形

① 于龙刚：《基层执法中的专项行动：原因、实践及后果——以公安专项行动为例》，载《湖北社会科学》2016年第8期。

② 陈柏峰：《基层社会的弹性执法及其后果》，载《法制与社会发展》2015年第5期。

塑执法对象与执法人员的关系模式。

第二,执法人员层面。执法人员的身份具有多重性,首先是一名执法者,其次是一名干部,还是一位普通人。执法人员的身份多重性会不自觉地介入到执法过程中,进而影响执法。作为执法者,更多是从法律角度思考问题,考虑的是食品经营者的行为是否符合法律规范,如果不符合法律规范,应该按什么标准处罚、处罚多重等,进而运用强制措施保障法律落实;作为干部,执法行为代表的是党和政府的形象,其根本目的在于维护人民利益,而不能激化矛盾。因此,"执法人员在具体执法场景中的一切言论和行为,都会成为执法对象评价执政党和政府的认识基础。这使得执法人员在与执法对象的互动中非常注重自身的言行举动,主动抑制执法工作的强制性";①作为普通人,既会有趋利性一面,也会站在对方的立场想问题,思考对方的生活处境及其承受能力。

第三,社会空间层面。"社会空间塑造社会互动,也为社会互动所生产。个体行为都是在具体场景中组织起来,行动和场景之间存在复杂的因果关系",②因此,执法的过程会受到社会空间的影响。韩志明依据街头官僚工作界面的性质,将街头官僚的工作界面分为窗口空间、街头空间和社区空间,③乡镇食品药品监督管理所主要在乡村空间开展工作,其工作界面性质类似于社区空间,社区空间具有熟悉性,是一个半熟人社会,人与人之间即使谈不上十分熟悉,也多少有几分脸熟。社区空间的这一特性,成为执法人员与执法对象沟通的媒介,为他们之间进一步走动关系提供了条件。因此,社区空间的执法过程更容易受到社会关系干扰,使执法人员考量法律之外的因素。

第四,地方治理层面。基层政府要处理民政、社保、综治、计生、环

① 刘杨:《基层执法专业化的实践困境及其解释——兼论基层执法的多元性》,载《华中科技大学学报》(社会科学版)2016年第5期。

② 于龙刚:《乡村社会警察执法"合作与冲突"二元格局及其解释》,载《环球法律评论》2015年第5期。

③ 参见韩志明:《街头官僚的空间阐释——基于工作界面的比较分析》,载《武汉大学学报》(哲学社会科学版)2010年第4期。

境保护、土地、宅基地等各个层面的公共事务，这些事务由各个站所分工负责，但是，由于基层工作的复杂性、老百姓诉求的多元性等多方面的原因，各个站所并不能有效处理这些公共事务，以至于老百姓利益诉求不能有效实现，无法实现利益最大化，这个时候他们就会通过一定方式表达出来，直接找站所又解决不了，最后来自各个站所的诉求都会涌向基层政府。但是，基层政府治理资源有限，为了平安稳定，最常用的就是用行政手段、政策去满足老百姓的诉求，这就会牺牲各个站所行政职能的专业性，减弱其行政效果。例如，食品安全行政执法，其本职就是依据法律，保障食品安全。但是，在严格贯彻落实食品安全法律时，又可能引发当事人的不理解，以各种理由找政府，带来稳定问题。政府得出面解决，平衡各方利益，又没有其他资源满足当事人诉求，只能通过行政手段，变通执法，牺牲法律的权威性换取平安稳定。因此，“从落实法律和政策的角度看，执法过程是实现法律和政策所赋予的利益实现的过程；从执法相关方参与的角度看，执法过程又是各方利益最大化过程”，①执法的过程要平衡各方利益，既要实现法律目标，又要考虑当事人的处境，还需要考虑地方治理问题。

“法律在执行过程中会经历与社会的磨合过程，它发生在执法机构与社会的接触面上。执法机构与社会是相互作用的，执法机构试图将法律变成社会现实，社会力量也会试图改变执法机构，法律系统与社会系统之间不断发生碰撞与交换、压制与反制。”②基层食品安全监管执法过程中外部性因素的介入，使得基层执法者不得不考虑更多法律外因素，进而让外部因素渗透进执法过程，削弱了执法效果。多重外部性因素介入说明了执法工作不仅具有法律性，而且具有社会性、政治性（治理性）等，由于基层治理资源、治理方式有限，执法有时就被作为治理工具而使用，发挥着治理的功能，而偏离了执法的性质，试图实现法

① 刘磊：《执法吸纳政治：对城管执法的一个解释框架》，载《政治学研究》2015年第6期。

② 陈柏峰：《城镇规划区违建执法困境及其解释——国家能力的视角》，载《法学研究》2015年第1期。

律效果与社会效果的统一,然而,这是一对很难调和的矛盾,实现了社会效果,有时就无法有效发挥法律效果。

四、专项治理的困境

由于食品安全风险日常监管效果一般,故而只能依赖专项整治,以弥补日常监管的短板,从而实现食品安全风险的有效治理。专项整治的最大特点是通过集中整治和联合整治的方式实施,集中整治通过集中所有人力物力资源有利于解决日常监管的碎片化以及日常监管没法管的难题,联合行动通过联合其他部门的形式,以解决部门执法资源有限的问题,也是整合资源的一种方式。集中整治是由食品药品监督管理部门内部主动安排实施,意指接下来的重心工作是重点整顿某项具体的食品安全问题,例如这个月定为整治桶装水月。联合行动是食品药品监督管理部门联合其他单位共同开展行动,食品药品安全委员会各成员单位分工配合,针对某个突出的食品安全问题共同治理。

专项治理基本已经成为食品安全监管的常态,每年有各种各样的、大大小小的专项整治行动。每年年初,食品药品监督管理总局都会制订一年的工作计划,确定今年的工作重点。省市县级的食品药品监督管理局就会依据食品药品监督管理总局的年度工作计划,结合本地的实际,部署地方食品监管工作,层层传导、层层落实,以至于食品安全监督管理围绕自上而下的计划、部署展开,上面对下面的领导作用很突出。专项整治其实就是围绕重点部署工作。由于上面的工作计划内容多、涵盖范围广,上面安排的任务量大,挤压基层食品药品监督管理部门的时间,基层基本没有多大自主性,只能按照各级的文件落实。因而,基层食品药品监督管理部门在实施活动时基本遵循“上面安排部署任务,下面落实任务”的工作模式。在落实专项治理的工作时,主要运用集中整治和联合整治机制实施专项治理。

(一)“片面”的集中整治

集中整治是落实专项治理的重要实施机制,其形成原因大致如下:由于上级食品药品监督管理局安排部署的专项整治行动,是以会议督查的形式查看落实情况,督查结果计入年终考核、评比,会影响下级食品监管人员的职位晋升、薪金福利以及荣誉称号等,因而下面不敢怠慢,以至于形成了以集中整治为中心的工作模式,落实专项行动。“集中行动通过自上而下的组织体系实现力量动员,集中整合人力、物力、财力,开展执法活动。与日常执法巡查相比,每隔一段时间开展的集中整治行动更为灵活、迅速、高效地实现执法目标,取得较好的管理效果”,[①]按照食品药品监督管理人员的说法,集中整治工作就是“以点带面”,通过集中整治个别问题,而顺带对相关问题进行监管,以收到治理的多重效果,也可以解决人力不足的问题。

那么,集中整治是如何集中治理一个“点”的呢?其基本逻辑就是:聚焦问题,集中人力,集中时间,集中整治。首先,确立整治什么,即集中整治的对象。通常来讲,只有是日常食品监管的难点、热点、突出问题,才更可能成为集中整治的对象。其次,确立整治对象后,就是如何“集中”的问题。既然整治的对象是难点、热点、突出问题,那就需要集中人力、时间来整治。集中人力是为了整合监管人力资源,集中力量攻坚克难。由于是热点、难点、突出问题,问题具有一定的累积性,这决定了无法快速整治好,这就需要集中时间,长时段地做这件事,作为阶段性工作,“攻坚克难”。最后,就是“整治”的问题了。集中整治除了采用日常的常规手段外,有时会联合其他组织,综合施策,治理难点、热点、突出问题。因为有时单靠主管部门的行政手段难以有效遏制违法行为,这就需要会同其他部门,运用他们各自的职能协同治理。但是,集中整治主要还是以整合内部资源为主。

集中整治的初衷是为了弥补日常监管的难题,对日常监管进行查漏补缺。然而,基层的集中整治行动常常代替日常监管,治理具有路径

① 刘磊:《街头政治的形成:城管执法困境之分析》,载《法学家》2015 年第 4 期。

依赖,集中整治具有"常规化"倾向,"'专项治理'已经不再是一种临时的执法运作模式,而是一项日常性的执法工作制度",①以至于食品药品监督管理过分依赖集中整治行动。食品安全风险监管的此种逻辑导致日常监管与专项整治失衡,其后果就是基层食品安全风险治理主体疏于日常监管,导致日常监管不力,进而依赖集中整治。客观地分析,以集中整治的方式治理食品安全风险,可以就某项具体的食品安全风险问题实现有效治理。然而,在日常监管不到位的情况下,过度依赖集中整治,又会产生新的问题,即对其他问题监管不力。实际上,集中整治效果的最大化须以日常监管的有效实施为前提,日常监管缺位就会导致集中整治作为"协助性"治理机制的功能异化,即集中整治在食品监管中发挥"主导性"的功能,容易形成片面治理的局面。

(二)"松散"的联合整治

专项整治除了通过集中整治的方式推行之外,也会采取联合整治的方式。集中整治主要由食品药品监督管理部门推动,是一种内部的资源整合;联合行动主要由食品药品监督管理部门联合其他行政事业单位,通过整合外部资源,实现专项整治的效果。联合行动分规模大小,规模大的联合整治一般啃的是"硬骨头",通常是一次性的,不像集中整治,持续很长时间。因为动员其他单位协同治理也不是那么容易的事情,协调成本太高,只有到万不得已时才需要动员众多单位参与进来。小型联合行动,往往发生在行动主体之间业务比较接近的单位,平时需要互相协助,业务往来多一点儿,例如,交警与城管联合整治街面秩序。

镇政府成立了食品安全委员会,发挥统筹协调的作用,食品药品监督管理所、派出所、城管、卫生院等单位是食品安全委员会的成员单位。实施联合行动前,需要召开食品安全委员会成员大会,由乡镇负责食品安全的党委委员召集。召开成员大会主要是动员各单位参加联合整治行动,公布实施方案,明确各成员单位在行动中的职责,以及联合整治

① 刘杨:《"专项治理"科层化的实践机制与制度前景——以鄂中X镇食品药品监督管理所的执法工作为个案》,载《法商研究》2017年第1期。

的目标与要求,等等。以X镇"整治桶装水"的联合行动为例。食品药品监督管理所联合派出所、综合执法大队、电管所以及自来水厂,整治桶装水,整治过程如下:食品药品监督管理所对桶装水厂,下达整改意见书。超过时间不按整改意见进行整改的,对增压泵进行扣押。扣押之后,继续生产的,停止供电、供水。这过程中,每天还要例行巡查,以免恢复生产。整个整改过程描述起来简单,但是,实践过程其实非常复杂,耗费时间久,协商成本高,而且依然存在困境,主要表现为:

(1)执法进度难以有效推进。联合整治并不能快速有效地根治违法行为,执法的整体进度慢。联合整治都是动真格,没有一定决心,不可能搞联合整治,因而力度相对较大,威胁经营者的营生。对于食品经营者来讲,这些买卖是其营生的主要手段。此外,食品安全标准不断提高,当地的小作坊无法跟上国家标准发展的步伐。例如,以整治桶装水为例。当时他们搞这些小作坊时,国家标准还没那么高,现在国家标准提高了,他们就变成违法了,国家要取缔。基于以上两点理由,当事人既不理解,也不服气,用各种理由抗法。所以,双方处于僵持的状态。联合队伍虽然成员单位众多,但是,面对执法对象的情绪、态度、行为的不可控性,谁都不愿意撑头。虽然派出所主要职能是维护治安,但是,不可能天天派人跟着食品药品监督管理所的人,只能在有事的时候才出现。所以,这个大难题,只能食药监所慢慢化解,天天做工作,下个整改通知书,请求自来水厂停电,等等。执法难以推进,这是执法的最大难点。

(2)执法资源难以充分整合。食品药品监督管理所执法无保障,既没有执法装备,也没有足够的强制力。平时那些处罚手段,到了联合整治行动中,根本无用武之地。这个时候,只能整合其他资源,通过其他成员单位的职能协助执法,共同发挥执法效果。但是,由于集中整治事务的艰巨性,决定了执法过程具有断裂性,以至于在协调其他部门参与进执法时,不是"蜂拥而上",而是断断续续地,于是,联合行动被分解为一个个的单一行动,削弱了整体效果。此外,食药监所权力有限,协调各个部门有一定难度,协调成本高,也使得执法资源难以充分整合。

一般认为,联合执法扩大了行政执法队伍、克服了执法力量不足的问题、具有高效率低风险等特点,[①]然而,食品安全执法实践表明联合执法依然存在困境,这说明联合整治具有一定松散性,无法充分联合起来,突出表现为:(1)联合整治队伍松散。在统一的联合行动中,虽然参与联合行动的各个部门成员都到场了,但是,有些执法人员只是象征性地参与,因而,看似队伍庞大,实则没有向心力,人心涣散,没有一个领导统一协调指挥,队伍战斗力被削弱。在分散的联合行动中,食品药品监督管理部门虽然联合了各单位,但是,各个成员单位没有共同在场,而是陆续在场,即在需要其发挥职能作用时才上场,导致了队伍的松散。(2)联合行动松散。首先,有分工无实质性协作。联合队伍来自不同部门,其职能分工不同,只能在各自权限范围内发挥作用,做本职工作,而无法互相协作,以至于在联合行动中,没有实质性合作,"顾得了这头,顾不了那头"。其次,规避风险而不冒险。联合行动力度相对较大,执法对象会对抗,因而存在风险。各成员都有风险规避的倾向,谁都不愿意"引火烧身",因而只是出工不出力,不愿意冒险。联合整治的松散性根本上决定了联合整治的效度,具有无法克服的执法困境。(3)联合行动流于形式。有些联合行动具有政治表演的成分,受到特定社会形势的影响,各个部门都参与进来,"有些公安机关参与联合执法,通常只是在某个阶段走个形式,违法者从中摸到了规律,风声紧了就收敛一段时间,'风头'一过便死灰复燃"。[②] 例如,某地发生了食品安全事件,食品药品监督管理局就联合多部门发文要求全国各地摸底排查,开展大型执法活动。但是,有些地方确实没有类似的问题或者不严重,这个时候执法人员只会走走过场。

联合整治意在联合多个部门,综合调动多种资源、运用多种手段,弥补食品药品监督管理所职能的有限性。通过综合施策,而不是"就事论事",会同其他部门联合整治,切断违法的根源,这是联合整治的

---

① 韩舸友:《我国行政联合执法困境及改进研究》,载《贵州社会科学》2010年第8期。

② 吴鹏、范学臣:《公安机关参与联合执法的分析》,载《中国行政管理》2008年第4期。

最大优势。联合整治是职能部门提升其治理某个具体领域问题能力的重要方式,然而,联合整治效用的发挥依赖于真正的联合,而不是虚假联合。联合整治的松散性说明联合整治有其脆弱性一面,充分发挥执法效果,须优化联合整治,提高基层政府的协调动员能力,通过有效整合条块力量协同治理。

五、结语与启示

基层食品安全监管执法困境,在现象上表现为基层食品安全违法行为普遍而监管执法困难。对食品安全治理困境的解释很多,但是,都有一定局限性,难以有效解释基层食品安全治理困境。基层食品安全治理陷入“日常监管——专项治理”的循环结构,因而,基层食品安全治理困境可以从两个层面分析,即日常监管的困境与专项整治的困境。法律是国家意志的表达,执法是实施法律的重要方式,而有效实施法律,依赖于治理能力。本文主要的分析对象是乡村食品安全监管执法问题,故而,乡村食品安全监管执法的效果,依赖于基层治理能力。本文从治理能力的视角,解释了基层食品安全监管执法困境,该解释建立在“日常监管——专项治理”的循环治理模式的分析框架之上。

“日常监管——专项治理”的循环结构是基层治理能力不足的典型表现形式,正是由于治理能力的不足,才导致日常监管乏力,进而依赖专项整治。专项整治是治理能力不足的情况下,基层政府集中组织资源、人力资源和政策资源应对食品安全问题的现实选择。与此同时,基层治理能力不足不仅体现在其对食品安全治理模式的塑造上,更表现在日常监管与专项治理的各个细微环节,即反映在治理的各个要素之中。基层食品安全监管执法困境之所以呈现出全面困境、处处受阻,已经不是整合执法资源、规范执法行为本身所能改变的。有效治理食品安全领域的问题,既需要提高基层治理能力,也需要改革政府治理模式,引进市场、社会的力量,实现政社共治,这才是有效应对食品安全的根本之道。

《法律和社会科学》(2017)
第16卷第1辑,第252~274页

运动式执法的社会效果

胡伟强*

摘要:运动式执法是现阶段执法者颇为倚重的一个执法策略,有其历史渊源和在一定条件下的必要性。与此同时,这种执法方式也会诱发一些不为人轻易观测到的问题,在反复式的强化执法过程中这些问题不仅难以根除,甚至可能会严重到对采取这种执法方式本身的正当性和合理性提出挑战的程度。本文从经济学的视角,以对某种商品或者服务的有效需求为前提条件,使用基本的市场价格形成机制理论来分析运动式执法之所以诱发问题的动因和相互作用力,进而对运动式执法的社会效果予以考察和评估,所得出的一般性结论是:在一些情形下,运动式执法方式所带来的问题很可能比它想要解决的问题还要多;此外,这种执法方式还会因为其不可持续的特性而日益变得得不偿失甚至难以为继。

* 中国海洋大学法政学院,讲师。基金项目:第59批中国博士后科学基金面上资助一等资助(2016M590654);青岛市博士后资助(项目编号:861605040093);横向专项项目:浙江大学法律与经济研究中心专项项目(RG201404013)。

一、引文

运动式执法是一种颇为凸显现阶段中国治理模式的执法方式,并已成为一个"司空见惯的社会现象"而被一般民众所认知和熟悉。从"严打"到"集中整治",从"扫黄打非"到"专项治理",改变的可能只是用语,而不变的总是对打击或者治理对象采取"暴风骤雨"似的、超常规的政府集中执法行动。关于运动式执法的渊源和成因,有学者指出,这种执法方式不仅直接受到1949年前后做法的一定影响和带有战争年代的痕迹,也继受了中国古代治理模式和文化传统的某些基因。[①]但更为重要的是政策制定者对于这种执法方式的执着和难以割舍却有着某种不得不为之的政策选择困境和支撑这种选择的正当性理由。[②]

如果用一种客观描述来刻画这种执法方式的大致形象,运动式执法一般具有以下特征:(1)应急性:运动式执法一般是执法者针对社会某个领域问题比较"集中"和"突出"的情况而采取的一种紧急对策。(2)临时性:运动式执法一般是在特定时间内就特定问题采取集中整治、专项治理、严厉打击、清理整顿等非常规方式的短期行为模式。(3)集中性:指的是执法者需要在该特定时间段内集中和整合相关资源,进行有组织、有目的、规模较大的执法活动。(4)反复性:因为所要解决的问题并不能

---

① 参见周雪光:《运动型治理机制:中国国家治理的制度逻辑再思考》,载《开放时代》2012年第9期。

② 例如:关于前者,有学者从政策问题的确定、资源短缺条件下的政策工具选择和增进政府间合作这三个角度来探讨运动式执法方式的必然性和必要性。参见唐贤兴:《中国治理困境下政策工具的选择——对"运动式执法"的一种解释》,载《探索与争鸣》2009年第2期。关于后者,主要的理由有:运动式执法通过"红头文件"可以达到政策因素对行政执法活动渗透的客观结果,而这标示了在特定时期的具体行政任务,构成了行政执法人员理解行政法律规范的社会背景与具体情境;运动式执法还可以一定程度上克服行政执法体制和地方保护主义的弊端;运动式执法还具有较强的社会动员能力从而在一定程度上克服社会管理资源不足的问题等。可参见唐皇凤:《常态社会与运动式治理》,载《开放时代》2007年第3期。

通过一次运动式执法而“毕其功于一役”,所以需要就该特定问题反复采取类似行动,否则就会“野火烧不尽,春风吹又生”。

无论运动式执法对执法者来说是一种“不得已而为之”还是“用着顺手”的社会治理工具,法学家却几乎一致地对之加以批评或者质疑,对这种执法方式的批评观点大致可分为两种类型:对其在制度上的批评和对其效果的质疑。法学家对运动式执法在制度上的批评主要出于这种执法方式对法律体系的稳定性和法制建设可能造成破坏的担心。① 对于运动式执法效果上的质疑主要集中在两个方面:具有短期效应和这种执法方式可能会带来一系列新问题。②

这样类似的来自法学家的批评和质疑之声虽不绝于耳,但如果对其加以仔细剖析就不难发现,这些观点与其说是分析不如说是描述,也就是说这些批评和质疑只是罗列出一些可以直观到的与运动式执法相伴的问题,但并没有揭示出何以如此的机理。不止如此,这些描述也并不全面,因为没有涵盖那些与运动式执法相伴生的、其他可能更为严重但并不那么直观的问题。③ 出现这样失之于肤浅和片面批评的主要症结,或者是批评者对这种执法方式对相关市场的影响以及市场可能做出的反应和调整不甚了解,或者是不甚关切,但如果没有这样的了解和

① 这种可能的破坏主要表现为:运动式执法的主要依据是政策或者所谓的“红头文件”,而不是法律,这种依据政策或者“红头文件”采取的执法活动不仅会危害法律的尊严——人们更多相信政策的效力而不是法律的效力,而且还经常超越法律的界限,从而侵害那些本应该受到法律保护的权益。此外,运动式执法还会对执法者自身的信用和形象造成负面影响,因为执法者通过“运动式”这种执法方式,不仅违反了自己做出的承诺“通过更为制度化的方式保护公民权利免受侵害”,而且还意味着常规化执法方式在某种程度上的失败。这种对执法者信用和形象的损伤会进一步减弱人们对由执法者所推动的、来实现其所宣称的目标的信心。可参见郑春燕:《行政裁量中的政策考量——以“运动式”执法为例》,载《法商研究》2008年第1期;陈保中:《权力边界、政府信用与行政法治——以对“网吧”的治理为例》,载《国家行政学院学报》2002年第3期。

② 短期效应指的是运动式执法只能确保在执法期间及其之后的一段时间内所欲达到的治理效果,因为执法者不能长时间地维持运动式执法期间所采取的高强度执法力度。运动式执法可能带来的一系列新问题主要有:被治理对象的程序性权利可能得不到有效保障,从而增加了枉法裁判和冤假错案的概率;运动式执法有可能对执法者自身带来困扰、打乱其正常工作部署;运动式执法方式容易滋生腐败;以及这种执法方式成本过高等。

③ 参见本文第二部分的内容。

分析，对运动式执法方式的批评就难以到位，更遑论提出解决这些问题的思路。这就要求我们换一个更加有利于分析的视角来审视运动式执法所带来的问题，这就是本文的主旨所在。本文的第二部分将会采纳一个经济学的视角，运用市场价格一般形成机制对运动式执法的后果给予详尽的考察，并会通过一个示例来展示那些可能会被这些批评遮蔽或者忽视的问题。①

另一个关键问题是这些批评虽然在一定程度上指出运动式执法具有短期效应，但没有阐明产生这种效应的原因所在，更重要的是没有对运动式执法的效果给予评估并做出一般性判断，而这是事关运动式执法方式正当与否的根本性问题。在本文第三部分中，通过对运动式执法效果的成本收益分析，发现运动式执法成本具有一种不断攀升的趋势，从长期来看这会导致运动式执法难以自我持续，并会使之日渐得不偿失起来，这是本文与以往研究相比的一个主要理论贡献。

此外，这些批评基本没有涉及一个具有重大实践价值的问题，就是在实际操作层面上要不要对运动式执法所针对的不同的不法行为予以区分，以及如果有必要如何对之区分？在执法实践中运动式执法所针对的不法行为的范围极为宽泛，从集中打击侵犯知识产权作品的行为，到集中整治市场金融秩序，再到强化整改企业劳动生产安全环境等都可以算是运动式执法的一种表现。也就是说，所有执法部门在其所规制的领域内都有采取运动式执法的可能性。② 随之而来的问题就是：是不是所有的运动式执法活动都会带来相似的问题或者达到需要严肃对待的程度？对这个问题的回答就关涉到对运动式执法方式适用范围合理边界的探讨。在第四部分，通过引入市场相对需求弹性与规制之后产生的社会后果的严重程度两个主要依据对运动式执法所针对的不法行为进行区分，为运动式执法方式合理适用范围的划定提供参考性的判断依据。

概言之，本文意图探讨和处理三个主要问题：运动式执法可能产生

---

① 关于从其他视角对该问题所做的探讨，可参见王锡锌：《中国行政执法困境的个案解读》，载《法学研究》2005 年第 3 期。

② 这也包括有数个执法部门共同参加的联合执法活动。

的后果及原因剖析、运动式执法效果的评估以及对运动式执法方式适用范围的界定。而这三个问题又可以集中为一个焦点问题:从长周期、互动的视角审视,运动式执法的整体社会效果如何?这也是本文区别于其他相关研究的要旨所在。还需要指出的是,对于那些适用运动式执法可能会带来严重后果的情形是否以及需要何种替代性机制加以应对的问题,因为篇幅所限本文并未涉及。此外,关于本文研究的局限和下一步可能的研究方向在文章的结语部分也作了简要说明。

二、运动式执法后果考察及原因剖析

本部分将从经济学的视角对运动式执法后果加以审视和考察,从中得到的某些结论会突破传统上对运动式执法批评意见的窠臼。最后,通过对一个运动式执法例子的展示,那些隐藏在经济学思考背后的启示可以变得更为鲜明和生动。

(一)政府规制的一般后果

市场机制是现代社会配置资源的最主要方式,但是市场机制也会产生所谓的“失灵”问题,其中之一的原因就是所谓的外部性行为,比如:环境污染行为、产品质量问题以及某些非法交易行为等。[1]解决外部性问题可以采取的措施之一就是依靠政府的有效规制(regulation)——通过政府的监管和可能的制裁手段,使得市场主体自觉采取措施把由自己行为产生的社会成本内部化。[2] 政府的规制手段有很多种表现形式,按照其对规制对象的容忍或者严厉程度,大致可以

① 本文主要针对这些非法交易行为展开分析。

② 参见[美]罗伯特·考特、托马斯·尤伦:《法和经济学》,史晋川、董雪兵等译,格致出版社、上海三联书店、上海人民出版社2012年版,第35~36页。这是传统上经济规制出于公共利益的观点,除此之外,政府的经济规制还可能来自于利益集团的“寻租”行为,关于这一种观点可参见George Stigler(1971),Richard Posner(1974)。

区分为:价格管制、市场准入控制和完全禁止交易。① 价格管制主要通过税费等方式来体现相关行为的社会成本。市场准入控制通过市场配额、许可等方式来限制进入相关市场交易主体的数量。例如,对于香烟这种对吸烟人自身和公众都有危害的商品可以开征特别的税费,也可以通过限制从业企业的资格等方式来控制市场上生产商的数量,甚至采取所谓"专卖或者专营"的形式来垄断香烟的生产和销售。

在这些规制方式中,禁止某种交易行为在合法市场上发生是政府规制方式中最严厉的一种手段。② 也就是说,政府通过宣布某种交易行为非法,禁止此类行为在合法市场上进行交易,违反此类禁令,当事人特别是经营者就会面临政府的一系列行政制裁措施甚至刑事制裁。如果受自身执法资源所限,政府不能杜绝此类行为,就会形成所谓的"黑市交易",这主要因为有效需求的稳定存在(无论何种原因),这时就会形成所谓的"影子价格",来反映这种通过"非法交易"提供的商品或者服务的相对稀缺性。③ 一个有意思的悖论是:从某种程度上讲,政府的规制会起到拉高在"黑市"上交易的商品或者服务影子价格的作用,因为政府规制会造成受到规制的商品或者服务供给的短缺现象,从而引发一系列相关问题,比如:与政府规制和黑市交易行为相伴随的暴力活动、寻租现象和其他社会问题。这是因为官方的管制措施会让这一非法交易变得更加诱人,而要获得这种超出市场平均利润率的"租金",形成组织才能更好地保证获得更大的"市场份额"。从这个意义上说,从事非法交易的犯罪团伙类似于合法市场上的企业,有组织化的实体才可能获取更多的利润,而一个区域性的黑社会团体就类似于一个相关市场的垄断者,依靠暴力和威胁来获取这一区域内从事非法交

---

① 关于从法经济学角度对政府规制(regulation)予以分析的一般性介绍,See Ogus, A.,"Regulation:Legal Form and Economic Theory",Clarendon Press,1994。

② 参见[美]斯蒂格利茨:《经济学》(上册),中国人民大学出版社 1997 年版,第 497 页。

③ 一般来说,影子价格至少等于如果可以自由交易而形成的价格再加上因为禁止而新发生的成本之和。参见[美]理查德·波斯纳:《法律的经济分析》,蒋兆康译,法律出版社 2012 年版,第 347~348 页。

易的垄断权。因为禁止某种存在稳定的有效需求的行为会带来更多问题,历史实例如美国的禁酒运动。①

关于政府规制之后对相关商品或者服务价格的一般影响可参见下图及其说明:

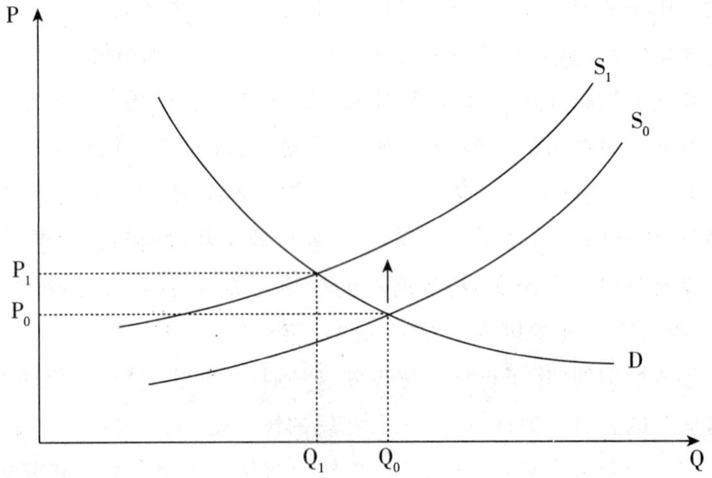

图1 规制导致供应曲线上移

假设需求(D)短时间内相对不发生改变的情况下,政府规制(无论是采取何种形式)都会造成相关商品或者服务供给曲线的上移(从S_0上移到S_1),促使相关商品或者服务的数量从Q_0减少到Q_1,并在市场上形成所谓的影子价格P_1(P_1由规制之前的价格P_0和规制之后提供某种商品和服务新增加的成本构成)。

(二)运动式执法后果考察

由前述可知,当政府将某些具有稳定需求的行为宣布为非法并进行管制、同时政府并不能禁绝此类行为或者交易的发生时,所谓的"黑市交易"或者"地下交易"就会自然形成,并带来一系列的相关问题。

① 关于对该运动的批评, See Boudreaux, D. J., Pritchard, A. C., "The Price of Prohibition",36 Ariz. L. Rev.,1(1994);Thornton, M., "Alcohol Prohibition As A Failure", *Cato Policy Analysis*, No. 157,1991。

那么当政府采取运动式执法来打击这种非法交易时,会发生什么样的后果呢?从经济学视角来考察运动式执法行为,可以发现这种执法方式有可能带来下列隐患:①

1. 供应急剧减少可能引发暴力犯罪等其他社会问题

与平时的执法力度相比,在运动式执法期间,执法力度会大大加强。这种执法力度的大幅度增加带来的结果是:在运动式执法期间以及之后的一段时间内,非法交易量的大幅度萎缩,对这一现象用经济学术语描述就是供应急剧减少。这种结果似乎正是执法者所期待的,但由这种供应急剧减少所可能引发的其他社会问题却又可能不是执法者所愿意接受的。

如果前述的"黑市交易"和"影子价格"现象可以成立的话,就意味着在这个"非法"的市场上也同样存在供需双方,而非法交易的商品或者服务的影子价格也同样受到供需双方变动的影响。如果需求一方的需求是稳定的,那么价格在更大程度上就受到供应一方变动的影响。② 运动式执法所造成的供应急剧减少,在效果上就类似于20世纪70年代海湾战争对于石油价格的影响:在极短的时间内,供应急剧减少,而同时在短时期内,有效需求不会发生明显的改变,因为在短时间内,替代性的供应很难完全满足需求,这就导致价格急剧上升。这就是说运动式执法会导致在市场的供应和需求之间产生一个比较大的缺口,而这种缺口有可能通过比非法交易更糟糕或者说社会效果更差的方式来部分地解决。比如:有很多实证研究表明,政府对毒品交易的打击有可能提高那些吸毒成瘾者实施抢劫等暴力犯罪的发生率。③

---

① 关于运动式执法效果的直观表述参见下文图2及其说明。

② 也就是说在短时间内,这种需求的价格弹性比较小。

③ See Miron, JA., "Violence and The U. S. Prohibitions of Drugs and Alcohol", *American Law and Economics Review*, Vol. 1, No. 1, 78(1999); Miron, JA., Zwiebel, J., "The Economic Case Against Drug Prohibition", *Journal of Economic Perspectives*, Vol., 9, No. 4, 175(1995). 一个较新近的文献综述也发现对毒品市场的打击并不会减少毒品市场上暴力犯罪的发生,甚至会产生反作用力,参见 Dan Werb et al., Effect of drug law enforcement on drug market violence: A systematic review, *International Journal of Drug Policy*, 2011。

与平时的一般性执法力度相比,因为运动式执法的特点,在这一期间执法力度会得到空前的提高,所以可以预期在这一期间内,社会治安状况可能会得到改善,但问题却很有可能发生在运动式执法之后。也就是说,因为运动式执法不能持续,所以在运动式执法之后会出现执法力度的大幅度下降,而市场上供应一方因为执法的影响并不会在执法之后马上恢复到执法之前的供应水平,那么就会形成所谓的空窗期:市场供应和市场需求之间存在比较大的缺口,而执法力度却又不能保证对那些为满足需求而可能实施暴力犯罪的非法商品和服务需求者形成有力的震慑。这就意味着,运动式执法之后的短时期内(供应不能完全回复到之前水平的期间),那些和非法交易相关联的暴力犯罪发生率有可能会增加,而这当然不是执法者所期望看见的结果。①

更为糟糕的是,因为运动式执法呈现某种周期性波动的特点,执法力度不均衡,非法市场供需之间的巨大缺口总是保持着某种反复性。从长期来看,运动式执法会造成这些与非法交易相关联的暴力犯罪惯常化,并保持一种滞后于运动式执法的伸缩性:在运动式执法高峰时,暴力犯罪活动会"偃旗息鼓",但在执法之后,又会"气焰高涨"起来。这种仿佛"牛皮糖"一样纠缠着运动式执法的现象恐怕更是执法者所不愿接受的事实,也是法学家所批评的运动式执法只具有短期效应的根本原因。

2. 价格大幅度上升使"非法交易"变得更加有利可图

另一个与运动式执法方式相关值得高度关注的可能后果就是:运动式执法可能会使所制裁的非法交易变得更具有吸引力,从而在运动式执法之后吸引更多的资源投入该非法交易市场,出现执法行为自身变成所欲消除行为的诱因这样一种怪异的局面。

出现这种可能性的主要原因就在于运动式执法所引起的供应急剧减少,在短时间内供应方面急剧变化、有效需求没有发生相应变化的情

① 关于对毒品控制后所带来问题的一般性介绍,参见[美]罗伯特·考特、托马斯·尤伦:《法和经济学》,史晋川、董雪兵等译,格致出版社、上海三联书店、上海人民出版社2012年版,第511~515页。

况下,就会显著拉升在相关市场出售的产品或者服务价格,而价格的大幅度上升就意味着,在运动过后执法力度恢复到正常水平之时,从事这种交易变得更加有利可图,从而吸引新的资源投入该市场。

按照市场均衡理论,从长期看,这种"超出市场平均利润率"的较高利润水平必然会因更多的新资源的进入和竞争的加剧而不断降低,最终接近正常的影子价格水平。但是因为运动式执法周期性的特征,意味着这种均衡很难形成或者即使暂时形成也很容易被打破,从而诱发与运动式执法周期性相伴生的新的资源不断进入该非法市场的"诡异"局面,而这又会促使执法者不断依靠和强化运动式执法方式来打击这种非法行为,形成了被称为"狗咬尾巴"的怪圈。法学家把这种现象表述为:运动式执法助长了违法者的投机心理。其实更为准确的表达是:运动式执法创造出一个更加有利可图的"市场机会",因此吸引潜在的非法交易者不断进入。

3. 加剧寻租行为并可能促成非法交易组织化

另一种与运动式执法相伴生的行为可能会让执法者自身"更感头疼",这种行为就是在经济学上被称为"寻租"的现象。[①] 根据公共选择理论和管制经济学的文献(Stigler 1971;Posner 1974)得出的一般性结论:政府管制行为经常是寻租行为产生的根源之一。其原因如下:政府管制行为经常会人为造成短缺现象,这种短缺就产生了超出一般市场利润率的收益(在经济学上称为租金)。因为这种租金的存在,市场参与者就有通过贿赂具体政策执行者等方式来获取进入该市场的强烈动机,形成了所谓的"寻租现象"。[②]

那么运动式执法会给寻租现象带来什么样的影响呢?一般来说,运动式执法会加剧寻租行为的发生。因为运动式执法会造成上述的供

---

① 参见[美]斯蒂格利茨:《经济学》(上册),中国人民大学出版社 1997 年版,第 507 页。

② 更进一步的表现是某些企业或者所谓的利益集团通过寻租方式"主动"地促使对其有利的管制措施得以实施。对于寻租问题的一般性介绍,See Buchanan, JM, Tollison, RD, Tullock, G., *Toward A Theory of Rent-seeking Society*, Texas A & M University Press, 1980。

应急剧减少、价格大幅度上升等结果,而这会使非法交易变得更加有利可图,因此与一般情况相比,对潜在交易者来说,这时寻租行为变成了更具有“吸引力”的一种策略选择。

如前所述,政府管制一般会导致非法交易者通过寻租的行为来谋取非法利益,为了获得更多的“市场份额”,这些非法交易者还具有进一步实体化和组织化的倾向,而运动式执法会强化这一倾向。这是因为与个体的非法交易者相比,这种有组织的交易者至少具有以下的优势:承担风险的能力增加;可以采取更为有效的措施来规避执法风险;能够更为有效地通过贿赂等方式获得进入相关市场的机会;在此基础上可以获得更大的市场份额,进而获取更多的非法利润。作为这种有组织地实施非法交易的最高级形态就是所谓的“黑社会”,其实就是通过对相关非法市场的垄断,来获取更高的垄断利润。[①] 一旦这种组织得以建立,执法者要想对其予以取缔或者禁止就变得十分困难,甚至会出现更为糟糕的一种后果:地方执法者可能与这样的组织同流合污,变成这种组织的保护伞和庇护人。[②]

关于运动式执法的效果示意可见下图:

运动式执法会进一步使相关商品或者服务的供给曲线上移(从 $S_1 \to S_2$),从而使得相关商品或者服务的数量进一步减少(从 $Q_1 \to Q_2$),影子价格进一步抬升到 P_2。但因为运动式执法的不可持续性,在运动式执法后的一段时间内,执法力度会回落到与运动式执法前相当的水平,这样供给曲线就会下移到原来 S_1 的位置,商品或者服务的数量恢复到运动式执法前的水平(Q_1),影子价格也会相应回落,直到新的一轮运动式执法(强化执法)为止。再一次的运动式执法又会带来相似的市场变化,这样就形成了一种周期性的变化。

① 关于对此现象的一般性描述,See Anderson, A. G., *The Business of Organized Crime: A Cosa Nostra Family*, Hoover Institution Press, 1979; Naylor, R. T., *Black Markets, Illegal Finance, and the Underworld Economy*, Cornell University Press, 2002。

② 这在历次运动式执法行动中都有比较生动和具体的体现,对此可参见注释29中所引用的相关报道。

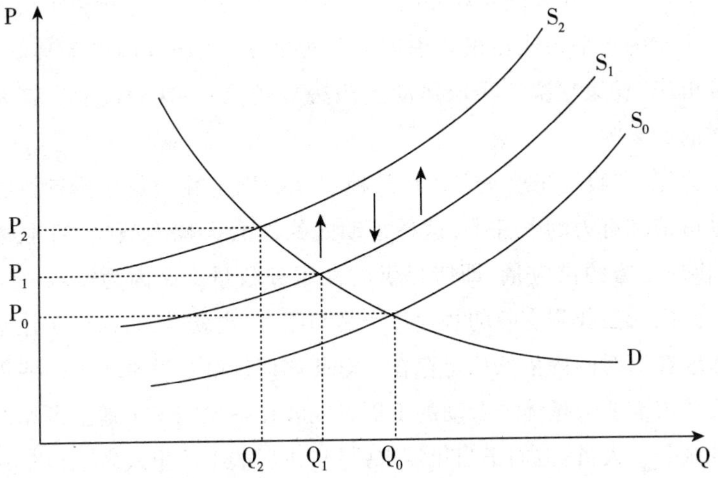

图2　运动式执法效果示意图

(三)一个示例

以上是对运动式执法之后可能带来的后果所做的一个理论上的分析和预测,这样的分析可能会因太过于抽象而失去生动,所以接下来本文会通过一个日常生活经常观察到的运动式执法现象来具体展示这种执法方式所可能带来的一系列后果。需要说明的是本文并不意欲通过鲜活的个案细描或者具体的数字处理的方式来展示运动式执法后果,而是想要通过快速扫描具有共通性的一般情境来揭示那些可能被遮蔽因而无法被呈现的问题以及促成这些问题的动因。①

在运动式执法活动中,一个可以经常听到的用语是所谓的"扫黄打非",这里以扫黄为例。② 如果假定"性服务市场"的存在是因为这方面需求的稳定性,那么在这个市场上就会自然形成影子价格,以此来反映这个市场供需两方面的变动。如果执法者对此类非法交易采取比较稳定的治理策略,例如,介于严厉打击和放任自流之间的执法力度,那么

① 这样做也许显得不那么规范,但如果能很好地说明本文问题也足够好用了。

② 这样选择的理由很简单,一是扫黄所针对的行为更为具体和明确,而打非的"非"却可以无所不包;二是扫黄以及其所打击的行为可能更容易被大众所观察到,因而以此为例会更具有某种戏剧中不可言说的"带入感"。

在这个市场上,如果供需双方没有发生太大的变化,影子价格也会相对保持稳定的水平。现在来考虑因为某种因素,执法者调整了其对“性服务市场”的策略决定采取运动式执法方式,那么这种改变会带来什么样的后果呢?

首先,在假定需求一方存在某种程度的稳定性以及执法者执法行为是可信和有力的条件下,这种运动式执法会大幅度减少“性服务市场”供应一方的供应量,即所提供的性服务数量。又因为需求一方在短时间内无法找到有效的替代性产品和服务,也就是说,这种对性服务的需求在短时间内依然稳定存在。对此如何理解?设想一下那些集中在大城市需要大量体力劳动的工厂里或者在各种施工工地上工作的男性进城务工人员:他们正当年需求强烈,在那些工厂里或者工地上一般男女比例都很不平衡(男多女少,这意味着他们当中相当一部分人群在自己工作的周边环境里处个对象都有一定困难),并且他们的收入水平相对不高(交往其他工厂的异性人群会发生额外的费用,而交往城市女性的费用更高、更加困难),这些因素都决定了他们中的一部分人群对性服务具有比较稳定的需求。① 运动式执法会导致这种服务的价格大幅度上升,当性服务的价格上升到一定程度后,那些需求比较稳定和强烈但是找不到替代性产品或服务并且无法承担变动后价格的需求者在边际上的行为模式就可能发生改变,有可能通过暴力的方式来实现自己不能够再通过自愿非法交易的方式而得到满足的需求。例如,上述的人群一般来说收入比较低,在性服务价格急剧上升之后,相对来说更难通过其他非暴力方式来满足其性的需求。在经济学上对此的解释是:这种执法方式就会造成通过自愿方式来达成交易的成本急剧上升,而通过替代性方式(在这里指的是实施性侵犯等暴力方式)满足需求的相对边际成本(这里就是犯罪成本)会明显下降,从而有可能

① 关于这方面问题的个案剖析和一般性介绍,参见陈诚平、崔义中:《当前我国城市农民工性状况及其社会影响分析》,载《中州学刊》2007年第1期。类似的个案调查报告和一般性原因剖析的文献还有很多,但直接探讨运动式执法与相关暴力犯罪发生关联的文献比较少见,特别是定量化的研究更加阙如。

"诱使"那部分"低成本"人群实施这样的犯罪行为。①

其次,因为运动式执法大幅度拉高了性服务这种非法服务的价格,因此会使得性服务变得更加"昂贵"起来,也就意味着变得更加有利可图。又因为运动式执法的特点,执法强度不能一直维持,所以在每次执法之后,从事性服务业的风险(成本)就会相对降低,这样在边际上就会诱使更多的人在运动式执法之后的一段时间内进入这个市场,提供相应的服务。当市场开始恢复和扩张并变得"繁荣"起来的时候,可能会促使执法者再次采取运动式执法方式来加强对该市场的打击力度,这就形成了:强化执法→市场萧条→新资源进入→市场恢复和繁荣→再次强化执法,这样所谓的"治乱循环"。

再次,因为从事性服务业的收益一般总是要超过市场平均收益率,因此从事该行业的相关人员在边际上更有动机来通过贿赂或者其他方式把具体的执法人员拉下水,变成自己的保护伞,从而降低经营风险。运动式执法会进一步强化这种寻租行为,因为运动式执法不仅拉高了服务的价格,并且也会相应地提高从事这种服务的危险程度,在这种情况下,通过寻租来降低风险并获取那份收益,对从业者或者潜在的进入者来说无疑是最安全的一种策略选择。例如,在扫黄活动中人们会经常观察到这一现象:在开展大规模运动式执法的时候,组织者往往会借调外地的警力,而不是使用当地的执法力量,以及在执法过程中当地的一些执法部门负责人被免职或者停职接受调查,这些都一定程度上说明寻租活动的广泛存在以及保证执法效果的难度。②

通过上面这样一个示例可以看出:出于某些政策考虑而采取运动

---

① See Shavell, "A Note on Marginal Deterrence", *International Review of Law and Economics*, Vol. 12, Issue 3, 345(1992). 当然这并不是说这种价格变动必然会导致相关人行为模式的改变,而只是表示其中部分人群的行为模式可能会发生改变,这不仅因为行为人的犯罪边际成本变化各异,还因为决定是否实施性暴力犯罪还受到很多非理性因素的影响。

② 参见严俊伟、李志雄:《广东开展为期3个月"扫黄"歼灭战》,载《深圳晚报》2014年2月11日,第A09版。在扫黄活动中,当地的一些执法部门负责人被免职或者停职接受调查。参见《广东向"黄流"宣战 五镇领导被诫勉谈话》,金羊网,http://news.ycwb.com/2014-02/11/content_6053511.htm,2016年5月1日访问。

式执法方式非但不能完全解决其想要解决的问题,有时反而会走向它的反面,可能带来更多的问题或者造成更严重的后果,这对政策制定者来说无疑是一个难以接受但又必须深入思考的后果。

三、运动式执法效果评估

在前面分析的基础上,这一部分将会运用简单的(边际)成本收益分析对运动式执法的效果做一个概括式的评估,其中运动式执法成本不断攀升的趋势成为一个关键性因素,由此产生的不可持续性制约着运动式执法的总体社会效果。

运动式执法除了以上可能带来的弊端,自身还有一个很有意思的特点:运动式执法不具有自我可持续性(self-sustainability)。它可以在两个层面上得以体现:

第一个层面上的难以持续表现为效果上的难以持续,就是这种执法方式只能带来短期效应,很难形成所谓的长效机制。

这个层面上的不可持续性和人们的一般观察比较吻合:在短时间内,执法者可以集中人、财、物对某一特定的对象或者行为予以集中的整治或者打击。但是由于执法者自身资源的稀缺性,不可能一直保持这样的高强度执法力度,因此其对于特定行为的执法力度就会呈现所谓的松紧性,在运动式执法期间,由于高强度的资源投入,对于特定行为的打击就会比较见效,即“抓得比较紧”;而在运动式执法的间歇期,因为资源投入的相对不足,特定行为又会形成所谓的“死灰复燃”现象,即“管的比较松”。

也就是说,这种执法力度前后的明显差异很难做到对特定行为持续性地有力震慑。

第二个层面上的不可持续性可能更为切中要害,但同时又不如第一个层面表现得那么直观。本文把这一层面上的不可持续性称为得不偿失的不可持续性。

任何一项政策在制定时,都要对该政策所要实现目标的可能性和有效性予以评估,在这样的评估过程中,所谓的"成本—收益"方法被广泛地采用。[①] 这里就运用这种方法对运动式执法效果做一个概括性的评估,虽然这里的分析可能略显粗糙,却能对运动式执法这种得不偿失的不可持续性做到比较好的说明。

首先分析运动式执法可以预期获得的收益:

运动式执法的预期收益大致由两部分构成:客观效果和主观评价。客观效果就是通过运动式执法所达到的对某种特定行为治理或者控制的实际效果。关于这点,从前面的分析中可以得出一般性结论:从长期来看,运动式执法的客观效果并不十分理想,甚至可能会使本已存在的问题进一步恶化。[②] 对运动式执法的主观评价主要来自作为该行为的受益人——社会公众对这种执法方式及其效果的主观感受(满意程度)。虽然没有进行相关的访谈和数据采集工作,但一般性的观察可以发现,公众对于运动式执法方式及其效果的心态和感受是比较矛盾的:一方面当所谓的社会风气不好时,公众期待政府有关方面采取强有力的措施来"刹住这股歪风邪气";另一方面公众对于运动式执法的客观效果又不太满意,因此产生出很多直观的感受,例如劳民伤财、瞎折腾、雷声大雨点小等之类的牢骚和抱怨。[③] 这种牢骚和抱怨可能让执法者自身觉得很"委屈":很多时候为了回应公众的意见而采取的运动

① 关于对规制成本—收益分析方法的一般性介绍,See Ogus, A., "Regulation: Legal Form and Economic Theory", Clarendon Press, 1994。

② 即便通过运动式执法获得的社会收益(在抵消所带来的负面后果之后)对社会总体来说是正的,但只要边际收益的增加小于其边际成本的增加,那么从长期来看,运动式执法的社会效果就会日趋变差,甚至得不偿失起来。关于这一定性结论的解释参见下文及图3的说明。

③ 也就是说,在一定程度上公众对运动式执法现象抱有期待,而执法者会因此止当化其运动式执法方式,这在"三鹿奶粉"等类似的公共食品安全事件中都得到了体现。但在处理完"三鹿奶粉"之后,公众仍然对市场上出售的奶粉质量抱有疑虑,这又一定程度上显示出公众对执法效果并不那么信任,而这种不信任又会被新发生的事例所证实,甚至强化。例如,在2008年全国掀起的轰轰烈烈地打击含有三聚氰胺"毒奶粉"运动之后,2010年陕西又发生了一起某乳业公司使用问题奶粉而致使奶粉三聚氰胺超标的案件,参见中国广播网:《陕西毒奶粉案3人被捕 企业私用2008年过期乳粉》,http://news.163.com/10/0203/14/5UJSCIHE0001124J.html,2016年5月1日访问。

式执法方式,末了却没有从公众那里讨到好处(称赞或者好评)。用一句话来总结主观评价就是:这种执法方式可能常常“费力不落好”。

再来分析运动式执法的成本构成:

运动式执法的成本具有一种不断攀升的趋势。也就是说,为了达到相同水平的执法效果,执法者需要不断加大每次执法的力度,否则相应的执法行为就不会产生所欲达到的客观效果。运动式执法具有这种特性主要是由于以下两个原因:

第一个原因是执法者需要不断提高执法质量和加大投入,因为那些被治理的对象规避执法的能力也在不断地提高。运动式执法具有周期性,在运动式执法中,执法者和被治理对象之间是一个多次重复博弈过程。这就像一场持续的“猫抓耗子”的游戏,那些反应较慢或者欠缺经验的耗子会首先被猫逮到,但随着游戏的反复进行,那些幸存下来的耗子会不断学习逃避的技巧,因此会变得越来越精明,这就意味着猫再想逮住耗子,就需要花费更大的精力。如果被治理对象组织化以后,执法者的执法成本就会显著增加,而取得的实际客观效果却可能与这种投入不成比例,这主要因为组织化、实体化后的非法交易者规避执法的能力也有了显著的提高,可谓“道高一尺,魔高一丈”。

第二个原因是执法者需要不断把那些被非法交易者拉下水的具体执行者清除出去,才能保证可能的执法效果。前面已经分析过运动式执法会加剧非法交易者的寻租行为,意味着某个具体执行人被拉下水的可能性也在相应增加,当具体执行人变成了被治理对象的保护人时,执法的实际效果就会受到严重的质疑,而要清除这些“害群之马”,显然并不是一项那么轻松的任务。① 最糟糕的情形是:随着非法交易者组织化的进一步深入,形成了所谓的“黑社会”,当这种组织全面渗透某一层级执法部门时,这一层级的执法者就有可能从“人民的公仆”沦落为“非法交易者的看门狗”。例如,在2014年广东某地采取轰轰烈烈的扫黄专项运动中,组织者就不放心使用当地的执法者,而需要从其

① 参见杨海坤:《我国行政执法的现状、困难与对策》,载《政治与法律》1996年第1期。

他地方调用。

从上可以看出,即使运动式执法是执政者不得不为之的一种非制度性举措,但执政者在考虑对某种行为是否采取这种执法方式之时,除了短期性的效果考虑之外,还必须对所针对行为的性质以及采取运动式执法方式可能产生的长期后果加以更为审慎的考虑,否则执政者就会发现自己可能陷入自己所挖掘的“陷阱”之中而难以自拔。

关于运动式执法效果的评估可见下图:

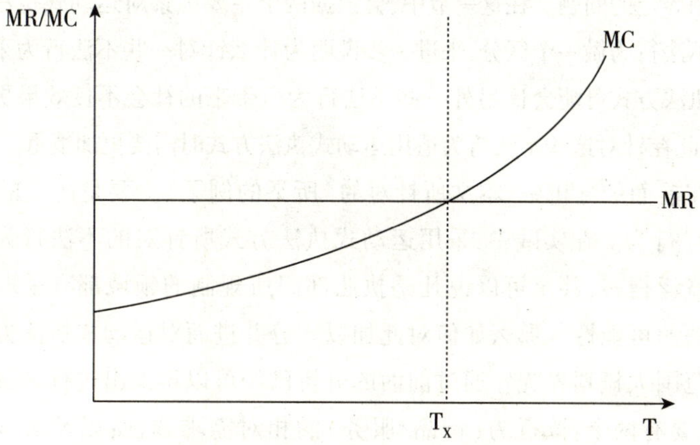

图3 运动式执法效果评估示意图

运动式执法的社会效果可通过上图得以展示:假设每一次运动式执法的边际社会收益不发生大的改变(在图上显示为平行于横坐标的那条直线以 MR 为代表),那么随着运动式执法周期的延长(在图上通过横坐标 T 时间来表示),可以看到运动式执法的边际社会成本(MC)会呈现不断攀升的态势,最终在某个时段(比如,图上的 T_X)执法的边际社会成本会超出其边际社会收益,这就意味着对整个社会而言运动式执法开始变得得不偿失起来。①

① 更准确地说只要通过运动式执法所带来的边际收益(MR)曲线向右上的变动(增加的斜率)小于其边际成本(MC)曲线向右上的变动(增加的斜率),那么从长期来看在时间轴上的某一点(Tx)边际成本曲线总会越过边际收益曲线,从而使得运动式执法变得得不偿失起来,而无论开始收效是多么的显著。

四、运动式执法方式适用范围的界定

如果运动式执法具有带来一系列社会问题的可能性并且具有不可持续的特性,那么这是不是意味着所有的运动式执法活动都会产生上述的问题或者达到如此严重的程度呢?实质上,这是一个关乎运动式执法方式适用范围界定的问题。在这一节中,会依据两个主要因素对运动式执法所针对的不法行为做一个区分,来进一步说明为什么针对一些不法行为采取运动式执法方式可能会比另外一些不法行为所带来的社会不良效果更为严重,因此在针对这些不法行为适用运动式执法方式时需要更加慎重。

在前面的分析中,本文所针对的(所举的例子)主要是所谓的"黄、赌、毒"行为。在实践中,采用运动式执法方式所针对的不法行为的范围要宽泛得多,甚至可以说凡是执法部门所规制的领域都有采取运动式执法的可能性。那么如何对此加以区分并进而对运动式执法方式的适用范围大概划界呢?通过前面的分析已经可以辨识出进行区分的依据,主要有两个:该行为(产品/服务)的相对需求弹性;以及对该行为(产品/服务)规制之后可能带来社会后果的严重程度。下面就是关于这两个因素对适用运动式执法方式影响的具体说明:

是否采取运动式执法方式第一个考虑因素是某种产品/服务的相对需求弹性。所谓的相对需求弹性指的是相对于替代性产品/服务而言,人们(消费者)对一种产品/服务因价格变动所引发的需求方面变化的比率。一般来说,一种产品/服务的替代性越低,人们对该产品/服务的价格变动越不敏感,就可以说该产品/服务的相对需求弹性比较小。例如,与那些假冒、伪劣商品相比,①人们对于所谓"黄、赌、毒"的相对需求弹

① 这里指的是消费者自愿购买或者接受这样的不法商品或者服务的情形,而消费者不知情或者被欺骗所发生的购买行为不属于这里所讨论的相对替代性问题。但这一点却可能是支持对这样的商品或者服务采取运动式执法的一个正当性理由:因为这样的不法行为会发生混淆(所谓的扰乱市场秩序)的后果。

性明显较低,原因就在于这些产品/服务的替代性是比较低的。[①] 那么相对需求弹性的因素对考虑是否采取运动式执法方式有何影响呢?一般来说,对相对需求弹性比较小的产品/服务(这里指的是不法行为所提供的)采取运动式执法方式的社会效果要小于对那些相对需求弹性比较大的产品/服务采取类似的执法方式,其效果的好坏主要由该产品/服务的相对需求弹性大小来决定。[②] 主要原因就在于对于相对需求弹性比较小的产品/服务采取运动式执法,在执法资源有限的前提下更有可能引发前面所讨论的一系列后果。

是否采取运动式执法方式第二个需要考虑的因素就是对某种不法行为采取运动式执法之后可能产生社会后果的严重性。需要指出的是这里的社会后果严重性不等同于一般所讲的不法行为的社会危害性,而是着重强调采用运动式执法方式之后所诱发的那些问题。与一般的直觉(越是社会危害性大的不法行为越需要严厉打击)相反,如果考虑到相对需求弹性这一因素,我们就会发现对于那些相对需求弹性比较小但管制后可能会引发比较严重社会后果的产品/服务采取运动式执法方式会加重其危害性,这是由运动式执法的特点所决定的:短时间内造成较大的短缺,又因为这些产品/服务的替代性较低,因此相关人群更有可能通过暴力方式或者更加隐蔽的方式来满足其需求,并且由于运动式执法的周期性,使得这些问题不仅会变成社会的"顽疾"难以清除,而且所产生的危害后果还可能变成下一次运动式执法的起因,从而形成一种恶性循环。

综上所述,如果一种产品/服务的相对需求弹性比较低,且对该产品/服务采取强制性的取缔或者查禁后可能带来其他较为严重的社会后果,那么对之采取运动式执法方式就要更加慎重,这不仅仅是通过以上经济分析所得出的一般性结论,更是人类历史无数次博弈后所总结的经验和教训。如果从人类历史的视角对所有的非法交易行为进行考察,可以发现很多"非法交易"并不是天然非法或者因其

---

① 这从某种程度上可以说明为什么类似的行为屡禁不绝了。

② 这里指的是其他影响执法效果的因素都相同或者得到控制的情况下。

具有一定的社会危害性而必然非法的。[①] 以中国古代的食盐专卖制度为例,因为官府想要获得食盐这一当时的战备物资和生活必需品的垄断经营权,所以宣布所有私贩食盐的行为为违法并采取强力措施来打击。但历史资料也同样告诉我们:这样的举措虽然在一定时期内具有一定的效果,但同时还随之伴生出一些严重的社会问题,甚至常常成为引发社会动荡或朝代更迭的一个诱因。[②] 此外,对于卖淫这种现在被理所当然地视为非法的行为,也并不是自古以来就一直处在非法交易状态。那种天真地认为可以取缔和禁绝这种行为的观点,恐怕连仇视或者反感这种行为的道德主义者也不会相信能够完全实现这样的目标。

五、结语

理论的价值之一在于对存在的现象进行某种尝试性的解释,如果这种解释能够与一般性观察相吻合,甚至可通过实证研究获得某种程度上的证实,那么这种解释就是可以被暂且接受的,更重要的是这种解释也许能够深化对该现象或者问题的认知,从而对如何采取相应的措施提供智识上的启示或者警示。

与那些或者采用宏大的国家治理模式(转换),或者采纳静态的法治理想愿景(偏离)的研究视角不同,本文采用了更微观但也更为动态的经济学视角,通过考察运动式执法的社会效果,所得出的基本结论是:在一些情形下(取决于相关市场有效需求的弹性大小与可能采取的替代性行为的社会危害性大小),运动式执法会导致相关非法市场供应急剧减少从而可能引发暴力犯罪等其他社会问题;会造成

---

① 例如前文所举的美国禁酒运动的失败。

② 关于对古代盐业专卖制度弊端的介绍,参见鲁子健:《清代四川的盐榷与盐枭》,载《盐业史研究》1986年第1辑;黄国信:《食盐专卖与盐枭略论》,载《历史教学研究》2001年第5期。

相关产品或者服务价格大幅度上升从而吸引新的资源不断投入该市场,使得执法易陷入“自我招致”的怪圈;同时这种执法方式还会加剧寻租行为的发生并衍生出其他更难以控制的社会问题。另外,运动式执法自身也会因为执法难度和成本不断上升,而其治理的实际效果难以保证长期有效,不能获得一般民众广泛且持久的支持,变得愈加难以为继。

本文立足于市场的反应和被执法对象可能会采取的举措,主要分析了运动式执法之后可能发生的客观后果。但在另一方面,运动式执法方式对执法者本身也会产生深远的影响,例如:可以预测到的是运动式执法方式会给具体执法者提供更大的自由裁量的空间和机会,这种更大的自由裁量权不仅仅增加权力会被滥用的危险以及由此产生的一系列问题,还会对执法者内部的监管和控制体系造成冲击和干扰,进而破坏其治理体系的稳定性和安全性,因此需要对之展开独立的研究。① 此外,本文所描述和分析的运动式执法所可能带来的那些问题只具有说明和启示意义上的作用,而要了解这些问题与运动式执法之间的具体关系以及作用方式与影响程度则需要更为细致和客观的实证研究加以确认或者排除。

也许不能让那些期待“建设性方案”的人满意,本文并没有对如何“正确”对待这些“非法交易”提供什么明确的解答或建议。主要原因并不是这个问题不那么重要,而是要回答这个问题首先可能需要社会就该问题达成某种共识,在没有形成这种共识之前,任何声称“行之有效”的主张都值得怀疑。更为关键的是,本文虽然探讨的是运动式执法问题,但从本文分析所运用的方法和结论中,可以得到更具有一般性的启示意义:在采取任何似乎是响应民意的行动之前,需要考虑采取这种行动之后的实际后果,以及如何考虑的思路和可能方向。没有提出

① 关于在运动式执法中执法者动机的问题已有学者从激励结构方面展开了研究,可参见吴元元:《双重博弈结构中的激励效应与运动式执法——以法律经济学为解释视角》,载《法商研究》2015 年第 1 期。关于执法者在运动式执法活动中自由裁量权过大所带来问题的初步探讨,参见章志远:《作为行政裁量“法外”依据的公共政策——兼论行政裁量的法外控制技术》,载《浙江学刊》2010 年第 3 期。

所谓的"建设性方案"并不等于没有提供"建设性思路",这种事前的(ex ante)、以结果为导向的经济学思维对致力于问题解决的政策制定者和执行者来说是不可或缺、需要了解并应加以运用的。①

---

① 类似的观点可参见桑本谦、李秀霞:《"向前看":一种真正负责任的司法态度》,载《中国法律评论》2014 年总第 3 期。

《法律和社会科学》(2017)
第16卷第1辑,第275~304页

“权宜式信访治理”的塑造与后果

桂晓伟*

摘要:“权宜式信访治理”是官僚体系中的“变通”现象在信访领域的具体表现。既有研究虽对此多有论述,但缺少整体系统的解释。基于宏观要素的机制分析,“权宜式信访治理”在宏观层面源于规范合法性和政绩合法性的同步提升,两者之间的冲突通过中观层面的制度安排影响了信访治理的微观运作。其中,改善规范合法性的制度改革削弱了基层政府的治访能力,而强调政绩合法性的行政指令却在此时强化了基层政府的责任,上述因素促使信访官员通过有限强制、反复消耗和适当妥协与钉子户达成和解,并最终催生了“被潜规则束缚的上访”。对此,需要认真思考“道义论”政治和“目的论”政治的兼容之道,让信访制度焕发出新的活力。

* 武汉大学社会学系讲师,哥本哈根大学社会学博士。本文是教育部人文社会科学研究青年项目(16YJC840004)和武汉大学自主科研项目(人文社会科学,2017QN045)的阶段性成果,并得到“中央高校基本科研业务费专项资金”资助。

一、变通和权宜式信访治理

最近,电影《我不是潘金莲》的热映让缠访闹访问题再次成为公众热议的焦点。一个手无缚鸡之力的弱女子李雪莲,仅凭着一股执拗劲儿,在没有充分理由甚至是无理取闹的情况下,将地方各级政府搅得焦头烂额,而不得不频繁诉诸各种"变通"做法以迫使李雪莲停访息诉。这种"变通"是由市长亲自登门与李雪莲拉家常开始的;而在这一"思想工作"无功而返之后;地方政府又打算通过许诺李雪莲前夫更好的政治前途来动员他去摆平李雪莲;再次碰壁之后,地方政府又试图借助李雪莲的一个追求者以"爱情和婚姻"绑住她;结果人算不如天算,这一图谋恰好被李雪莲撞破,并直接促使她下定决心再次来到北京;然而,就在地方各级领导彷徨无助之际,李雪莲上访的"引子"——他的前夫,在一场车祸中意外丧生了,这使李雪莲再也无法讨到她想要的"说法",并使影片在一种灰色戏谑的氛围中画上了句号。其实,在一个完整的缠访闹访剧本中,地方政府还可以通过拦访截访、销号等手段与上访钉子户周旋,而在最后,也可以通过与上访钉子户签订"停访息诉"协议,以"花钱买平安"的方式,与他们达成妥协。上述种种"变通"手法便是地方政府在实践中摸索出来的治理钉子户的普遍经验,它不仅存在于我调研的地区,也存在于其他学者的观察之中。①

很显然,地方政府的上述做法绝不是"上传下达、令行禁止"的理想状态,而不过是"上有政策、下有对策"的权宜之计。在学理上,这种

① 对信访中"变通"现象的相关研究,参见孙立平、沈原、郭于华:《以利益表达制度化实现长治久安》,载《领导者》2010年第4期;田先红:《从维权到谋利——农民上访行为逻辑变迁的一个解释框架》,载《开放时代》2010年第6期;陈柏峰:《无理上访与基层法治》,载《中外法学》2011年第2期;桂晓伟:《应对缠访、闹访与社会治理能力提升》,载《法学论坛》2014年第3期。

做法称之为“变通”、[①]“共谋”、[②]“选择性执行”[③]或“弹性执法”。[④] 这些概念的核心含义在于,面对自上而下传递的国家法律和政策,地方各级政府往往基于各种“积极”(比如上级政令脱离基层实际而地方的土办法反而可以产生更好的治理绩效)或者“消极”(比如上级政令挤压了基层谋利的空间而遭遇抵制)的原因而在具体执行过程中展现出一定的灵活性和适应性,它既可以成为制度创新的重要源泉,也可能是中央力图避免的恶政怠政。在这个意义上,“变通”便成为一个理解中国转型时期国家与社会互动的重要窗口。进言之,通过观察国家法律和政策在基层执行过程中的“变通”行为,我们可以更好地归纳这些“变通”的塑造机制和社会后果;在此基础上,我们可以更准确地剖析究竟是哪些问题影响了官僚体系的运转,从而导致其在具体执行过程中出现偏差,并据此提出有针对性的改进建议。

既有研究近年来对基层治理中的“变通”现象进行了大量研究。首先,一些学者从宏观的国家能力角度指出,“选择性执行”现象的根源在于上级政府难以有效约束基层官员,他们因此缺乏足够的能力来确保基层官员忠实履行对民众有利的政策;[⑤]而另一些学者则认为,这一现象背后更深层次的根源在于上级政府对某些事物的优先考量(比

---

① 孙立平、郭于华:《“软硬兼施”:正式权力非正式运作的过程分析——华北B镇订购粮收购的个案研究》,载《清华社会学评论》2000年特辑,第21~46页;应星:《大河移民上访的故事:从“讨个说法”到“摆平理顺”》,生活·读书·新知三联书店2001年版,第91~104页。

② 周雪光:《基层政府间的“共谋现象”——一个政府行为的制度逻辑》,载《开放时代》2009年第12期。

③ Kevin. J. O'Brien and Li Lianjiang, “Selective Policy Implementation in Rural China”, *Comparative Politics*, Vol. 31, No. 2, 1999, pp. 167 - 186.

④ 陈柏峰:《基层社会的弹性执法及其后果》,载《法制与社会发展》2015年第5期。

⑤ Kevin. J. O'Brien and Li Lianjiang, “Selective Policy Implementation in Rural China”, *Comparative Politics*, Vol. 31, No. 2, 1999, pp. 167 - 186; Wang Shaoguang, “The Rise of the Regions: Fiscal Reform and the Decline of Central State Capacity in China”, in *The Waning of the Communist State: Economic Origins of Political Decline in China and Hungary*, ed. by A. G. Walder, University of California Press, 1995, pp. 87 - 113; Thomas P. Bernstein and Lü Xiaobo, “Taxation Without Representation: Peasants, the Central and the Local States in Reform China”, *The China Quarterly*, Vol. 163, 2000, pp. 742 - 763.

如对“维稳”和经济发展的重视)而不是其控制基层官员能力的不足。[①]其次,一些学者聚焦于中观的目标管理责任制,将“变通”看作“压力型政治”[②]或者“目标激励”[③]的结果;而另一些学者在此基础上进一步指出,不合理的指标设定,[④]或者目标管理责任制和法制逻辑之间的冲突[⑤]是导致基层官员有意歪曲上级政策的主要原因。再次,与上述研究较为消极地理解“变通”不同,一些研究主张对变通做中性的评价,并强调了政策执行过程中非正式行为的重要性[⑥]和“弹性执法”[⑦]的必要性;而另一些学者则从组织社会学的视角进一步挖掘了“共谋”现象产生的制度环境,[⑧]以及目标管理责任制对基层政权运作特征和方式的塑造过程。[⑨]

上述研究极大地深化了我们对基层治理中“变通”现象的理解,但

---

① Maria Edin, “State Capacity and Local Agent Control in China: CCP Cadre Management from a Township Perspective”, *The China Quarterly*, Vol. 173, 2003, pp. 35 – 52.

② 荣敬本、崔之元:《从压力型体制向民主合作体制的转变:县乡两级政治体制改革》,中央编译出版社 1998 年版;吴毅:《小镇喧嚣:一个乡镇政治运作的演绎与阐释》,生活·读书·新知三联书店 2007 年版。

③ Maria Edin, “Local State Corporatism and Private Business”, *The Journal of Peasant Studies*, Vol. 30, 2003, pp. 278 – 295;张汝立:《目标责任制与手段选择的偏差——以农村基层政权组织的运行困境为例》,载《理论探讨》2003 年第 4 期;杨顺湘:《正确认识和处理党政机关目标管理五大关系》,载《探索》2000 年第 2 期。

④ Susan Whiting, “The Cadre Evaluation System at the Grass Roots: the Paradox of Party Rule”, in *Holding China Together: Diversity and National Integration in the Post-Deng Rra*, ed. by B. Naughton and D. Yang, Cambridge University Press, 2004, pp. 101 – 109.

⑤ C. F. Minzner, “Riots and Cover-ups: Counterproductive Control of Local Agents in China”, *University of Pennsylvania Journal of International Law*, Vol. 31, No. 1, 2009, pp. 53 – 123.

⑥ 孙立平、郭于华:《“软硬兼施”:正式权力非正式运作的过程分析——华北 B 镇订购粮收购的个案研究》,载《清华社会学评论》2000 年特辑,第 21 ~ 46 页;应星:《大河移民上访的故事:从“讨个说法”到“摆平理顺”》,生活·读书·新知三联书店 2001 年版,第 91 ~ 104 页。

⑦ 陈柏峰:《基层社会的弹性执法及其后果》,载《法制与社会发展》2015 年第 5 期。

⑧ 周雪光:《基层政府间的“共谋现象”——一个政府行为的制度逻辑》,载《开放时代》2009 年第 12 期。

⑨ 王汉生、王一鸽:《目标管理责任制:农村基层政权的实践逻辑》,载《社会学研究》2009 年第 2 期。

也存在几点不足:首先,上述研究更多是对变通现象的一般性分析,而缺乏对具体变通问题的专门讨论。作为一种特殊的利益表达和社会抗争形式,上访以及基层政府对之的变通性回应,都有着自身不同于其他变通现象的特征和逻辑,因此需要我们予以特别关注。其次,上述研究对变通现象的讨论在解释路径上较为发散,既有宏观结构分析,也有中观制度分析,还有微观经验梳理。然而在实践中,变通现象的形成往往难以通过单一的理论视角进行解释,而需要一个可以串联起这些要素的整体性理论框架。

因此,基于对中部某县级 Y 区历时一年多的田野调查,①本文力图对信访治理中的“变通”现象做一个串联起各种要素的整体性解释,并在此基础上讨论这一现象的塑造机制、社会后果和改进方案。更具体地说,本文将这一现象称为“权宜式信访治理”,并将其解释路径称为“基于宏观要素的机制分析”。借助这一分析视角,本文发现“权宜式信访治理”的根源在宏观层面源于国家合法性构成的改善,即代表法治理念的规范合法性和贯彻群众路线的政绩合法性的同步提升;然而,两种合法性在相互糅合的过程中产生了彼此抵牾的阶段性矛盾,并借助一系列中观层面的制度安排最终影响了信访治理的微观运作。其中,改善国家规范合法性的一系列制度改革削弱了基层政府的治权,而强调政绩合法性的一系列指令却又在此时进一步强化了基层政府的责任;结果,在微观层面,上述因素在助长了上访人依法维权的同时,却导致了信访官员基于自身利益考量的变通做法,促使他们通过有限强制、反复消耗和适当妥协与上访钉子户达成暂时的和解。最终,“权宜式信访治理”催生了“被潜规则束缚的上访”,并强化了访

① 笔者于2011年7月至2012年7月在华北某县级 Y 区进行了两次历时一年的田野调查,并在2013年、2014年、2015年通过电话访谈对一些拆迁个案的后续发展进行了补充调查。本文的经验材料首先是对78位受访者的半开放式访谈。访谈对象主要包括村/社区,乡和区干部、信访工作人员、信访人,以及信访人的亲戚、同事、朋友、同学、邻居等。由于访谈的敏感性,访谈对象主要根据雪球抽样的方式选出。其次,笔者还收集了信访报告、与信访相关的文件、会议记要、情况通报、官员的工作日记,以及信访户的申诉材料等文字资料。最后,笔者还收集了学者和媒体对全国各地信访的研究和报道作为本文讨论的参考。

民的潜规则意识。对此,我们需要重新思考现代政治文明中的"道义论"理想(权利)和"目的论"理想(善观念)之间的兼容之道,从而才能让信访制度在新的历史时期焕发出新的活力。接下来,本文将依次展开上述分析。

二、基于宏观要素的机制分析

在理论上,貌似强大的基层政府为何会用权宜之计摆平看似弱小的钉子户是一个令人困惑的问题。站在钉子户的角度,他们往往并不具备"成功"的条件:首先,几乎所有的上访人都会使用"踩线不越线"①的缠闹策略,仅凭这一点无法让钉子户脱颖而出;其次,钉子户一般以个人或家庭为单位上访,规模很小,更谈不上有什么组织;再次,他们也缺少媒体的帮助,虽然我们不时看到媒体对钉子户的报道,但这往往是因为他们已经成为钉子户这个先在的事实;②最后,他们通常是村庄社会的边缘人,既缺少人脉关系也没有什么可以借助的资源。③ 在这个意义上,强调抗争"组织要件"(比如规模、领导者、外来帮助和资源)的理论也不适用于解释钉子户的缠访闹访。④

---

① 应星:《草根动员与农民利益群体的表达机制:四个个案的比较研究》,载《社会学研究》2007年第2期;Kevin J. O'Brien, "Neither Transgressive Nor Contained: Boundary-Spanning Contention in China", *Mobilization: An International Quarterly*, Vol. 8, No. 1, 2002, pp. 51–64。

② 吕德文:《媒介动员、钉子户与抗争政治:宜黄事件再分析》,载《社会》2012年第3期。

③ 吕德文:《治理钉子户:农村基层治理中的权力与技术》,华中科技大学2009年博士学位论文。

④ Shi Fayong and Cai Yongshun, "Disaggregating the State: Networks and Collective Resistance in Shanghai", *The China Quarterly*, Vol. 186, 2006, pp. 314–332; Li Lianjiang and Kevin J. O Brien, "Protest Leadership in Rural China", *The China Quarterly*, Vol. 193, 2008, pp. 1–23; Kuang Xianwen and Christian Goebel, "Sustaining Collective Action in Urbanizing China", *The China Quarterly*, Vol. 216, 2013, pp. 850–871; Deng Yanhua and Kevin J. O' Brien, "Societies of Senior Citizens and Popular Protest in Rural Zhejiang", *The China Journal*, Vol. 71, 2014, pp. 172–188.

站在国家的角度,这一现象同样令人费解:首先,一些钉子户的诉求缺少法律依据,甚至不乏"无理"和"谋利"者。① 作为一个富有经验的执政党,很难想象其不知道向这些钉子户"妥协"可能带来的风险。其次,国家也从来没有轻视上述风险,并不断采取各种措施督促基层官员及时妥善地处理各类信访问题。② 再次,聚焦于中央地方分歧的政治机会理论③也不足以解释钉子户的缠闹,因为这些机会是对所有人开放的,同时上访人可以使用的策略也都大同小异,但事实却是只有一些人选择利用这些条件成为钉子户。

在这个意义上,近年来一些学者开始将目光转移到基层治理的视域,并指出上访并不简单等同于维权,而是还存在无理、④谋利、⑤阶层斗争、⑥出气,⑦乃至个性偏执⑧等各种原因。而国家之所以难以化解这些上访是因为信访体系的内在矛盾、强化治理技术但模糊政治原则的压力型体制、基层治理资源的缺失、村庄内生秩序的瓦解等原因。⑨ 这些研究十分具有启发性,但它们大多是在梳理中观或微观层面的要素,

---

① 陈柏峰:《农民上访的分类治理研究》,载《政治学研究》2012 年第 1 期。

② 田先红:《治理基层中国——桥镇信访博弈的叙事,1995 ~ 2009》,社会科学文献出版社 2012 年版,第 165 ~ 185、216 ~ 225 页;Chen Xi, *Social Protest and Contentious Authoritarianism in China*, Cambridge University Press, 2012, pp. 87 – 131.

③ Kevin J. O'Brien and Li Lianjiang, *Rightful Resistance in Rural China*, Cambridge University Press, 2006; Cai Yongshun, *Collective Resistance in China: Why Popular Protests Succeed or Fail*, Stanford University Press, 2010.

④ 陈柏峰:《无理上访与基层法治》,载《中外法学》2011 年第 2 期。

⑤ 田先红:《从维权到谋利——农民上访行为逻辑变迁的一个解释框架》,载《开放时代》2010 年第 6 期。

⑥ 罗兴佐:《阶层分化、社会压力与农民上访——基于浙江 D 镇的调查》,载《思想战线》2015 年第 4 期。

⑦ 陈锋等:《富人治村下的农民上访:维权还是出气?》,载《战略与管理》2010 年第 3 期、第 4 期。

⑧ 陈柏峰:《偏执型上访及其治理的机制》,载《思想战线》2015 年第 6 期。

⑨ 申端锋:《乡村治权与分类治理》,载《开放时代》2010 年第 6 期;田先红:《基层信访治理中的"包保责任制":实践逻辑与现实困境》,载《社会》2012 年第 4 期;欧阳静:《"维控型"政权:多重结构中的乡镇政权特性》,载《社会》2011 年第 3 期;陈柏峰:《偏执型上访及其治理的机制》,载《思想战线》2015 年第 6 期;陈柏峰:《无理上访与基层法治》,载《中外法学》2011 年第 2 期。

并且其论述相对发散,而没有清晰梳理出这些要素之间的逻辑关系。相对来说,陈柏峰的思考更为深入,他从宏观的意识形态层面指出法治和群众路线之间的兼容性矛盾是导致当前信访治理困境的更为根本性的原因。然而,他也没有建构一个理论框架,并全面系统地展现上述宏观要素是如何一步步影响中观制度安排、微观治理实践乃至访民意识心态的整个过程。基于此,本文将通过“基于宏观要素的机制分析”这一理论视角串联起塑造“权宜式信访治理”的宏观、中观、微观要素,从而推进对这一问题的认识。

谈到抗争政治对国家政治生态的研究路径,既有研究主要采用的是“基于中观要素的机制分析”。机制分析不同于结构分析之处在于展现被后者所遮蔽的有价值的细节,而这项工作需要某些“线索”的引导才能避免流于琐碎。这些“线索”从更可操作的层面来说,便是中观的结构性要素,因为很多行动恰发生在宏观和微观之间的中观地带。① 然而,这一研究路径也有局限。首先,中观的结构性要素往往是特定而具体的,就这些要素对抗争的影响了解越多,就越可能只见树木而不见森林。比如,当既有研究过分关注中观的“官僚机构间的分歧”时,它反而简化了对国家复杂政治生态的理解。其次,中观的结构性要素不是使一个国家的政治生态区别于其他国家的关键变量。比如,“官僚机构间的分歧”虽然是塑造抗争的重要变量,但不同的政体,由于“国家合法性”和“国家能力”的差异,其“官僚机构间的分歧”可能有很大区别。因此,要深入理解一国的政治生态,我们必须从对其更有决定作用的宏观结构要素入手。

基于这一考量,赵鼎新建议从国家的宏观结构要素入手进行机制过程分析。他将这一研究策略称为“基于宏观要素的机制分析”。② 赵

① Doug McAdam, “Beyond Structural Analysis: Toward a More Dynamic Understanding of Social Movements”, in *Social Movements and Networks: Relational Approaches to Collective Action*, ed. by M. Diani and D. McAdam, Oxford University Press, 2003, pp. 281 – 298.

② Zhao Dingxin, “Authoritarian State and Contentious Politics”, in *Handbook of Politics: State and Society in Global Perspective*, ed. by K. T. Leicht and J. C. Jenkins, Springer, 2010, p. 470.

鼎新指出,由于常常存在各种可能的解释抗争的机制(比如"搭便车"和国家的镇压都可以解释抗争的失败),将微观经验与决定国家性质和国家社会关系的宏观结构要素相连接,将有助于我们洞悉一国政治生态区别于其他国家的关键所在。[①] 他进而认为"国家合法性"和"国家能力"是两个决定性的塑造机制的宏观结构要素,它们不仅可以帮助我们发现各种解释抗争的机制,还能够帮助我们厘清这些机制之间的关系,以及他们在解释抗争时的重要性。[②] 不过,赵鼎新并没有就如何使用这一研究路径做细致分析。此外,赵鼎新对"国家合法性"和"国家能力"的区分也有一些问题,起码就抗争治理而言,"国家合法性"和"国家能力"两者之间是紧密相连而不是分隔开来的两个变量。比如,一个注重规范合法性的国家,其通过制度化手段吸纳社会冲突的能力也相应较强;而一个轻视规范合法性的国家,其通过制度化手段吸纳社会冲突的能力也相应较弱。因此,本文将以"国家合法性"作为唯一的宏观结构要素来展开分析,而将国家制度化吸纳社会冲突的能力归入其影响之下。

三、法治和政绩并重的治理理念

很多学者都讨论过"国家合法性"对社会抗争的影响。一种代表性观点是中央政府更在乎自身的合法性,并严厉管束基层政府的不法行为,从而为抗争者创造了大量政治机会。[③] 然而,这些研究往往将

---

① Zhao Dingxin, "Authoritarian State and Contentious Politics", in *Handbook of Politics: State and Society in Global Perspective*, ed. by K. T. Leicht and J. C. Jenkins, Springer, 2010, p. 470.

② Zhao Dingxin, "Authoritarian State and Contentious Politics", in *Handbook of Politics: State and Society in Global Perspective*, ed. by K. T. Leicht and J. C. Jenkins, Springer, 2010, pp. 468 - 471.

③ 应星:《大河移民上访的故事:从"讨个说法"到"摆平理顺"》,生活·读书·新知三联书店 2001 年版,第 336 ~ 337 页;Cai Yongshun, "Power Structure and Regime Resilience: Contentious Politics in China", *British Journal of Political Science*, Vol. 38, No. 3, 2008, p. 417; Kevin J. O'Brien, "Rural Protest", *Journal of Democracy*, Vol. 20, No. 3, 2009, p. 27.

"合法性"看作一个整体,而没有注意到合法性不同维度之间的冲突及其对抗争的影响。实际上,一个国家很少将自身的合法性建立在单一维度之上。当前中国政府在治理过程中主要依赖意识形态、规范、政绩三个维度的合法性。其中,"意识形态合法性"对应一套具有吸引力的价值体系;①"规范合法性"用以反映国家致力于制度化其行为的各种努力,②并区别于民主国家基于选举而产生的"程序合法性";③而"政绩合法性"则对应国家能够提供的各种经济、社会服务。④ 通过区分合法性的三个维度,我们可以更清晰地看到其构成变化对信访工作的影响。接下来我将通过传统社会、中华人民共和国成立初期和改革开放以后三个阶段的对比,来更细致地呈现这种变化。

首先,在传统社会,意识形态合法性占据核心地位,无论是规范还是政绩合法性的理据均可从中衍生出来。更具体地说,传统中国的意识形态内核是一套儒化的礼治。其政治理想是以"家国同构"的形式,将源自家庭内部的伦理关系,由内向外,逐步扩展到宗族乃至国家,从而构建一个遵循伦理纲常、各安其分的政治共同体。⑤ 在这样一个伦理本位的共同体中,每个人只有遵守忠、孝、悌、忍、善才能找准生活的定位,实现修身、齐家,乃至治国、平天下的人生理想。⑥ 这样的共同体中并没有现代意义上的先在的、不言自明的"权利"观念,因为礼所蕴

---

① Zhao Dingxin, "The Mandate of Heaven and Performance Legitimation in Historical and Contemporary China", 2009. *American Behavioral Scientist*, Vol. 53, No. 3, 2009, p. 418.

② Gunter Schubert, "One-Party Rule and the Question of Legitimacy in Contemporary China: Preliminary Thoughts on Setting Up a New Research Agenda", *Journal of Contemporary China*, Vol. 17, No. 54, p. 196.

③ Zhao Dingxin, "Authoritarian State and Contentious Politics", in *Handbook of Politics: State and Society in Global Perspective*, ed. by K. T. Leicht and J. C. Jenkins, Springer, 2010, p. 471.

④ Zhao Dingxin, "The Mandate of Heaven and Performance Legitimation in Historical and Contemporary China", 2009. *American Behavioral Scientist*, Vol. 53, No. 3, 2009, pp. 416 – 433; Elizabeth J. Perry, "Chinese Conceptions of Rights: From Mencius to Mao-and Now", *Perspectives on Politics*, Vol. 6, No. 1, 2008, pp. 37 – 50.

⑤ 杨景凡、俞荣根:《孔子法律思想》,群众出版社1984年版。

⑥ 费孝通:《乡土中国》,生活·读书·新知三联书店1985年版。

含的"善"观念是凌驾于个人权利之上的更为优先的价值追求,而每个人只有扮演好自己的角色,完成相应的人生任务,才能获得承认,并真正有资格享有应得的权益。① 在这个意义上,儒家共同体中的规范只是礼的制度化,其规范合法性只是意识形态合法性的延伸。同时,受制于农耕时代的匮乏经济,国家并没有能力为每个个体提供现代意义上的共同品;而且儒家这种内向含蓄的文化加上农耕时代的有限国力也决定了国家不会采取向外扩张的方式去达到这一目的。因此传统国家主要采用"简约治理"的方式,除了承担有限的道义责任并掌控治理的基本原则之外,将更多治理社会的权力和任务交给了宗族。② 在这个意义上,传统国家的政绩合法性有限,而更多借助意识形态合法性和社会的自足来维系统治。

其次,在中华人民共和国成立初期,国家合法性三个维度之间的关系仍然遵循了类似传统社会的逻辑,不同之处在于儒家的礼治理想被替换为实现人类解放和幸福的共产主义愿景。③ 这一愿景在中国意味着通过"四个现代化"建设使"物质产品、精神财富都极为丰富和人们的共产主义觉悟极大提高"。④ 这套意识形态使国家不可能满足于无为而治,而为了提取现代化建设所必需的人力物力资源,就必须打破传统的乡村政治结构,而将个体直接调动起来为四化建设服务。⑤ 在这套动员型的政治模式中,国家需要的同样不是权利优先的个人主义,而是有理想、有道德、有文化、有纪律的社会主义新人。⑥ 同理,在这套具有优先性的意识形态面前,也容不下个体的自主选择,每个人首先要做

---

① Henry Rosemont, "Rights-Bearing Individuals and Role-Bearing Persons", in *Rules, Rituals and Responsibility: Essays Dedicated to Herbert Fingarette*, ed. by Mary Bockover, Open Court Publishing Company, 1991, pp. 33 - 58.

② 黄宗智:《集权的简约治理:中国以准官员和纠纷解决为主的半正式基层行政》,载《开放时代》2008 年第 2 期。

③ 马克思、恩格斯:《共产党宣言》,中央编译出版社 2005 年版。

④ 龚育之、逄先知、石仲泉:《毛泽东的读书生活》,生活·读书·新知三联书店 1986 年版,第 140 页。

⑤ 申端锋:《乡村治权与分类治理》,载《开放时代》2010 年第 6 期。

⑥ 邓小平:《邓小平文选》(第 2 卷),人民出版社 1994 年版,第 91 页。

好现代化建设事业中的一颗螺丝钉,而当他们懈怠时,党必须责无旁贷地对其进行批评教育,从而"实行正确的有远见的领导"。[①] 在这个意义上,当时国家的制度安排是服务于其意识形态导向的,其规范合法性因此从属于意识形态合法性。不过,为了完成现代化建设的宏伟蓝图,党既要改造人民群众的思想,也要改善他们的生活。这使对民生的关切成为从孟子到毛泽东一以贯之的政治传统。[②] 然而,在计划经济下,此时的政绩合法性并不理想,国家仍然更多依靠意识形态合法性来维系其统治。

通过上述分析,我们不难看出,在合法性的三个维度之中,意识形态合法性一直占据核心地位,它不仅决定着规则的制定,也决定着公共品的供给方式。因此,改革开放带来了意识形态的改变,也因此改变了合法性三个维度之间的关系。改革意味着让市场在资源配置过程中发挥更大的作用,而对市场地位的强调必然要求释放个体的能动性,这随即带来了个人主义和私有产权的思想观念以及与之相匹配的权利话语。[③] 权利优先还是理想(即善)优先这个困扰现代政治的未解之谜也因此一道成为中国政治转型所无法回避的难题。[④] 我国当前的做法是在强调中国特色社会主义的基础上兼容两者,而在双方逐步适应的过程中,这不可避免地产生了一些阶段性矛盾。更具体地说,兼容权利话语意味着对原有的理想优先的意识形态进行改造,而这一改造又必然通过强化规范合法性的方式得以实现,唯有如此,才能为个人权利留下必要的制度空间,而这空间在某种程度上恰又构成个人抵御国家强制的武器。同时,原有政治理想中注重民生强调政绩的传统得以保留,并转化为具有中国特色的合法性构成当中重要的比较优势。上述合法性

---

① 刘少奇:《论党》,人民出版社 1980 年版,第 33 页。

② Elizabeth J. Perry, "Chinese Conceptions of Rights: From Mencius to Mao-and Now", *Perspectives on Politics*, Vol. 6, No. 1, 2008, pp. 37 - 50.

③ 张文显:《法哲学范畴研究》,中国政法大学出版社 2001 年版,第 342 页;张文显、于宁:《当代中国法哲学研究范式的转换:从阶级斗争范式到权利本位范式》,载《中国法学》2001 年第 1 期。

④ 桂晓伟:《美好生活何以可能?——关于个人自主和发展的社会文化分析》,世纪图书出版集团 2016 年版,第 40 ~ 43 页。

构成的变化具体到信访工作中,就是一方面通过制度建设便利群众的上访,另一方面又通过行政指令迫使基层官员不遗余力地解决访民的各种问题,并在这个基础上保持社会稳定和长治久安。这种法治和政绩并重的治理理念进而深刻改变了信访体系的运作。

四、便利和控制并存的信访制度

上访是指基层民众将自身的不满(往往也是地方官员的不法行为)传递给上级政府并期望他们予以解决的一种制度安排。实践中,大量无法支付法律诉讼费用、不愿忍受漫长司法程序煎熬、缺少法定证据但又确有冤情,甚至是生活困难需要帮扶的人们,将上访当成了实现他们诉求的更有效途径。[①] 通过这一制度安排中央在关心民众的同时,也达到了监督地方官员的目的,从而提升了自身的合法性并巩固了其执政基础。[②] 服务于这一目标,便利和控制上访便成为一对难以割舍的矛盾:不便利上访,中央就无法及时有效地听到民众的呼声;但不控制上访,大量不经甄别的访民涌向中央,不仅不利于社会稳定,解决不好还丢了中央的脸面。因此,如何解决这对矛盾一直是一个重要问题。

在伦理本位的传统社会,国家并不鼓励上访,因为忍让为先、以讼为耻是识礼之人的美德,而不循礼之人断非有德之人。这为国家区分"刁民—顺民",以及实施跪午门、挨板子等愿访服罚的惩戒措施提供了合理的依据;[③]在中华人民共和国成立初期,群众路线代替儒家伦理

---

① 应星:《作为特殊行政救济的信访救济》,载《法学研究》2004 年第 3 期;陈柏峰:《信访制度的功能及其法治化改革》,载《中外法学》2016 年第 5 期。

② 应星:《作为特殊行政救济的信访救济》,载《法学研究》2004 年第 3 期;陈柏峰:《缠讼、信访与新中国法律传统:法律转型时期的缠讼问题》,载《中外法学》2004 年第 2 期;Cai Yongshun, "Managed Participation in China", *Political Science Quarterly*, Vol. 119, No. 3, 2004, pp. 435 – 440; Carl F. Minzner, "Xinfang: An Alternative to Formal Chinese Legal Institutions", *Stanford Journal of International Law*, Vol. 42, 2006, pp. 103 – 179.

③ 陈柏峰:《无理上访与基层法治》,载《中外法学》2011 年第 2 期。

成为信访工作的指导思想。群众路线要求党不仅要耐心倾听和回应群众的诉求,也要不失时机地对他们中间的“落后分子”进行教育。唯有两者的辩证统一,才能更好地推进国家的各项中心工作。[①] 这为国家区分“先进分子—落后分子—坏分子”以及运用治安处罚、劳动教养等手段进行信访治理提供了合理依据。[②] 而借助上述意识形态和强制性措施,再加上对社会资源的总体控制,[③]基层政府也就有了足够的权威去调动各方力量进行信访治理,在化解矛盾的同时,维系社会的稳定。

然而,随着法治理念嵌入群众路线,当下中国的信访制度却越来越难以协调便利和控制上访这对矛盾。

首先,法治导向的改革削弱了基层政府的信访治理资源。随着社会主义法治建设的推进,基层政府失去了区分并规训钉子户的“意识形态话语权”,因为后者违背了法律面前人人平等的基本原则。法治话语的引入还为钉子户提供了额外的博弈空间。对此,一位信访干部颇感无奈:“当你和他讲法律的时候,他和你讲政治,而当你和他讲政治的时候,他又和你讲法律。结果我们处处被动,而他们却左右逢源。”[④]而随着市场化改革的深入,基层政府也失去了威慑钉子户的“物质掌控权”。恰如一位基层干部所言:“在可以收税和调地的时候,他们还会权衡一下利弊得失,但现在我们已经没有了这样的砝码。”[⑤]最后,随着原有社会控制体系的解体(比如收容遣送和劳教制度的废除),基层政府还失去了控制钉子户人身自由的“制度化权力”。一些钉子户到了北京之后,甚至还主动给信访官员打电话,让他们过来报销火车票,搞得对方哭笑不得。[⑥]

其次,法治导向的改革扩展了利益表达的制度化渠道。近年来,在

---

① 冯仕政:《国家政权建设与新中国信访制度的形成及演变》,载《社会学研究》2012年第4期。

② 陈柏峰:《无理上访与基层法治》,载《中外法学》2011年第2期。

③ 渠敬东、周飞舟、应星:《从总体支配到技术治理——基于中国30年改革经验的社会学分析》,载《中国社会科学》2009年第6期。

④ 案例来源:根据笔者2014年5月对一位信访局干部的访谈整理。

⑤ 案例来源:根据笔者2011年10月对一位村主任的访谈整理。

⑥ 案例来源:根据笔者2012年7月对一位村支书的访谈整理。

上级政府的督促下,Y 区政府开展了民生热线、视频接访、网上信访等多种信息化信访渠道的建设,这为访民提供了更多元的利益表达途径。相对网上信访,更为关键的是领导干部接访工作的建设。对此,Y 区政府安排了包括区委书记、区长在内的 31 名各部门主要领导参与接访,他们被要求每月必须有一天在信访局接待群众上访,其姓名、职务、接待日期被放置在信访局的通告栏里以供上访人随时查看。此外,主要区领导还被要求每月必须带案下访一次,或者约访一次。[①] 不可否认,这些规定在实践中常常面临执行困境,个别领导或者因为公务繁忙或者因为思想抵触而常常找人替代自己的工作,不过这并不意味着他们就可以轻易置身事外。一方面,他们面临上级督查组突击检查的风险。我曾经碰见一次省里的巡视,对方进到信访接待室见没有领导,直接拍照就走。相关领导接到通知后,立即赶到省里协调,虽然最终只是挨了批评而没有进一步处罚,但无疑也给其他人敲响了警钟。另一方面,一旦这些官员的失职产生了严重后果,比如某位由他负责包案的上访人闹出了乱子,最后责任倒查到他头上,就会对其仕途产生影响。一位乡长就因此丢了补位乡党委书记的大好机会。[②] 此外,Y 区政府还推出了一系列改革措施,以增加信访决策的透明度。这主要包括信访疑难案件和涉及群众重大利益事项决策的听证制度。虽然这些规定仍然宽泛,并且实践中不乏被滥用的情况,但它们也确实可以成为上访人的机会。比如一个钉子户因为她聘请的律师没有参与到其案件的听证环节,而以此为理由继续上访;而另一些拆迁户则以某棚户区工程事先没有举行听证而向上级部门上访。[③]

最后,政绩导向的行政指令强化了基层治访者的职责并导致了其利益分化。虽然依法治访削弱了基层政府的治理资源,并扩展了访民利益表达的渠道,从而使双方博弈的天平开始向访民倾斜,但群众路线在此时不仅没有给基层官员解围,反而更加重了他们的责任和压力。

---

① 案例来源:根据《Y 区领导干部接访办法》整理。

② 案例来源:根据笔者 2012 年 7 月对一位副乡长的访谈整理。

③ 案例来源:根据笔者 2011 年 8 月对一位村支书的访谈整理。

进言之,当下中国没有完全采取西方形式理性化的法治,也没有主要将合法性奠基于竞争性选举下的程序合法性之上。这决定了群众路线所强调的为人民服务仍然是支配信访体系运转的主要意识形态,而法治理念嵌入群众路线挤压出去的只是基层官员区分教育群众的权力,而非为其不满兜底的无限责任。在这个意义上,面对居高不下的上访浪潮,中央选择通过"属地管理""信访排名"和"包保责任制"等一系列措施,迫使基层官员将矛盾化解在基层。面对权责不匹配的压力,一线信访治理人员基于自身利益考量开始出现分化。① 信息提供者和截访者受到利益的驱动倾向于鼓励而不是阻碍上访人继续缠闹。作为准官员的村、组干部往往也会消极应付上面派来的任务,因为他们不仅缺少职业激励还不得不面对与之相熟的上访人带来的伦理压力。地方普通官员是否尽力则首先要看其是否具有升迁的可能。职业前景暗淡的官员更可能选择消极避事或者出工不出力。地方主要官员,作为体制内考核压力的直接承受者,反而不介意在适当的时机赎买钉子户,只要此种努力可以保证他们在任期内的良好政绩。而相对独立的公安机关,除非是影响重大的群体性事件,基层政府已越来越难以随意调动他们。② 上述分歧的出现,进一步增加了钉子户可以利用的政治机会。

五、缠闹和妥协交织的信访治理

从宏观层面的合法性构成改变,再到中观层面的制度调整,最终塑造了微观层面缠闹和妥协交织的信访治理。

关于钉子户的缠访闹访策略,既有研究已经做过大量总结,本文不

---

① Gui Xiaowei, "How Local Authorities Handle Nail-like Petitions and Why Concessions are Made", *Chinese Sociological Review*, Forthcoming in 2017.

② 案例来源:根据笔者2011年9月和10月对三位警官的访谈整理。对此问题的一个系统的学术梳理,另参见 Zhou Kai and Yan Xiaojun, "The Quest for Stability: Policing Popular Protest in the People's Republic of China", *Problems of Post-Communism*, Vol. 61, No. 3, 2014, pp. 3–17。

再详细展开。[①] 概括来说,钉子户最重要的策略就是凭借顽强的毅力和决心,冲破基层政府的层层拦截,周而复始地将自己的不满一次次地传递到北京。因此,对于基层政府来说,如果不能妥善地解决他们的诉求,最重要的工作就是找到阻止钉子户频繁进京上访的有效策略。本文将这些策略概括为“有限强制”“反复消耗”“适当妥协”三大类,而每一类又可以细分为若干小类。这些策略构成“权宜式信访治理”的主要内容。通常,基层政府会首先通过“有限强制”解决一部分信访问题,然后在“反复消耗”中与另一部分上访人达成协议,最后再通过“适当妥协”让坚持下来的钉子户至少暂时停访息诉。[②]

首先,有限强制策略主要包括劳教、判刑、找弱点三种。随着劳教制度的废止,劳教策略已经失效。其实,即便在此之前,由于相关的制度建设,已经很难轻易劳教上访人。我在调研时听过一个例子,当时一位全省闻名的钉子户的问题已经获得了上级巡视组的解决(赔偿 50 万元),但是她在签字前突然反悔,要求追加赔偿她在上访过程中失去的青春。未果后,在一年内三十多次进京上访。基层政府原本希望能将其劳教三年,但再三努力下,也只能按规定劳教一年。[③] 如此特殊的个案尚且如此,劳教普通上访人的难度也就可想而知了。判刑倒是可以有效阻止上访。然而,钉子户都深谙“踩线不越线”的道理,因此他们极少会做出严重到足以让基层政府将他们送进监狱的行为。此外,因为法制建设的成效,那种缺少法定事由草率判刑的情况在今天也全无可能。

实践中,找上访人弱点是一种更常见的策略。但随着法治改革削弱了基层政府的信访治理资源,一些以前可以利用的软肋(比如收税、土地调整、计划生育)已不存在。目前 Y 区政府可以有效劝退的是一

① 田先红:《基层信访治理中的“包保责任制”:实践逻辑与现实困境》,载《社会》2012 年第 4 期;Li Lianjiang, Liu Mingxing, and Kevin J. O'Brien. “Petitioning Beijing: The High Tide of 2003 - 2006”, *The China Quarterly*, Vol. 210, 2012, pp. 313 - 334.

② 对此的相关分析,参见 Gui Xiaowei, “How Local Authorities Handle Nail-like Petitions and Why Concessions are Made”, *Chinese Sociological Review*, Forthcoming in 2017。

③ 案例来源:根据笔者 2012 年 7 月对一位信访局领导的访谈整理。

些与之有紧密利益关系的人(比如政府公务员、国企职工、人民教师等)或他们的亲属上访。但钉子户往往是社会底层的下岗职工、小商贩、普通农民,乃至无业者,他们基本不具备这样的社会关系。其中个别人可能会有其他软肋,比如一位钉子户的儿子被发现在参军体检中作弊。[①] 但考虑到他们的社会地位,其利用关系介入此类问题的机会很少,而他们平日里几乎不与政府接触,又让后者掌握他们生活底细的机会变得更加渺茫。一种新的手段是发动群众通过情感攻势、边缘化手段以及集体压迫对钉子户施压。[②] 然而,随着基层政府控制资源能力的弱化,他们已很难发动群众;而如何让群众基于自身利益,自我动员参与治理目前还在摸索之中。不难看出,上述强制手段均有明确的适用前提,因此本文将这类策略定义为有限强制。而当它们失效时,权宜式信访治理便进入反复消耗阶段。

其次,反复消耗策略主要包括监控、拦截、遣返、稳控上访人,以及销号和程序性结案。就监控和拦截而言,基层政府一般会在敏感时期设立三道防线,即上访人住所、当地火车汽车站,以及驻京办。然而,基于信访治理主体之间的利益分化,监控和拦截过程中常常存在很多可以为钉子户利用的漏洞。一位老上访户告诉我,他曾经堂而皇之地从前门出去进京上访,当时离他家二三十米的几个监视他的村干部却在睁只眼闭只眼地打麻将。[③] 有时候,钉子户会在当地的火车、汽车站被拦住。但如果他们坚持要走,一些普通官员也不愿惹祸上身。因为一旦发生肢体冲突,又不幸被拍摄下来,丢掉的就是饭碗。因此,这些官员时常拉着钉子户去吃喝娱乐一番,以转移他们的注意力;再不行就跟着他们一起进京,一来可以随时掌握他们的动向,二来也向领导展示自己确实尽到了责任。[④] 结果很多钉子户就借上述漏洞进了北京。而当

---

① 案例来源:根据笔者2011年10月对一位信访局领导的访谈整理。

② Deng Yanhua, "Autonomous Redevelopment: Moving the Masses to Remove the Nail Households", *Modern China*, Forthcoming in 2017.

③ 案例来源:根据笔者2012年7月对一位钉子户的访谈整理。

④ 案例来源:根据笔者2011年9月和10月,以及2012年7月对一位村支书、一位街道办书记和一位乡镇领导的访谈整理。

他们从国家信访局出来,接下来就是尽快将他们送回原籍。碰到钉子户不配合的时候,基层官员会借助保安公司的力量,而这些人将遣返工作当作生意,上访户正是他们的财源。因此除了极个别情况,他们不会对上访人使用暴力。明白了这个道理,钉子户很少会主动招惹他们,毕竟他们不是真地拦截上访人,而是欢迎他们有空常来。①

钉子户回到当地之后,为了避免他们再次进京,基层政府也会采取一些就地稳控的策略,比如将他们送到法律学习班,或者将他们控制在宾馆里,再或者训诫、拘留上访人。但这些毕竟是暂时性手段,时间一过,钉子户还是可以找到机会上访。为了缓解考核压力,基层政府有时也会去上级部门销号或者通过程序终结上访案件。但这仍是一时之计,因为上级政府的目的是要将矛盾化解在基层,如果钉子户继续进京上访,最终上级政府还是会将其案件计入考核,以迫使基层政府拿出更有效的方法来停访息诉。② 而如上所述,在控制能力弱化和利益分化的背景下,基层官员无法有效拦截钉子户,这也意味着销号和程序性结案早晚会失效。不过上述策略仍然可以消磨钉子户的意志,降低他们的预期,从而促使他们尽早与基层政府达成协议。因此本文将它们看作反复消耗策略。在此之后,权宜式治理也就来到了适当妥协阶段。

最后,适当妥协的策略主要指通过低保、廉租房、提供工作以及信访救助等手段与上访人达成停访息诉协议。实践中,基层政府往往根据情况综合运用其中的一种或几种手段。比如,对生活确有困难者提供低保和廉租房,对可以也愿意工作者提供临时的工作机会,对确有特殊疑难问题者(比如跨地区跨部门难以划分和落实责任,以及诉求时间长缺乏客观依据的案件)启用信访救助。经过反复消耗的拉锯,接受基层政府抛出的条件,对钉子户而言是可以接受的选择。其中一个重要原因是因为缠访充满了艰辛和痛苦,并且给钉子户的身心和生活都造成了巨大冲击。一位钉子户的丈夫坚持与之离婚,因为后者既不

① 案例来源:根据笔者2012年7月对一位钉子户的访谈整理。

② 案例来源:根据笔者2012年7月对一位信访局领导的访谈整理。

挣钱也不照顾孩子,严重打乱了家庭生活;[①]而且,随着年龄增长和健康恶化,一些钉子户也担心自己哪天突然倒下会一无所获。[②] 更何况,停访息诉并不意味着就此放弃上访权利,一旦政府反悔或新的证据出现,他们还是可以重启上访之路。因此不少钉子户开始接受政府的救助并停访息诉回归正常的生活。一位人到老年的钉子户便是如此,她的女儿在一次冲突中被对方误伤死亡,依据法律犯罪人罪不至死,但她坚持上访要求判对方死刑。在坚持多年之后,她最终接受了政府20万元的救助,将生活的重心转移到自己唯一的孙女身上。[③]

适当妥协对基层政府而言也是不错的选择。首先,基层政府比以前有更多资金对信访人展开救助。Y区政府从2009年到2011年一共花费了数百万元与多位钉子户签订了停访息诉协议,而其依据来自省里2010年出台的《解决特殊疑难信访问题专项资金管理办法》。[④] 其次,对官员的考核和任期制也使主要官员倾向于与钉子户达成暂时的妥协。一方面,良好的政绩有利于他们的升迁,另一方面,他们只需要保证在其有限的任期内让钉子户停访息诉即可。这也是信访救助多采用分期支付的用意所在。最后也是最重要的,适当妥协满足了信访体系既要求服务群众,又要求控制上访并且还不能使用暴力的多种指令。[⑤] 因此,在其他方法都无效的情况下,它也就成了自然而然的选项。

---

① 案例来源:根据笔者2011年9月对一位钉子户的访谈整理。

② 案例来源:根据笔者2012年7月对一位钉子户的访谈整理。

③ 案例来源:根据笔者2012年7月对一位钉子户的访谈整理。

④ 案例来源:根据《Y区信访救助金使用情况一览表2009－2011》整理。

⑤ 随着法治建设的深入,近年来中央通过一系列措施严格限制基层政府对强制手段的使用,除非确实是有法可依。对此的规定很多,最新的表述是2014年由中共中央办公厅和国务院办公厅联合颁布的《关于依法处理涉法涉诉信访问题的意见》,新华网,http://news.xinhuanet.com/politics/2014－03/19/c_119848574.htm.虽然这些规定未必像期待的那样得到严格执行,但它们也确实对基层官员滥用暴力起到了抑制作用,很多因此导致不良后果的官员纷纷遭到党内警告、降级、免职,甚至是判刑的处罚。对此的一个经验分析,参见Cai Yongshun and Zhu Lin,"Discipling Local Officials in China:the Case of Conflict Management",*The China Journal*, Vol.70,2014,pp.98－119。

六、被潜规则束缚的上访

权宜式信访治理是基层政府在现有政治生态下的一种无奈选择。从积极的角度来看,在目前难以有效区分各类上访并“分类治理”①的背景下,它对上访人“无理”或“谋利”的诉求起到了一定的抑制作用,并在最终以一种双方都可接受的方式既维护了社会稳定也体现了信访制度的人道关怀。不过,权宜式信访治理也存在被滥用的风险,当其被用来过滤“有理”和“协商”型上访时,则又会削弱基层的治理权威乃至国家的执政根基。② 究其根源,权宜式信访治理是一种缺少原则的治理方式,其所依据的并不仅仅是钉子户的诉求是否有理,而更多是对方制造麻烦的能力。即便是无理上访,如果上访人一再缠闹,基层政府也会迫于压力对其妥协。反之,合理上访,如果没有配合缠闹,则很可能被基层政府忽略和过滤掉。这种现象进而塑造了“被潜规则束缚的上访”。

关于抗争者的行动类型,既有研究主要提炼了“日常抵抗”③“以法抗争”④“无理”或“谋利”上访,⑤以及“依法抗争”(rightful resistance)⑥和“例行化抗争”(routine protest)⑦等几种解释。其中,当下中国的抗争因为显见且喧嚣,明显区别于“隐藏文本”下的“日常抵抗”;而在目

---

① 陈柏峰:《农民上访的分类治理研究》,载《政治学研究》2012 年第 1 期。

② 关于有理、无理、协商型上访的区分,参见陈柏峰:《农民上访的分类治理研究》,载《政治学研究》2012 年第 1 期。

③ James Scott, *Weapons of the Weak: Everyday Forms of Peasant Resistance*, Yale University Press, 1985, p. xvi.

④ 于建嵘:《当前农民维权活动的一个解释框架》,载《社会学研究》2004 年第 2 期。

⑤ 田先红:《从维权到谋利——农民上访行为逻辑变迁的一个解释框架》,载《开放时代》2010 年第 6 期;陈柏峰:《无理上访与基层法治》,载《中外法学》2011 年第 2 期。

⑥ Kevin J. O'Brien and Li Lianjiang, *Rightful Resistance in Rural China*, Cambridge University Press, 2006, p. 2.

⑦ Elizabeth Perry, "Popular Protest: Playing by the Rules", in *China Today, China Tomorrow: Domestic Politics, Economy, and Society*, ed. by J. Fewsmith, Rowman and Littlefield, 2010, pp. 11 – 28.

前的政治生态下,“以法抗争”也带有较为理想化的政治想象;①“无理”或“谋利”上访因为数量有限,难以描述更为一般性的中国抗争的特点。在这个意义上,“依法抗争”仍然是目前对此问题的较为令人信服的解释。它是一种“创造性地使用国家法律、政策和官方意识形态来反对不遵守它们的地方精英的抗争”。② 这一过程培养了抗争者的权利意识,并可能因此对中国的民主化进程产生积极影响。③ 对此,裴宜理表示怀疑。在她看来,务实地在官方既定的框架内表达不满以期获得一个更好的结果其实体现了抗争者的“规则”意识,并因此巩固了既有的权威结构。④

然而,为“权宜式信访治理”所塑造的“被潜规则束缚的上访”在内容、行动逻辑和后果上均不同于上述两种解释。

首先,在内容上,这一上访混合了各种有理、无理甚至是谋利的诉求。利益受损后的维权是“依法抗争”和“例行化抗争”的基本预设。虽然今天的大多数抗争仍然属于这种情况,但在权宜式治理模式下,一些无理和谋利上访开始滋生。其实,李连江和欧博文也发现了这一问题,比如他们发现一位因为偷看女兵洗澡而摔伤致残并被军队除名但免于纪律处分的士兵,每次需要钱的时候就会去北京上访。⑤ 指出这一现象的目的并不是要指责上访人,而是借此将我们引向对基层治理困境的关注。与之相对,“依法抗争”和“例行化抗争”都是以国家权力的强大为预设,而将研究聚焦于抗争者如何利用这一权力的缝隙或者

---

① 应星:《草根动员与农民利益群体的表达机制:四个个案的比较研究》,载《社会学研究》2007年第2期;吴毅:《“权力—利益的结构之网”与农民群体性利益的表达困境》,载《社会学研究》2007年第5期。

② Kevin O'Brien and Li Lianjiang, *Rightful Resistance in Rural China*, Cambridge University Press, 2006, p. 2.

③ Kevin O'Brien and Li Lianjiang, *Rightful Resistance in Rural China*, Cambridge University Press, 2006, pp. 121 – 126.

④ Elizabeth Perry, “A New Rights Consciousness?”, *Journal of Democracy*, Vol. 20, No. 3, 2009, p. 20.

⑤ Li Lianjiang, Liu Mingxing and Kevin O'Brien, “Petitioning Beijing: The High Tide of 2003 – 2006”, *The China Quarterly*, Vol. 210, 2012, p. 328.

如何维系了它的运转。两者的区别在于,“依法抗争”更多强调了抗争者对国家权力缝隙的主动利用和扩展,而“理性化抗争”更多强调了抗争者在利用国家权力的缝隙时对既有权威结构的承认。

其次,在行动逻辑上,这一上访更多体现为对潜规则而非权利或规则的遵从。不可否认,上访人仍然将各种国家法律、政策和官方意识形态作为自己利益诉求的依据,他们也仍然在国家权力划定的框架内进行着“踩线不越线”的抗争。然而,仅有上述行动并不足以让他们在上访过程中脱颖而出,而缠闹才是保证他们的上访不会被湮没的重要原因。其实,对于异常拥挤的信访渠道而言,通过缠闹让自己的问题受到重视本是一种必要的斗争策略,但在无原则的“权宜式信访治理”面前,缠闹正在脱离其所依托的合理诉求,而具有了相对独立的决定性作用。当上访人在与基层政府的博弈过程中渐渐意识到这一点,尤其是听到或看见一些缺少或没有合理事由但通过缠闹获得成功的故事时,他们的心态难免不发生改变,从而产生对缠闹这一潜规则的遵从。在这个意义上,讲权利守规则只是上访的表面动因,而对潜规则的体认和践行才是其内在逻辑。即便是有理上访者,也不得不遵从这一逻辑,尽可能地运用各种“踩线不越线”甚至是轻度违法的策略让自己的上访脱颖而出;而无理和谋利上访则更是将对潜规则的利用发挥到了极致。

最后,在结果上,这一上访正在侵蚀国家的执政根基,并塑造了上访人的潜规则意识。短期来看,笔者同意裴宜理的观点,即国家对钉子户的适度妥协尚不构成一个严重威胁。然而正如斯科特所警告的,当国家的航船搁浅于暗礁时,人们通常只关注失事本身,而没有看到正是那些微不足道的行动的大量聚集才使失事成为可能。① 当权宜式信访治理为缠闹所裹挟而日渐丧失原则时,当其不得不为各种无理上访妥协开口子时,也就不可避免地会诱发更多人借上访谋利。长此以往,这将构成一个危险的循环,并在微观的心理层面强化上访人的潜规则意识而不是规则或权利意识。一旦基层政府无力继续承担这一治理成本

① James Scott, *Weapons of the Weak*: *Everyday Forms of Peasant Resistance*, Yale University Press, 1985, p. xvii.

时,无论是其自身更为激进的行动,还是尚未从其妥协中获利的人们的愤怒,都有可能将暂时的平静演变为失控的冲突。①

七、结语:重新理解政治认真对待权利

借助“基于宏观要素的机制分析”,本文探讨了“权宜式信访治理”的塑造机制和社会后果。“权宜式信访治理”是中国官僚体制内的“变通”现象在信访治理过程中的具体表现。它首先源于宏观层面的国家合法性构成的改变,这一改变进而引发了中观层面的信访制度的一系列调整,并最终塑造了微观层面的“权宜式信访治理”和“被潜规则束缚的上访”。表1是对这一机制过程的总结。

表1 “权宜式信访治理”的发生机制和过程

	要素	内容	变化
宏观层面	合法性构成	意识形态合法性 规范合法性 政绩合法性	法治理念嵌入群众路线
中观层面	信访制度	便利上访 控制上访	便利与控制上访的失衡
微观层面	权宜式治理	有限强制 反复消耗 适当妥协	缺少原则的权宜变通

(来源:作者总结)

如表1所示,“权宜式信访治理”的根源在宏观层面源于国家合法性构成的改变。这一过程始于国家试图兼容依法治国的规范逻辑与群众工作的政治逻辑的尝试,而其背后更深层的动因在于国家希望以更多元的方式改善和夯实其执政的合法性基础。更具体地说,依法治国可以帮

① 上访人的诉求没有获得满足而导致的激烈行动近年来频繁出现,最新的一个例子,参见《湖南3死5伤撞人案嫌犯:专业上访闹事后曾获赔180万》,凤凰资讯,http://news.ifeng.com/a/20160918/49982266_0.shtml。

助国家提升规范合法性,群众工作可以帮助其提升政绩合法性,而将上述两种理念合二为一的意识形态又彰显了社会主义民主的优越性,从而提升了国家的意识形态合法性。然而,两种合法性在相互糅合的过程中产生了彼此抵牾的阶段性矛盾,并借助一系列中观层面的制度安排最终打破了信访体系便利和控制上访的平衡。其中,改善国家规范合法性的一系列制度改革削弱了基层政府治理信访的资源,并扩展了访民利益表达的渠道;而强调政绩合法性的一系列指令不仅没有在此时给基层治访者解围,反而更加重了他们的职责并导致了其利益分化。结果,在微观层面,上述因素在助长了上访人依法维权的同时,却导致了信访官员基于自身利益考量的变通做法,促使他们通过有限强制、反复消耗和适当妥协与上访钉子户达成暂时的和解。最终,"权宜式信访治理"催生了"被潜规则束缚的上访",并强化了访民的潜规则意识。这种缺少原则的"商品化"①的国家社会互动方式,不仅制约了信访体系的良性运作,也侵蚀了国家的执政根基。

在这个意义上,如何理顺依法治国的规范逻辑与群众工作的政治逻辑便成为信访治理改革的关键。对此,既有研究主要有两种思路。一种是法治化思路。这种思路将上访预设为公民权利受到侵害之后针对政府采取的维权行动;②进而主张在民主法治的框架下通过约束政府行为,改善公民政治参与,重塑法律权威,乃至废除信访制度来解决当前的信访治理困境;或者起码是在这一方向上进行改革以解燃眉之急。③ 另

---

① C. K., Lee, and Zhang Yonghong, "The Power of Instability: Unraveling the Microfoundations of Bargained Authoritarianism in China", *American Journal of Sociology*, Vol. 118, No. 6, 2013, pp. 1475 – 1508.

② Kevin J. O'Brien and Li Lianjiang, *Rightful Resistance in Rural China*, Cambridge University Press, 2006; Cai Yongshun, *Collective Resistance in China: Why Popular Protests Succeed or Fail*, Stanford University Press, 2010.

③ 张千帆:《上访体制的根源与出路》,载《探索与争鸣》2012 年第 1 期;于建嵘《中国信访制度批判》,载《中国改革》2005 年第 2 期;于建嵘、李连江:《县政改革与中国政治发展》,爱思想, http://www.aisixiang.com/data/16564.html;章志远:《信访制度改革研究之述评》,载北京市信访矛盾分析研究中心编:《信访与社会矛盾问题研究》2015 年第 3 辑,中国民主法制出版社 2005 年版,第 63 页。

一种是政治化思路。这种思路认为驱动上访的原因较为复杂,并不能简单等同于维权,而导致当前信访治理困境的主要原因是基层治理的困境。为此,需要重塑信访政治,建立信访甄别和分类机制,找回群众,并强化基层治理的权威。①

对此,本文并不主张彻底倒向两者中的任何一个,而是在现有制度基础上进行适度调整。这首先是因为,国家对信访工作下达的各项指令,仍然能够有效地指导基层政府的信访工作,而连续十二年增长的信访洪峰自2005年也开始消退。② 这说明,当前的信访改革取得了一定的成效,而肯定当前的工作,并找出不足,是较为不折腾的方式。其次,在当前的国家治理体系内,信访制度还承担了纠纷解决的替代功能、法律政策的协商功能,以及社会剩余事务的兜底功能等形式理性化的司法体系所难以承担的功能。③ 因此,作为一种特殊的权利救济方式,信访救济不仅有存在的必要,而且还是国家治理体系中非常重要的组成部分,并且也是社会主义民主优越性的重要体现。在这个意义上,法治化思路虽然勾画了一个美好的愿景,但没有充分考虑中国当下的社会现实,这使其制度建议不可避免地带有理想化的政治想象。再次,政治化的解决思路,在当前依法治国的大背景下,存在一些无法回避的合法性质疑。比如对人的分类治理明显违背现代法治的基本精神;对事由的分类虽然相对温和,但依据什么法律原则,经过何种法定程序,又通过哪个相关部门进行评判都是有待解决的难题,让作为裁判员的信访部门自己分类显然并不合适;而且找回政治,重塑意识形态也与现代政治主张国家在价值上的"中立性原则"相抵牾。④ 最近陈柏峰提出了更合理的信访制度

---

① 申端锋:《乡村治权与分类治理》,载《开放时代》2010年第6期;田先红:《基层信访治理中的"包保责任制":实践逻辑与现实困境》,载《社会》2012年第4期;欧阳静:《"维控型"政权:多重结构中的乡镇政权特性》,载《社会》2011年第3期;陈柏峰:《偏执型上访及其治理的机制》,载《思想战线》2015年第6期。

② 《信访改革"坚冰"撬动,"非正常进京访"不再通报排名》,南方周末,http://www.infzm.com/content/96624。

③ 陈柏峰:《信访制度的功能及其法治化改革》,载《中外法学》2016年第5期。

④ John Rawls, *A Theory of Justice*, The Belknap Press of Harvard University Press, 1971.

法治化思路,即"民众信访行为和信访工作机制的法治化"。[①] 但这只是对具体制度安排的一个巧妙回应,并不能够从更抽象的价值层面论证信访体系在中国特色社会主义治理体系中存在的合理性和必要性。

基于此,本文认为,抛开上述现实和制度的考虑,还应该从更为根本的价值层面来思考信访体系面临的困境以及改进的方向,而重新理解"政治"这一制度背后更为根本的价值关怀,将有助于我们更深刻地看清这一问题。具体来说,政治可以区分为权利优先的"道义论"和理想优先的"目的论"两种传统。"道义论"政治致力于回答"人们应当如何生活在一起"的问题,其理论源头可以追溯到启蒙时代的霍布斯、洛克等思想家那里。基于对宗教政治中不切实际的高调的反思,他们主张将人类天性中的自由置于自我克制的美德之前,从而开启了调动个人私利为社会公益服务的实验。[②] 这一新传统主张个人自由是"唯一的、根本性的权利",是人之为人的关键,而追求幸福的欲望必须永远处于"人是目的"的道德法则支配之下。[③] 然而,"权利优先于善"也意味着"道义论"政治不再纠缠有争议的价值问题,而只关注人们的利益问题。[④] 与这种源自现代的新传统不同,"目的论"政治是一种更具历史渊源的传统,其致力于回答"人们如何生活得更好"的问题。这一传统因此以某种(或几种)可欲之善作为最高价值,再以此确定什么是正当(权利),并进而规范人们的行为。西方的功利主义、[⑤]中国传统的儒家,以及新中国的共产主义理想都带有明显的目的论色彩。客观来看,两种政治其实各有

---

① 陈柏峰:《信访制度的功能及其法治化改革》,载《中外法学》2016 年第 5 期。

② Alan Bloom, *The Closing of The American Mind: How Higher Education Has Failed Democracy and Impoverished the Souls of Today's Students*, New York: Simon and Schuster, 1987, pp. 162 - 166.

③ Immanuel Kant, "Groundwork of The Metaphysics of Morals", in *Practical Philosophy*, trans and eb. by Mary J. Gregor, Cambridge University Press, 1999, p. 63; Immanuel Kant, "Perpetual Peace", in *Kant's Political Writings*, ed. by H. S. Reiss, Cambridge University Press, 1970, p. 125.

④ 桂晓伟:《美好生活何以可能?——关于个人自主和发展的社会文化分析》,世纪图书出版集团 2016 年版,第 43 ~46 页。

⑤ [英]边沁:《道德与立法原理导论》,时殷弘译,商务印书馆 2000 年版;[英]约翰·密尔:《论自由》,许宝骙译,商务印书馆 1959 年版。

优长:"目的论"政治可能因追寻美德或理想之故而践踏权利,并进而导致社会不公甚至强权统治;而"道义论"政治虽然保证了个人权利的优先性,但也可能因为这牢不可破的壁垒,而让个人失去了善之范导,并滑向受欲望支配,只关心自身小幸福的"报废之人"。① 这最终将侵蚀自由社会赖以维系的根基。在这个意义上,只要人们还在意美好生活何以可能,而不仅仅是如何生活在一起,"道义论"和"目的论"之间的争论就不会终结。

重新理解政治的重要意义在于放弃西方压倒东方、现代取代传统的进步史观,而更为客观地理解当下中国的政治理想和制度实践。恰如上文所述,当下中国既不同于传统王朝,固守于"目的论"政治而不思求变,也不同于那些前社会主义国家,急于拥抱"道义论"的自由民主政治而缺少审慎反思;而是在兼容两者的基础上走一条具有中国特色的现代政治转型之路。一方面,对"目的论"政治理想的强调仍然是其鲜明的特色,这不仅体现在其特有的对美好生活的理解上,也体现在其一以贯之的对民生改善的承诺上,还体现在其对实现上述目标的具有社会主义民主特色的群众工作方法的强调上。另一方面,转型还意味着对现代政治中的"道义论"理想的接纳和实践,这主要体现在对依法治国的重视上。正因如此,我们才会看到规范合法性和政绩合法性的并重,以及法治理念与群众路线的相互嵌入,这些努力都是为了体现转型中国政治在意识形态合法性上的比较优势。"嵌入"②在此的独特含义在于强调"道义论"理想(权利)和"目的论"理想(善观念)之间并不是相互对立和替

① [德]尼采:《查拉斯图拉如是说》,尹溟译,文化艺术出版社2003年版。

② "嵌入"(embeddedness)是一个社会学和政治学广泛使用的概念。这一概念最初为波兰尼和格兰诺维特所使用。随后,一些关于新制度社会学、多民族社区建构、中央与地方关系,以及政府和社会互动的研究也开始使用这一概念。这些研究都沿用了"互嵌"这一概念最核心的意涵,即在保留彼此自主性基础上达到一种相互糅合的状态。相关研究参见符平:《"嵌入性"两种取向及其分歧》,载《社会学研究》2009年第2期;张军、王邦虎:《从对立到互嵌:制度与行动者关系的新拓展》,载《江淮论坛》2010年第3期;郝亚明:《民族互嵌式社会结构:现实背景、理论内涵及实践路径分析》,载《西南民族大学学报》(人文社会科学版)2015年第3期;韩福国:《作为嵌入性治理资源的协商民主:现代城市治理中的政府与社会互动规则》,载《复旦大学学报》(社会科学版)2013年第3期。

代的,而是各具主体性且无法割裂的。这意味着当下中国的民主政治建设是在保持自身历史文化传统基础上逐步借鉴和吸收现代政治文明的有益经验,而目前的“权宜式信访治理”只是这一互嵌过程中出现的阶段性产物。在这个意义上,如何在不断调适中寻求两种政治的兼容之道,并帮助中国走出一条不同于西方但更适合自身的社会治理之路便成为中国现代政治转型的关键,而对信访治理改革的思考也应该在这一战略高度下展开。

首先,在价值层面,必须充分认识这种互嵌的必要性。两种政治理解各有自己的优势和局限,而转型尚未定型的中国恰恰具备糅合二者之长处从而为人类政治文明提供独特样本的契机。当然,这一互嵌过程的前提是要保持中国政治基于自身历史文化传统和社会现实的独特性,具体到信访治理就是坚持群众路线的基本方向,尤其是其中既密切联系群众,解决他们的困难,又妥善地帮助他们树立正确的价值观这一核心思想。

其次,在制度层面,这一改革方向决定了我们对信访治理中的群众工作的定位绝不仅仅只是社会纠纷化解的另一种补充性渠道,而且还应该将其作为调动社会力量参与社会治理的重要手段,并借此挖掘“散落在日常生活角落中的亲切贴己的生活之道”。[①] 循此思路,我们首先应该为群众工作设立制度边界,在保持其工作精髓的同时,也改善其在实践中无原则兜底的状况,从而形成既有韧性又有弹性的治理局面。具体来说,这需要在充分考虑当前信访案件复杂性的基础上,建立信访分类甄别机制。甄别在此是一种事前的程序审核(比如时效、证据、当事人资格等),[②]而不是对人或对事做定性的分类。为避免甄别被滥用,还应该限制其适用范围。就目前的情况而言,已经受理的信访积案,已不适合适用甄别机制,但不妨以一个时间为节点,对其之后发生的新信访事由进行事前的程序审核。同时,还需要进一步完善信访终结机制的相关制度建设,包括严格考核地方主要领导对事前排查、按期接访、带案下访等

① 李猛:《理性化及其传统:对韦伯的中国观察》,载《社会学研究》2010年第5期。

② 刘正强:《扩展型信访:对中国信访僵局的一个基础性解释》,载《思想战线》2015年第4期。

工作的完成情况;健全对停访息诉案件的责任追究机制,尤其是要将之与调离的领导进行绑定,从而促使他们更好地将工作落实到位。此外,还需要严格地执行信访终结过程中的技术性工作,比如信访报告的详实、处理流程的公正公开透明,对群众是否满意评价的进一步重视,以及对舆情的监测和争夺等,以让案件的终结更加经得起程序的考验。

制度建设的另一个重要问题是如何挖掘和发挥群众路线的教育功能。这种教育的第一项目标是树立规则意识,对于违反法律规定的各类上访要严格按照相关规定处理,不过这一工作必须以严格执行上述信访终结程序为前提。同时,教育的第二项任务是通过多种途径以群众喜闻乐见的形式对社会主义核心价值观进行宣传。目前的类似教育由于重视程度不够,多停留在形式化的口头和纸面宣传上,反倒是对权利话语的理解被一再片面化和物质化。当然,这种情况的出现首先仍然是因为相关的规则建设和执行情况不理想。这导致权利的"道德基础"的第一个维度,即体现"底线正义的制度建构"被破坏。然而,权利的"道德基础"还有第二个同样关键的维度,即"基于日常生活的伦理之道",只有两者的良性互动,才能让享有权利的个体真正理解权利并妥善实践权利,而这不仅是繁荣社会真正赖以存在的基石,也是兼容"道义论"理想和"目的论"理想的关键所在。① 在这个意义上,对信访教育工作的重视,还离不开通过制度建设促进一个相对自主的社会的成长,这意味着应该进一步保障和发挥群众参与基层治理的程序、途径和方式,让他们在基于私利的基础上,践习如何平衡公益和私利之间的冲突,主动地参与到对钉子户的说服和教育工作中来,而政府则可以居中进行适当的方向把握和必要时机的介入。最终通过宣传、激励和放权相结合的方法,让群众参与群众工作成为一种新常态下的工作方法。而随着这项工作更好地发挥作用,基层信访治理的压力也将得到有效缓解。

---

① 桂晓伟:《美好生活何以可能?——关于个人自主和发展的社会文化分析》,世纪图书出版集团2016年版,第143~144页。

《法律和社会科学》(2017)
第16卷第1辑,第305~306页

编辑手记

现代国家通过建立统一的法律体系以建构起超越地方性价值和规范的一种普遍秩序。司法、执法、守法是法律实施的基本方面。在现有的研究中,关注、研究法律适用和司法制度的成果最为丰富。然而,我们需要注意到,行政的发达是现代国家的基本特征之一。广泛涉及社会生活各领域的行政性、监管型的法律应运而生,而执法亦成为国家运用法律塑造"新社会"的基本方面。

执法是一种行动性、过程性和经验性的法律实践。抽象的国家法律和制度经由执法过程直接且全面、系统地进入社会,从而成为能够被具体感知、把握和评判的鲜活行动与规则。从这个意义上讲,执法是政府主动实践法律的过程,表征了行政力量深度进入社会各领域。相较于书面化、条文化的法制宣传,以及被动性的司法,广泛发生的执法活动是更具一般性和普遍性影响力的法律传播方式。尤为值得关注的是,执法过程作为政府和民众发生实质互动的关键性场域,产生了丰富而复杂的社会后果。对执法的研究既有助于行政法制和法治政府的研究,同时能够对国家与社会关系的把握有所助益。

近些年学术界出现了一批研究执法问题的优秀作品,但相较于司法领域,执法的研究还处于起步阶段。如果考虑到执法对国家治理和社会秩序建构所具有的重要影响,这一领域的研究其实还有待大力推进。因此,王启梁、陈柏峰和侯猛于2016年下半年商议,组织一辑“执法的社会科学”的专号。

本辑“执法的社会科学”专号收录了12篇论文。这些文章有偏重社会学、人类学、政治学的,也有偏重从经济学的视角来研究执法过程、性质和后果的,内容涉及建筑安全、广告规制、土地执法、食品安全等领域。因此,作品以不同的方式体现了法律和社会科学的融汇。与此同时,这些论文都以经验研究为基础,注重对法律实践的认识和探索,力图从实践中提炼问题并展开理论解释。此外,这辑专号的约稿和投稿作者均是青年学者,这或许是一个信号:年轻一代的法律学者不仅注重对法律实践的经验研究,也越来越能够纯熟地运用社会科学的方法和理论来研究法律问题。

王启梁　陈柏峰

2017年5月19日

图书在版编目(CIP)数据

法律和社会科学. 第16卷. 第1辑 / 苏力主编. —
北京:法律出版社,2017
ISBN 978-7-5197-1421-5

Ⅰ. ①法… Ⅱ. ①苏… Ⅲ. ①法律—文集 Ⅳ.
①D9-53

中国版本图书馆CIP数据核字(2017)第230337号

法律和社会科学(第16卷第1辑)
FALÜ HE SHEHUI KEXUE
(DI 16 JUAN DI 1 JI)

苏 力 主编

责任编辑 韩满春
装帧设计 马 帅

出版 法律出版社
总发行 中国法律图书有限公司
经销 新华书店
印刷 三河市龙大印装有限公司
责任校对 王沁陶
责任印制 陶 松

编辑统筹 学术·对外出版分社
开本 720毫米×960毫米 1/16
印张 19.5
字数 275千
版本 2017年11月第1版
印次 2017年11月第1次印刷

法律出版社/北京市丰台区莲花池西里7号(100073)
网址/www.lawpress.com.cn
投稿邮箱/info@lawpress.com.cn
举报维权邮箱/jbwq@lawpress.com.cn
销售热线/010-63939792
咨询电话/010-63939796

中国法律图书有限公司/北京市丰台区莲花池西里7号(100073)
全国各地中法图分、子公司销售电话:
统一销售客服/400-660-6393
第一法律书店/010-63939781/9782
西安分公司/029-85330678
重庆分公司/023-67453036
上海分公司/021-62071639/1636
深圳分公司/0755-83072995

书号:ISBN 978-7-5197-1421-5
定价:68.00元